中国特色职业教育理论研究丛书

庄西真　主编

教育部人文社会科学研究青年基金项目
"现代学徒制试点的进展、问题与对策研究——以苏南地区为例"
（项目批准号：17YJC880083）

现代学徒制何以可能

XIANDAI XUETUZHI HEYI KENENG

苏南地区的创新实践

彭明成　著

苏州大学出版社
Soochow University Press

图书在版编目（CIP）数据

现代学徒制何以可能：苏南地区的创新实践／彭明成著.—苏州：苏州大学出版社，2022.6
（中国特色职业教育理论研究丛书／庄西真主编）
ISBN 978-7-5672-3979-1

Ⅰ.①现… Ⅱ.①彭… Ⅲ.①职业教育—学徒—教育制度—研究—中国 Ⅳ.①G719.2

中国版本图书馆 CIP 数据核字（2022）第 091560 号

书　　名：	现代学徒制何以可能 ——苏南地区的创新实践 XIANDAI XUETUZHI HEYIKENENG ——SUNANDIQU DE CHUANGXINSHIJIAN
著　　者：	彭明成
主　　编：	庄西真
策划编辑：	刘　海
责任编辑：	刘　海
装帧设计：	吴　钰
出版发行：	苏州大学出版社（Soochow University Press）
社　　址：	苏州市十梓街1号 邮编：215006
印　　装：	苏州工业园区美柯乐制版印务有限责任公司
网　　址：	http://www.sudapress.com
邮购热线：	0512-67480030
销售热线：	0512-67481020
开　　本：	710 mm×1 000 mm 1/16 印张：15.5 字数：246千
版　　次：	2022年6月第1版
印　　次：	2022年6月第1次印刷
书　　号：	ISBN 978-7-5672-3979-1
定　　价：	68.00元

凡购本社图书发现印装错误，请与本社联系调换。服务热线：0512-67481020
苏州大学出版社邮箱　sdcbs@suda.edu.cn

总　序

众所周知，德国和日本都是第二次世界大战的战败国，大家也都知道德国和日本在第二次世界大战后从战争的废墟上迅速崛起，成为经济发达国家，其经济总量在世界上分别排名第四和第三。虽然也有这样那样关于产品的负面报道，但从总体上看，德国货和日本货的质量是有保证的。许多人想知道德国和日本经济又好又快发展的奥秘，仔细分析，促进德国和日本制造业发展的影响因素绝对不止一个，但是高素质的技术工人队伍肯定是重要的因素之一，换言之，数量充足的具有工匠精神的技术工人队伍造就了德国和日本产品的高品质。因职业之故，我更感兴趣的是，高素质的技术工人队伍是如何培养出来的。研究可知，在长期的经济社会发展过程中，德国和日本结合自己的国情探索形成了具有各自国家特色的技术工人培养模式。不同的培养路径，相同的结果———高素质的技术工人队伍，可谓"殊途同归"。

早在1969年，德国使用《联邦职业教育法》确定了双元制的法律地位，双元制的资格证书在行业内的认同度非常高，几乎一半的德国青少年在完成义务教育后会进入职业学校学习。"双元制"职业教育与培训体系要求学生每周有一到两天在职业学校进行专业理论学习,有三至四天在企业接受实践教育,如此安排,目的是让学生能有效地将理论与实践相结合,较好地学以致用。培训时间一般为两年到三年半。该体系需要企业的大力配合,在德国的职业教育与培训中,企业的参与程度很高,且具有较强的培养学徒的意愿。他们认为,学徒在企业实习三年的劳动贡献完全可以抵消培训所付出的费用,并且也有利于企业自身选拔人才和吸收新鲜血液。在欧洲,德国青年失业率比其他国家低便得益于此;德国经济能够抵御金融风险,保持高质量发展也得益于此。

伴随经济的高速增长,日本也探索形成了适合本国国情的、日趋完整的企业职业技能培训体系。日本企业普遍认为,企业内培训是提高企业核心竞争力的关键要素,企业需要对员工进行不断的培训和教育。第二次世界大战后初期,日本企业一方面通过技能培训提高普通工人的生产能力,另一方面通过吸收先进的经营管理经验来提升中高层职员的管理能力。20世纪80年代,日本大企业实现了员工全员再教育,近八成的中小企业实现了员工全员培训。虽然与德国双元制不同,但是日本也通过这样的企业职业教育和培训方式源源不断地提供了企业发展需要的技术工人。

德国和日本不同的技术工人培养模式给我们的启示就是,每个国家要根据自己的国情、所处经济发展阶段、已有的条件和基础探索适合自己的职业教育模式,以此培养本国经济发展所需要的高素质的劳动者和技术工人。没有一个国家是照搬别国的教育模式而得到预期效果的,尤其是大国。中国有自己的国情,这突出表现在中国是一个大国,这个"大"最起码表现在三个方面:一是幅员辽阔,陆地有约960万平方千米的国土(日本约37.8万平方千米,德国约35.7万平方千米),各地区之间经济发展水平、自然地理条件、文化风俗传统差别比较大;二是人口众多,光大陆就有约14.1亿人口(德国约8218万,日本约1.27亿),仅16~60岁的劳动年龄人口就相当于美国全部人口加上欧洲全部人口、日本全部人口之和,且人均受教育程度较低、技能水平较低;三是经济总量排名世界第二,仅次于美国。与数量上排名第二对应的是,我国在经济发展的质量方面与排名第一的美国还有较大差距,也就是我们常说的"大而不强"。特殊的"大国"国情加上处于转型阶段(转变发展方式、优化经济结构、转换增长动力),决定了我们不可能照搬德国、日本,或者其他任何国家的职业教育和培训模式,而要走自己的技术工人培养之路。

依靠先进的、科学的理论,能够合理地引领和提升实践,这是人类几乎所有活动领域长久以来奉为圭臬的命题,为中国经济的转型发展培养高素质的技术工人的实践活动也不例外。中国特色的技术工人培养实践,呼唤中国特色的职业教育理论。这就是我主编"中国特色职业教育理论研究丛书"的理由。本丛书的作者全部是江苏理工学院职业教育研究院的研究人员,也是江苏高校"青蓝工程"科技创新团队成员,他们在职业教育政策分析、职业教育治理、职业教育课程与教学、职业教育教师专业发展等领域做了深入的研究。

2017年5月

目 录

第一章 现代学徒制的发展历程 / 001
 第一节 现代学徒制的历史演变 / 001
 第二节 国外现代学徒制的发展 / 011
 第三节 我国现代学徒制的发展 / 022

第二章 现代学徒制的运行机制 / 031
 第一节 现代学徒制运行机制的内涵 / 031
 第二节 现代学徒制运行机制的比较 / 032
 第三节 现代学徒制运行机制的现状 / 044
 第四节 现代学徒制运行机制的构建 / 051

第三章 现代学徒制的校企合作 / 059
 第一节 现代学徒制校企合作的基础 / 059
 第二节 现代学徒制的校企合作概述 / 067
 第三节 现代学徒制的校企合作机制 / 071
 第四节 现代学徒制的校企合作模式 / 077
 第五节 现代学徒制的企业责任分析 / 080
 第六节 苏南地区现代学徒制校企合作创新案例 / 090

第四章 现代学徒制的人才培养 / 098
 第一节 现代学徒制的人才培养体系 / 098

第二节　现代学徒制的人才培养模式　/ 101

第三节　现代学徒制的人才培养课程　/ 106

第四节　现代学徒制的人才培养评价　/ 112

第五节　苏南地区现代学徒制人才培养创新案例　/ 118

第五章　现代学徒制的师资队伍　/ 131

第一节　现代学徒制的双导师团队概述　/ 131

第二节　现代学徒制的双导师团队建设　/ 135

第三节　现代学徒制领军教师的培养　/ 140

第四节　苏南地区现代学徒制师资队伍创新案例　/ 153

第六章　现代学徒制的教学管理　/ 166

第一节　现代学徒制的教学管理　/ 166

第二节　现代学徒制的教学安排　/ 170

第三节　现代学徒制的质量监控　/ 181

第七章　现代学徒制试点的反思　/ 190

第一节　现代学徒制试点的现状　/ 190

第二节　现代学徒制试点的困境　/ 196

第三节　苏南地区现代学徒制试点的反思　/ 202

第八章　现代学徒制的未来走向　/ 211

第一节　职业教育教学形态的未来变革　/ 211

第二节　智能时代的职业教育实训教学　/ 218

第三节　智能技术与现代学徒制的未来　/ 227

后记　/ 236

第一章 现代学徒制的发展历程

学徒制由传统向现代转变,经历了悠久的历史发展过程和不断更新的现实状态。发达国家的现代学徒制相对成熟,其所实施的政策、发展的模式及改革的经验,对我国推进现代学徒制具有重要借鉴意义。我国学徒制的发展,有其独特的理论基础、发展历程和典型模式,对学徒制进行历史的梳理并将国内外学徒制的发展情况进行对比,有助于更清晰地把握现代学徒制的发展脉络,为深入推进中国特色学徒制奠定基础。

第一节 现代学徒制的历史演变

一、传统学徒制的发展

(一) 古代学徒制

学界一般认为,学徒制的建立标志着职业教育制度的正式形成。[①] 学徒制是最古老的正式形态的职业教育,它的历史最早可以追溯到青铜器时代。[②] 当时,由于手工业的快速发展和社会分工的细化,单纯依靠家庭血缘关系进行的手工技艺传承已不能满足行业发展的需要,人们开始通过一种尚未制度化的学徒制初级形态,将手工技能传承给家庭成员以外的、非血缘关系的人员。目前已知的关于这种师徒形式学徒制的最早记载见于《巴比伦法典》:若有手艺匠人收养子女,并教会子女手艺,其他人不能反对。倘若不能传授手艺给养子女,就需要将其送还给他们的亲生父母。

这类早期的学徒制在春秋战国时期的中国,以及古希腊、古埃及、古

[①] 宋晶. 传统学徒制的伦理精神探寻 [J]. 职教论坛, 2013 (28).
[②] 关晶, 石伟平. 现代学徒制之"现代性"辨析 [J]. 教育研究, 2014 (10).

罗马都有记载,特别是在古罗马,当时已经有由相关匠人如印染师、木匠等组成的行会组织。古埃及则有专门的学徒制合同,对师傅向年轻人传授技艺进行相应的规范。在古代中国,工匠、医师中也存在类似约定的师徒传承方式。关于这种学徒制的具体实施方式,古希腊文化时代的埃及废墟和坟墓中的纸莎草纸记录显示:当时尚未出现"学徒制"一词,学徒学习的技艺包括纺织、打铁、吹笛、读写等,学徒开始的年龄约为13岁,学期1~5年;学徒有假期、有工钱,误工要罚款,师傅同时可以有多个学徒;等等。

概言之,这种早期学徒制在轴心时代就已经较为普遍,且显著早于学校教育形式。当然,这一时期并没有出现专门的"学徒制"或者相当于"学徒制"的单词。因为这种学徒制是以亲子或养子的家庭关系为基础进行的简单延伸,具有浓厚的私人特质,并不具备完整的制度形式,因此,这种学徒制通常被称为"古代学徒制"。

(二) 行会学徒制

中世纪学徒制的发展得益于该时期城市行会的产生和发展。在中世纪初期,社会生产以农业耕种为主,贸易衰退,经济形态是自给自足的农业经济。[①] 9世纪之后,封建庄园经济占据主导地位,农耕的集约化水平不断提升,随着社会生产力的进步,城市手工业获得了快速发展。中世纪晚期(11世纪),城镇的繁华度不断提升,出现了大量的商人,他们开展各种类型的商贸活动,包括海外贸易等;艺人和匠人则通过自己的手艺为社会提供产品服务和实物交易。这些商人和手工业者发展壮大后,为了保护自身利益,纷纷建立行业组织,也就是行会,行会是学徒制趋于规范化和制度化的关键。

中国最早的行会产生于10世纪的唐代。到了宋朝,学徒的培训人数增多,规模也有所扩大。1415年,英国约克城约有57个行会;15世纪

---

① 细谷俊夫著,肇永和、王立精译. 技术教育概论 [M]. 北京:清华大学出版社,1984:17.

末，赫里福德约有20个行会；1422年，伦敦的行会则达到111个。行会在这一时期能够发展壮大至少有三方面的原因。一是家庭小作坊式的生产方式。由于劳动力有限，师傅和学徒都要参加生产，师徒之间并非对立的雇佣关系。二是师徒利益在生产和教学中达成一致。师傅用心教，希望学徒技术娴熟，干得多、干得好，使他们的产品能够顺利出售；徒弟为了习得精湛的技能而勤奋刻苦地学习，其目标是有朝一日能够成为师傅。三是行会的监督管理。行会对学徒制的方方面面给予了详细的规定和监督，以防止出现滥用学徒的情况，这样既保证了职业技能培训的质量，也保证了相关产品的质量。

西方的行会组织在发展过程中制定了许多管理制度，其中，仅学徒制就包含了从管理规范、契约关系、教学指导与监督到期满考核等全方位的条款。在这一阶段，从业者按照身份的差异可以细分成三个不同级别，最高级为师傅，中级为工匠，低级则是学徒。此时的师徒关系虽仍有较重的家庭色彩，但必须接受行会制度的契约监管，即行会规定师傅的教学内容，学徒要经过行会的考核才能成为工匠。这种契约制的师徒形态在14—15世纪达到鼎盛。这一时期，学徒制从极具私人特质过渡到了公共制度特质，被称为"行会学徒制"或"传统学徒制"。

（三）国家干预学徒制

16—18世纪，欧洲开始从封建社会向资本主义社会过渡，政治、经济、社会等各个方面都有一定程度的震荡，处于不稳定的状态，学徒制也在这一时期开始"变形"。

在封建社会，手工业生产主要是在家庭作坊中完成的，作坊主既是老板又是师傅，虽有学徒帮忙，但还是以自己的劳动为主，师徒之间并不是资本主义性质的劳动雇佣关系。随着生产力的提高和贸易扩张的需要，手工工场逐渐替代了传统的家庭作坊，商人们将众多的劳动者集中在工场，进行分工生产。这种手工工场的出现标志着资本主义萌芽的产生，同时，也给学徒制带来了一定的冲击。一方面，为了应对产品竞争的压力，师傅违反行会的规定,扩招学徒,把学徒当作廉价的劳动力,原本师徒间亲密的私人关系转化成了有利益冲突的雇佣关系,年轻的学徒不再愿意继续做学徒;另一方面,由于师傅并不参加生产的全过程,学徒制的教学过程和教学功能被弱化,学徒得到师傅细致全面的指导机会变少了,学徒要取得工匠的称号越来越难。在这种情况下,行会学徒制日益瓦解。

为了缓解社会矛盾,继续维持学徒制,政府通过立法来对学徒制进行干预与监督。1563年,英国正式颁布《工匠学徒法》,明确了学徒制的条件与年限等内容。1601年,英国进一步推出《济贫法》,明确规定贫困人家的孩子必须成为学徒,而且还将这条法令作为保护人、责任者的重要义务[1]。18世纪,德国行会进入衰退期,为了扭转其衰落的命运,普鲁士政府在1733年和1794年颁布相关法律,对学徒制、行会及其相关制度进行了统一规范,并在全国付诸实施。当时,国家立法管理学徒制,其目的有三:一是规范行业学徒制,解决师徒之间的矛盾;二是维护传统的手工业;三是通过济贫来缓和社会矛盾。由于国家层面颁布的法令对学徒制进行了更高层次的管理,学徒制的制度性进一步加强,因此,这一时期的学徒制被称为"国家干预学徒制"。

(四)工厂学徒制

18—19世纪,欧洲进行了两次工业革命。资本主义工业化的浪潮完全颠覆了传统学徒制的生存基础,原先制度化的学徒制几近崩溃。

两次工业革命促使社会生产模式发生了翻天覆地的变化,很多人力被机器设备所取代,原先的手工作坊也被工厂所取代,大量机器设备的运用及流水化作业,使很多岗位对人力技能的要求不断降低,人们只需要熟悉某个加工环节即可,传统手工业者的竞争力显著下降,再加上社会分工日益细化,传统学徒制培养出的工匠难以高质、高效地完成全部产品,师傅—工匠—学徒的等级体系逐渐被领班—熟练工—半熟练工的新体系所取

---

[1] 翟海魂.发达国家职业技术教育历史演进[M].上海:上海教育出版社,2008:15-21.

代。雇主倾向于招收廉价的劳动力从事简单生产，而并不传授其技能，也就是说负责技能传授的"师傅"实际上不存在了，其他高技能的员工担心学徒会取代自己的位置，也不乐意向学徒传授技能。在这种情况下，学徒很难找到自己的生存地位。这一时期，学校教育的呼声日益高涨，英、法、美等国掀起了教育改革的浪潮，以工作场所为本位的学徒制转向以学校为本位的学校职业教育。后者可以将生产工艺逐一分解，对大量的学生进行讲解和训练。在以上几方面原因的共同作用下，传统的学徒制面临不同程度的崩溃。

但是，在一些传统的手工业行业中，学徒制仍在进行。为了保护工人和学徒的利益，一个新的社会组织产生了，那就是工会。这段时期，师傅和学徒之间没有强制性的规定，学徒制越来越非正式，口头约定逐渐取代了契约，学徒制的主要形式是由雇主、行会、工会和学徒共同商议决定的，国家也放松了对学徒制的管理，甚至对劳动力培训也采取放任的态度。在具体实施方面，由于工厂的流水线生产模式，学徒制的教学内容也逐渐碎片化和简单化，许多培训内容被削减，学徒期满后，也没有相应的考核对其进行把关。此时的学徒制通常被称为"工厂学徒制"。

二、现代学徒制的发展

在传统学徒制宣告终结后，取而代之的是学校职业教育的兴起。从19世纪开始，大规模班级授课制的学校职业教育占据了历史舞台，但此时学徒制并没有完全消失。中国的工业化进程起步较晚，到20世纪初，传统的行会学徒制才土崩瓦解，取而代之的是各式的艺徒学堂和实业学校。

20世纪四五十年代，发生了第三次科技革命，新能源、材料、信息技术等高新技术产业迎来了蓬勃的发展。在此背景下，社会产业结构发生了显著改变，社会对人才的要求也有了相应的变化。此时传统的学校职业教育重视理论教育、忽视实践教育的方式已经很难适应时代发展需求，由于毕业生难以快速上岗为企业创造经济效益，学校职业教育的发展面临困境。为适应社会发展需要，第二次世界大战后，西方国家开始重新审视学徒制。20世纪60年代，德国异军突起，引起了世界的关注。作为战败国的德国战后经济萧条，但在短短十余年间，其经济就获得了快速发展，并完成了对法、英的反超，一举成为全球第二大经济强国。德国迅速发展的根本原因，就是基于双元制的职业教育体系。这种制度将岗位培训、学校教育进行有机融合，进而形成一种创新性的学徒制。[①] 此后，各国纷纷研究和仿效德国的双元制，掀起了新的学徒制改革浪潮，学徒制在现代社会得以重生，并呈现出不同的发展模式。1993年，英国开始大力发展现代学徒制；澳大利亚则是从1996年开始发展新学徒制；1990年之后，美国、加拿大也开始对本国的学徒制进行革新。我国则于2012年正式提出了"现代学徒制试点"。"现代学徒制"开始成为全球学徒制改革的关键标签。

（一）现代学徒制的开展情况

目前，现代学徒制已经成为许多发达国家职业教育的战略重点。如英国早在2008年就宣布，要让学徒制教育成为16岁以上青年的主流选择；法国近年来也不断致力于学徒制的改革，学徒人数较改革前翻倍；在中等教育层面，欧盟共有900多万人参加了不同形式的学徒制培训。这在某种程度上说明了社会对现代学徒制的认可。一方面，在传统的学徒制强国如瑞士、德国、奥地利等，学徒制稳定开展；另一方面，在学徒制改革较为明显的国家如澳大利亚、法国等，学徒人数增长迅速。

（二）现代学徒制的基本特征

不同国家的现代学徒制虽然存在一定差异，但是相较于传统学徒制而言，这些国家的现代学徒制仍有着鲜明的共性特征，主要表现在以下四个方面。

---

① 关晶. 职业教育现代学徒制的比较与借鉴 [M]. 长沙：湖南师范大学出版社，2016：17.

1. 国家战略层面的管理

相较于传统学徒制而言，现代学徒制已经被发达国家上升到国家战略高度，这些国家不仅推出了与之相关的教育、劳动法律与政策，同时还成立了专门的监管机构，从制度、法律层面对其实施进行了科学规范。

2. 多方均衡的利益相关者机制

现代学徒制涉及的利益主体多元，如涉及教师、学生、工会、企业、政府、行业委员会等，各级学徒制管理机构中的人员组成涵盖各方，逐渐形成了利益均衡的合作机制。

3. 工学结合的人才培养模式

现代学徒制明确要求企业岗位技能学习与学校的理论学习相结合，校、企两个主体共同肩负培养人才的重任。因为学校培养的学生最终要流向企业，所以，企业在人才的培训及职业能力标准的制定方面应该起到更加重要的作用。

4. 统一规范的教育培训标准

为了控制现代学徒制教育与培训的质量，一般来说，各国都会出台统一规范的教育培训标准，对完成学徒制培训后应该达到的知识和技能的水平、教育培训的方式方法进行明确的规范与统一。

（三）现代学徒制的改革趋势

在现代社会，学徒制得以重生和发展，但同样也面临高等教育普及、企业合作意愿及技能可持续发展等带来的各种挑战，为了应对不断变化的形势，现代学徒制也展现出某些共同的革新方向。

1. 学徒制的对象扩大

中世纪时代的学徒制，学徒的年龄区间通常在 12 至 20 岁，到了现代，因为很多国家都在积极推行义务教育，学徒的年龄呈现出增长的态势，德国、丹麦、法国青年进入学徒制的平均年龄为 18 岁，澳大利亚除了青年外的成年人也可以参加学徒制；传统学徒制以男性学徒为主，现代学徒制中，女性所占的比重越来越大。可以说，现代学徒制几乎是面向完成义务教育后的大多数人。

2. 学习的职业领域扩张

过去学徒制所涉及的主要为建筑、手工等传统行业。近些年，第三产业发展迅速，劳动力需求不断增加，学徒制向更加广泛的职业领域推广，包括农业、园艺、旅游观光、保健、出版、零售业等。

3. 学徒制项目呈现阶梯化和模块化

为了提升学徒制的专业性和层次性，各国对学徒制的体系进行了划分。英国将其细分成中级、高级和高等学徒制；法国也有相当于我国高中至硕士阶段的学徒制体系，从一个阶段上升到另一个阶段，需要2~4年的时间，便于学徒个性化地选择适合自己能力水平的项目。同时，将学徒制的培训内容模块划分成基础课、领域课、专业课及选修课，不同项目的相同学习单元可以互认，增加了学徒制的个性化学习方式。

4. 学徒制与正规教育的整合

随着高等教育的大众化和普及化，越来越多的人选择进入普通教育序列，学徒制培训的生源和吸引力都受到影响。为了提升现代学徒制的地位，许多国家将现代学徒制与学校正规教育进行融合，承认学徒制与普通教育同等的地位，并为学徒打通接受学校正规教育的渠道，使学徒拥有更加灵活、多元的职业发展前途。

5. 基础理论与通用技能的共同培养

在快速发展的现代社会，个人职业技能的更新要求不断增加，为了保障现代学徒制的可持续发展，各国都越来越重视学徒基本理论与通用技能的培养。如荷兰的学徒制内容包括社会文化、技术能力、职业能力等三个维度的培训。这些措施都是为了保证学徒能够学到更加广泛的职业能力，以应对随时可能出现的职业变动。

三、现代学徒制与传统学徒制的比较

现代学徒制成功地将学徒培训与学校教育进行了有机融合，不仅是传

统学徒制的理性回归，也实现了螺旋式发展。"现代"与"传统"的比较不仅仅是时间概念上的，作为教育制度，二者在形态和本质上呈现出特殊差异。相较于传统学徒制，现代学徒制是一种更加科学、合理的制度安排，具体表现为以下几个方面。

（一）从功能上来看，现代学徒制更加注重教育性

传统学徒制的主要功能是完成生产任务，而不是学徒的学习成效，其学习场地或是在师傅家中或是在作坊厂中，没有固定的授课时间和授课内容，是完成工作之余的学习，以师傅考核为主。现代学徒制是以培养高技能人才为首要功能的教育安排。虽然在现代学徒制的实施过程中，企业仍然考虑经济利益，但由于教育部门的制度介入，此时的企业不再将学徒视为企业的私有资源，而是将其视为国家的人力资本，更多地承担起实践教育的责任。现代学徒制有规定的实习时间和实习课程，有固定的实训场所，以班级为单位集中授课或开展一对多的实践辅导。学徒也需要参与实践、理论考试，成绩合格之后才能被授予职业资格证书与毕业证书，然后才能进入相关岗位开展工作。

（二）从性质上来看，现代学徒制更加注重广泛性

现代学徒制作为当今社会一项重要的教育制度，其性质逐渐从封闭走向开放。传统学徒制更多地表现为学徒通过技能训练获得就业资格，其所接受的培训是短期的、一次性的，缺乏系统的理论知识的学习。在此过程中，学徒可以获得从业资格，但无法获取专业的学历文凭，且学徒出师后，一般不再接受任何的教育和培训。而现代学徒制是与专业的学历教育融合在一起的，关注的是学生各方面技能的可持续发展及长远的职业规划，强化对其个人素养、通用技能和理论基础的培养（譬如英国职业学徒制框架都纳入了知识与能力本位要素、核心技能要素），而且国家可以为学徒搭建接受继续教育的通道，打造阶梯式的培训模式，如"2+2+2年"的培训模式等。

（三）从制度上来看，现代学徒制更加注重国家性

与传统学徒制相比，现代学徒制的制度性得到了显著增强，而且从国家层面实现了规范，不再是传统学徒制中的行会规定或者是简单的国家立法，而是被纳入了国家战略的政府行为。这种国家性表现在四个方面。第一，国家立法的保障。很多国家通过立法对其进行保障与规范。譬如德国在2005年发布了《联邦职业教育法》，瑞士则于2004年发布了同名法律。第二，国家机构的统筹。很多国家还为现代学徒制设立了专门的管理机构，并分成中央、地方两个层级，对其有关事务进行统筹与管理。第三，课程框架的统一。现代学徒制所涉及的课程框架在国家范围之内具有强制性与统一性，由国家专门机构组织人员通过特定程序制定。第四，认证资质的通行。传统学徒制中的学徒在学成之后所获得的职业资质一般只能在行会范围之内得到认可，而现代学徒制则将其与国家职业资格体系进行融合，学徒取得的职业资格能够在国家范围内得到行业的普遍认可。

（四）从主体上来看，现代学徒制更加注重多元性

传统学徒制的主体比较单一，通常由师傅、徒弟、行会等构成，学徒的相关权益得不到合法保障。而现代学徒制则参与主体众多，主要有学校、工会、企业、政府、学徒等，有的还包括中介组织、第三方培训单位等。为了确保现代学徒制的有效、顺利开展，必须注重参与主体的多元性，建立跨部门的合作机制。现代学徒制要求师、徒、校、企诸多主体之间签署较为科学、合理的学徒培训合同，对各主体的权利、义务如工伤责任、培训目标、津贴报酬、违约解约细则等进行相应的明确，并且这些合同均须到地方行政部门或行业委员会备案，确保具有相应的法律效力。为了保证教育培训的质量和效率，现代学徒制中的政府部门、行业委员会、学校等机构还必须承担相互监督的责任。

第二节　国外现代学徒制的发展

国外从20世纪90年代开始进行现代学徒制的改革和探索，欧美大多数国家及日本、新加坡等国均构建了较为完备的政策体系，梳理典型国家现代学徒制的政策和模式，总结其改革经验，对推进我国现代学徒制的发展具有重要的指导意义。

一、国外现代学徒制的理论基础
（一）共生理论

"共生"概念最早源于生物学，用于形容两种生物之间的关系。随着人类社会迈入"多元共生"时代，"共生"概念已经被广泛应用到社会科学领域。共生关系共有三个基本要素，即共生单元、共生模式和共生环境。[①] 共生单元即形成共生系统基本能量交换与生产的单位，这些共生单元相互作用和结合的形式即为"共生模式"；影响共生单元的各种因素及外部环境可以统一称为"共生环境"。具体来说，共生理论一般从以下几方面进行理解。

第一，共生系统是相互联系的社会主体的有机融合。该系统是社会多元主体通过内在的方式构成的有机联系，自组织性较为突出。该系统中相关主体在结合过程中受到共生界面、共生环境与共生单元等要素的影响，进而为该系统演化路径的产生打下良好基础，同时也诞生了共生理论框架体系。

第二，共生环境是促进共生系统演变的重要因素。该环境会对共生单元、共生系统带来负向制约、正向激励、中性型等差异性的作用，当环境发生改变时，后者就会做出相应的变化。正向环境与负向环境分别对共生系统起到升级和制约作用。

---

① 杨玲丽. 共生理论在社会科学领域的应用 [J]. 社会科学论坛，2010（16）.

第三，共生单元是多元主体的有机构成体系。共生理论强调共生系统中共生单元的多元性、系统性与组合性。共生单元间的合作关系并不是一蹴而就的，而是在互相识别、认知和融合中确立的，不同共生单元在互动过程中协同合作，互相弥补不足，实现相互激励与相互适应。

第四，共生界面是共生单元塑造共生关系相互作用的依托载体。一方面，在共生系统中，共生界面对共生单元间物质能量的传导和交换起着决定作用，从而确保共生系统的稳定性；另一方面，当外部环境作用于共生系统时，共生界面会起到"过滤"作用，目的就是将正向、负向的作用力进行优化。

第五，共生模式最佳的状态无疑为互惠型，这种状态的特点就是不同共生单元相互之间有着明确的分工，在共生界面的作用下，相关资源得到优化分配，不同的共生单元获得一致性的发展机会，通过构建良好的交流与反馈机制，更好地适应共生环境的变化。

根据共生理论，在制定现代学徒制相关政策和措施时，必须考虑现代学徒制试点的内外部环境，建立合理的共生利益分配机制，调整好系统内外各个要素和各方主体的利益。在制定现代学徒制人才培养方案时，必须考虑产业结构的调整和企业用工需求的变化，建立高效的共生关系协调机制，主动适应不断变化的社会系统环境。在制定现代学徒制运行机制时，必须考虑共生系统对现代学徒制各构成要素的反向抑制作用，建立高效的共生环境优化机制，保障现代学徒制工作的高效运行。

（二）利益相关者理论

利益相关者理论是西方经济学家在研究企业治理时提出的一种理论主张，现已被广泛用于研究组织的社会责任问题。弗里曼是该理论的重要代表人物，他明确了重要的理论框架，率先从个体视角对利益相关者问题进行了系统化分析，为这个理论的深入研究提供了更为阔大的空间。由他所提出的"利益相关者"定义在学术界得到广泛认可，即"利益相关者是能够影响上个组织目标的实现或能够被组织实现目标的过程影响的人"①。

利益相关者理论认为,在不同的领域,利益相关者有不同的类型和呈现方式。利益相关者对利益的追求是人类的本性,是一种正当的诉求。要实现管理的绩效和目标,就必须根据行业领域和职业性质对利益相关者进行分类,了解各类相关者的利益诉求与价值选择,这是激发其内在活力的基础。基于公平的理念,要对各类利益相关者的利益进行平衡,避免利益主体地位的缺失。为此,要将各利益相关者的利益分配制度化、规范化,真正实现利益的平衡共享。在教育研究领域,该理论被用来剖析教育活动多方参与者的权利、利益和责任,诊断教育管理实践存在的弊端。有学者将职业教育利益相关者分为主要利益相关者、重要利益相关者和次要利益相关者等三大类型,认为各种类型的利益相关者在职业教育制度的形成及变迁中发挥着不同作用,职业教育制度的效率依赖于利益相关各方的合作,职业教育制度的变迁过程也是利益相关者的博弈过程。② 还有学者提出,只有从本质上剖析各种利益的平衡与分配问题,才能真正了解各利益相关者进行价值选择、行为选择的根源,进而了解影响职业教育进步的关键所在。③

按照利益相关者理论,现代学徒制的相关利益主体主要包括政府、行业协会、学徒、职业院校、企业、师傅等。各利益主体参与现代学徒制的根本动力源于各自的利益追求和价值诉求的实现。在利益相关者理论指导下,推动现代学徒制要转变观念,把各主体的利益诉求当作正当要求,深入分析现代学徒制涉及的利益相关者类型,承认并保护各类利益相关者的正当权益和价值诉求;同时,分析并跟踪其参与现代学徒制的状况,建立相关制度,确保最终实现各利益相关者真正参与共同育人和实现各自利益

---

① 胡赤弟,田玉梅. 高等教育利益相关者理论研究的几个问题 [J]. 中国高教研究,2010(6).
② 孙玫璐. 职业教育制度分析 [D]. 上海:华东师范大学,2008.
③ 姚树伟. 职业教育发展动力机制研究:基于利益相关者理论分析框架 [D]. 长春:东北师范大学,2015.

诉求的"双赢"目标。

（三）技能形成理论

技能形成理论是西方政治经济学者在研究教育体系与劳动力关系过程中发展起来的一种聚焦于国家技能形成的理论。它兴起于20世纪七八十年代，最早进行技能形成研究的是美国学者布拉夫曼，他引发了技能形成与劳动力培训市场关系的探讨。施特莱克将技能形成与企业的生产策略联系起来，为后来学者将技能形成模式的不同归因于企业生产战略的不同奠定了研究基础。之后，学者喀什等纷纷研究不同国家的技能形成。[1]

以芬格尔德、索斯凯曼、阿什顿、凯瑟琳·西伦、布斯迈尔等为代表的研究者，着重研究影响技能形成的不同国家制度间的差异及其产生的原因，最终探究影响技能形成的因素。不同国家的制度环境不同，导致技能在不同的环境中形成和传递，职业教育与培训的途径和发展也会因此而不同。

菲利普·布朗总结了实现高技能形成所需要的因素：① 政府、雇主和工会共同致力于技能形成，在形成高技能还是低技能、如何形成技能、应对技能升级等问题上达成一致意见；② 经济发展要具备一定的基础，产业、企业要具有创新的能力、变革的潜力，要努力提高国家在世界经济竞争中的市场份额，提高竞争力；③ 高技能形成要具有普惠性，要使大部分人都能够从技能形成、技能升级及终身学习中受益；④ 实现技能工艺与需求的匹配；⑤ 国家的各个经济部门均须采用高技能发展战略，使高技能在国家的行业企业中广泛存在、传播、流动；⑥ 技能形成的各行动主体之间要进行合作，在社会制度结构中建立信任关系；⑦ 推行全纳性技能形成政策，增加社会弱势者在劳动力、培训、教育等领域的机会。

技能形成理论与现代学徒制的开展有着紧密的联系，分析技能形成理论的要素，可以为现代学徒制中学徒技能的形成和提升提供可借鉴的发展

---

[1] 和震，李玉珠，魏明等. 职业教育产教融合制度创新[M]. 北京：科学出版社，2018.

思路。根据技能形成理论，现代学徒制中的各相关主体要互相合作，在顶层设计、人才培养规划等方面达成一致，尤其是政府部门要采取促进高技能发展的战略，使大部分人能够受益。

（四）工作本位学习理论

作为西方流行的学习理念，工作本位学习是指为了工作而进行的独立学习。这一理论在教育界得到广泛的应用。20世纪80年代中期，利维和同事对职教领域的工作本位学习问题进行了较为深入的分析，并对工作本位学习进行了定义，认为工作本位学习具体就是一种"和工作角色相关联"的学习，并明确了这种学习的具体关联性要素：第一，提供学习机会和在岗训练；第二，更好地安排工作场所学习；第三，提供相应的脱产学习机会。

西格雷福斯等学者则对工作本位学习进行了以下诠释：第一，在工作环境下进行学习，对应的是企业实施；第二，为了工作主动学习，对应的是职业导向；第三，利用工作进行学习，就是通过具体的岗位学习工作知识和技能。加拉赫和里夫提出，理解工作本位学习的关键是要把握四个核心概念，即合作关系、灵活性、相关性、认证。约翰·布伦南和利特尔归纳了体验导向的工作本位学习组织形式：短暂接触工作场所，短期工作场所学习计划，三明治式实习安排，轮流安排实习顺序，基于就业环境的学习课程，持证上岗，继续专业发展。琳·布伦南认为，工作本位学习通过如下三个方面融入教育计划：就业能力，技能发展，工作场所知识的认知、创造和发展。她归纳了工作本位学习的特点：任务相关性、基于问题（或问题导向）、技术革新性、兼具策略性与需求前瞻性、自动管理和自我调节、自我激励、基于团队、重视提升绩效。

在现代学徒制试点过程中，校、企协同育人离不开企业的工作场所，因此，工作本位学习是现代学徒制试点的必然选择。根据工作本位学习理论，推行现代学徒制要重视工作场景中的学习，校、企双方必须根据学生的学习目标，协同安排学生在企业现场的教学计划和实习计划，使学生积极在岗位上获取知识和技能。

二、外国现代学徒制概况

（一）德国现代学徒制

德国现代学徒制又被称为"双元制"，这也是德国在第二次世界大战战败之后经济获得迅速发展的"秘密武器"，正是因为如此，如今世界上很多国家在发展现代学徒制的过程中都竞相模仿这一人才培养模式。德国的"双元制"亦是经由传统学徒制不断演化完善而形成的。这里的"双元"，分别对应的是企业与职业学校。在"双元制"模式下，企业与职业学校这两个主体共同对学生进行培养，并且将企业的需求作为核心，职业院校则起到很好的辅助作用，通过二者的有效融合，更好地实现育人目标。

德国现代学徒制在内容方面可以细分成宏观、中观和微观等三个不同层次。每一层次的教育行为都受到相应层次法律制度的约束和相应机构的管理。宏观层面上强调职业和职业能力。德国《联邦职业教育法》对现代学徒制覆盖的职业范围进行了明确，同时还对职业能力进行了明确，职业与职业能力已经成为现代学徒制有关法规的关键要素，更是现代学徒制的组织原则。在中观层面，行业组织在企业内培训和职业学校教育管理上均能达成一致，进行监督和管理。基于行业组织构成的规章制度，可以对学徒制进行动态监管，使职业教育中市场与国家的利益更具平衡性。在微观层面，始终将学生作为核心，以行动为重要导向。学生在实际工作环境下对所需技能进行学习，进而促进其个性发展。在具体实施过程中，学生每周在企业接受3~4天的培训，在职业学校学习1~2天。

德国现代学徒制采取由联邦、州政府进行宏观管理，地区各行业协会进行考核的三级管理体制。行业协会负责理论与技能方面的考试，学徒在考试合格之后才能被授予合格工人资格证书，然后就能在全国范围内被相关企业选用。[①]

进入 2000 年以后，德国推出了更多的创新措施，积极打造更具有适应性的现代学徒制，譬如将普通教育与学徒制教育进行融合，强化教学模式、课程设置的改革，开发德国国家资格框架（NQF）等。

（二）英国现代学徒制

英国把现代学徒制作为提升技能型人才能力水平的国家发展重要战略，特别是从 1993 年以来，英国政府不断调整现代学徒制政策，开展了多轮现代学徒制改革，并取得了一定的成效。当前英国学徒制体系是与英国的国家职业资格（NVQ）制度紧密结合的，主要包括学徒制（2 级）、高级学徒制（3 级）和高等学徒制（4 级）这三个层次的学徒制。它涵盖农业、商业、艺术、教育等十大领域，涉及 1500 多个工作岗位。英国现代学徒制采取的是模块策略，每个学徒项目都有教学框架，该框架由行业技能委员会与企业根据国家职业标准联合开发，主要包括能力要素、知识要素和关键技能，由培训机构和企业合作对学徒实施教学。在企业培训中，学徒跟随有经验的师傅学习技能，此外还要在培训机构接受普通文化知识和基本理论培训，并有指定的导师提供帮助。学徒完成培训的时间取决于个人能力和企业的要求，一般为 1~4 年。

英国现代学徒制的组织和管理体系较为复杂，且近几年不断变动，目前英国现代学徒制的主管部门及其职能为：商务、创新和技能部对英国学徒制改革的政策和进展负总体责任；资格及考试规范办公室负责管理资格认定和经费提供；行业技能委员会负责开发国家职业标准、制定学徒制框架、颁发技术证书。英国现代学徒制并不提供专门的证书，不过在学徒达成框架所明确的能力之后，颁证组织就能通过不同方式对他们的能力与技能进行测试，学徒若是通过了测试，就会获得相关的技术证书、国家职业资格等认证。

---

① 陈智强，周晓刚，顾月琴. 德国双元制职业教育本土化：技术与路径：（中国）健雄职业技术学院高职教育的探索与实践 [M]. 苏州：苏州大学出版社，2011：18.

2013 年，英国开始了新一轮现代学徒制改革，提出从规模优先转向质量发展，由雇主主导学徒制的未来。2017 年，英国成立了学徒制学院。2018 年，英国教育部更新了《学徒制改革计划利益实现战略》，学徒制改革仍在持续深化。

（三）澳大利亚现代学徒制

澳大利亚的职业教育理念受到英国的显著影响，基本上承袭了后者的相关制度。澳大利亚在 1998 年开展新学徒制改革，由此正式建立新学徒中心。这个新制度的核心基础，就是将受训生制与传统学徒制进行融合，它的实质是把实践工作与有组织的培训结合起来，颁发全国认可的学历资格证书。作为就业导向学习的有效方式和获得技能的重要途径，澳大利亚新学徒制在帮助就业、发展经济等方面做出了突出的贡献。

澳大利亚的传统学徒制一般较为稳定，通常在传统行业进行，培训时间为 3~4 年，学徒期间合同不能随意取消，即使发生雇主更换，新雇主也必须继续履行合同。受训生制稳定性较差，以商业、保健等服务性行业为主，培训时间为 1~2 年，培训期间如果更换雇主，新雇主可终止培训，并且可以单方面解除培训合同。澳大利亚新学徒制涵盖了 500 多个职业，其教学主要依据澳大利亚职业资格框架和培训包。学徒或受训生与雇主达成意向后，去学徒制中心签署培训协议，并共同选择一家培训机构（主要是 TAFE 学院）进行面试。学徒或受训生、雇主和培训机构均须通过协商签署培训计划。根据培训计划，学徒或受训生在企业和培训机构之间交替接受培训，企业与培训机构的时间比通常为 4∶1。

澳大利亚新学徒制采取联邦和州或领地两级的管理体系，学徒或受训生完成学徒制时，雇主向培训机构或州培训局提供他们的岗位能力证明，培训机构则为学徒或受训生颁发资格证书。一般来说，通过澳大利亚学徒制，学生可以获得《澳大利亚资格框架》（AQF）中从一级证书到职业教育高级文凭（六级）的资格认证。

近年来，澳大利亚新学徒制逐渐显露出一些问题，如学徒的完成率下滑，重返学徒制的学徒不多等。基于此，澳大利亚政府从 2010 年起决定改革澳大利亚新学徒制体系，以更好地满足澳大利亚经济发展的需求。

（四）美国现代学徒制

美国现代学徒制具有多元化的形式，其中注册学徒制已经成为该国现代学徒制的重要代表，其发展历史悠久，在实施和管理方面都颇为规范。随着政府管理机构的介入，再加上不同主体的努力，注册学徒制在标准制定、培训考核、资格认定等方面日益标准，并逐步构建了较为科学的体系。

注册学徒制是指学生通过注册学徒，按照既定的培训计划，在合格讲师和熟练工人的指导监督下学习理论知识与生产技能，同时参加生产劳动，达到规定要求而获得"熟练工种"资格认证、相应岗位就业机会及进入更高层次学校继续学习的资格。[①] 美国对外注册培训项目已多达 2.8 万个，涉及管道工、木工等职业岗位，而且注册学徒制已经成为该国职业培训的关键方式。该国要求注册成为学徒的人必须超过 16 周岁，某些危险性工种则要求必须超过 18 周岁，同时还必须达到高中或者同等学力。学徒时间最短为 1 年，最长为 6 年。培训采用实践和理论相结合的方式，学徒每个年度至少有 144 个学时的理论学习，并有不低于 2000 个学时的现场培训。这些学徒可以在师傅的指导和帮助下，在学习技能的过程中为企业提供劳务服务，并由此获得一定的报酬。

美国注册学徒制主体由社会学院、企业雇主、学徒、州立学徒制事务局等构成，其中州立学徒制事务局专门负责学徒与劳工部的协调工作，包括注册学徒制、颁发结业证书、提供课程指导等。

2008 年，美国劳工部对《国家学徒条例》进行修订，实施注册学徒制新政，简化了学徒注册过程，规范了认证程序，创新了培训模式，强化了绩效评估，以更加贴合该国经济发展对人才培养的需求。

---

① 陈圆，任宏. 美国建筑业劳工培训剖析与启示［J］. 建筑经济，2010（9）.

（五）瑞士现代学徒制

瑞士也是推行现代学徒制的典型国家。高品质的"瑞士制造"是以瑞士高质量的技能人才培养体系为支撑的，而学徒制在瑞士技能人才培养中扮演了极为重要的角色。瑞士现代学徒制在国际上也享有盛誉，是当前学徒制的典范，该国的企业与年轻人对学徒制也给予较高的认可。

目前，瑞士职教体系共有三大维度，对应的是职业准备、中高等职业教育、职业继续教育。其中，中等职教在培养技能型人才方面发挥主导作用，存在着典型的"三元制"属性。目前，该国学徒制已经支持240多个工种的学习，覆盖了该国的绝大部分行业。企业对政府的工作也十分配合，该国的行业组织能够为学徒提供对应的子课程培训，培训时长为2~12周。具体中职学校则根据不同岗位需求设置课程与专业，其灵活性较高，可以很好地满足不同行业的需求，同时也十分契合学徒的个性。在瑞士，大约有2/3的学生在完成九年义务教育后参加现代学徒制，他们在开始学徒制前就和培训企业签署相关合同，学习时间通常为3~4年。从培训形式来看，学徒每周需要花费1~2天的时间在职业院校进行全天候学习，在企业基层一线工作学习的时间则是3~4天。

目前，瑞士主要是由联邦、州政府、行业协会共同负责学徒制的管理，培养计划主要由职教中心、职业院校、企业来共同完成。学徒通过两年左右的培训，就能得到职教与培训证书。若是通过3~4年的专业培训，毕业生还能获得相应的文凭，并进入高等专业学校学习。

20世纪90年代之后，瑞士现代学徒制也呈现出新的特征，开始对劳动力市场数据分析给予高度重视，同时，还在学徒的考核过程中强化了企业的占比，职业教育的水平有了显著提升，并且更加关注学徒软技能的培养等。

三、国外现代学徒制对我国的借鉴意义

（一）以政府宏观调控为主

长期以来，我国职业教育是政府主导型教育，政府对其采取的是强有力的干预性管理，职业院校的自主权力很小，社会资本一般难以进入职业教育领域，市场运作也几乎不可能。根据国外经验，政府要促进职业教育就必须采取一定形式的市场化机制。为此，第一，应对政府角色进行重新定位，政府要通过立法加强顶层设计，建立完善的现代学徒制法律体系和经费保障体系，推进现代学徒制的有序运行，重点理顺利益主体间的关系，突出技术支持和宏观指导；第二，密切和市场进行对接，极大提升学校在办学方面的自主性，紧密结合市场变化设置专业、优化课程。

（二）建立全国统一的职业资格框架

纵观各国现代学徒制发展的成功经验，其中重要一点就是构建相应的资质框架体系。如今，我国劳动力市场的职业资格证书具有多元性，而且从事认证的机构也较多，可劳动力实际资质却很难让人满意。目前，国内对技术技能型人才有着较高的需求量，很多企业很难招聘到这样的人才，这也表明国内人才市场的结构存在着局限性。近些年，国内虽然强化了职业教育的改革与发展，优化了学徒制培养体系，然而整体效果并不显著。只有积极构建具有统一性的国家职业资格框架体系，才能很好地完善职教体系，推动普教和职教形成良好的立体衔接，促使普通教育和学徒制教育有效转换，实现职业资格证书与学历证书的互认；只有依据行业开发相关的职业能力标准，规范管理职业培训机构等，才能提高现代学徒制人才培养的质量。[①]

（三）采取学校本位的培训模式

国外的学徒制培训有工作本位和学校本位两种模式。这两种模式各有优势，是基于国情做出的选择。鉴于我国的实际情况，我们应参考学校本

---

① 陈琳菲，夏建国. 英澳职教模式比较及其对我国的借鉴意义 [J]. 职教论坛，2010 (34).

位模式发展现代学徒制培训与建立产学合作机制。我国推进现代学徒制，在相当长的时期内仍需由政府主导。目前，我国现代学徒制的试点在吸引企业的合作方面仍有待加强。企业承担培训的职责虽是一种必然趋势，但是一时之间难以有较大程度的实现。因此，要吸引企业积极参与现代学徒制。一方面，政府要通过制定相关法律、税收优惠政策等对参与现代学徒制的企业给予税收优惠，鼓励企业参与培训；另一方面，在责任分担上要明确学校是主要承担者，以学校为本位，与企业紧密合作共同培养人才。

（四）充分发挥行业组织的作用

随着经济全球化的发展，许多企业提供学徒岗位的数量难以保证，为此，许多国家出现了企业和学校之外的"第三方"——行业组织或培训机构。这些机构可以作为中介，将学徒与企业进行密切联系，同时还能承担一定的培训和教学职能。如德国有三成的学徒就是和政府设立的跨行业培训中心签署相应的协议。随着传统产业的升级、新兴产业的涌现，现代学徒制培训模式需要及时更新。一方面，行业组织可以针对行业的属性和特点制定相应的培训标准，通过收集劳动力市场技能革新的信息来预测未来人力资源的需求趋势，不断地对行业人才培养标准和现代学徒培养课程进行调整与更新，大大提高学徒培养的实效；另一方面，行业组织可以对企业技术进步、技能需求进行转换，使之成为培训学徒的相关内容与标准，便于企业按照这些需求培养学徒，从而对参与人才培养的企业产生显著影响。因此，培育壮大我国的行业组织，充分发挥其在职业教育中的中介作用，对我国现代学徒制的发展具有重要影响。

第三节 我国现代学徒制的发展

我国有着悠久的学徒教育与学徒制传统，但是这一模式在很长时间内并未上升到国家层面的正式学徒制，而是以形式多样的非正式制度广泛存在。2011年3月，时任教育部副部长鲁昕在推进国家中等职业教育改革发展示范学校建设专题培训班上首次谈到现代学徒制，希望地方政府和企业通过组织参与现代学徒制来培养"适销对路"的人才，从而缓解东南沿海地区的用工短缺问题。同年6月，教育部将新余市的江西职教业教育区列为国家现代学徒制试点平台，开启了第一个中国特色现代学徒制试点。此后，在国家政策引导、地方政府统筹管理和试点单位积极实践下，形成了富有中国特色的现代学徒制。

一、我国现代学徒制的理论基础

（一）五大发展理念是推动我国现代学徒制发展的思想引领

习近平总书记在党的十八届五中全会上提出了"创新""协调""绿色""开放""共享"的五大发展理念。这对破解我国发展难题、增强发展动力、厚植发展优势具有重大指导意义。① 五大发展理念既是教育强国、技能强国的方向引领，也是实现职业教育现代化的根本路径。现代学徒制作为国家人力资源开发的重要战略，也要以五大发展理念为指导，目的是进一步推动产教融合、校企深度合作，积极探索多种形式的育人机制和人才培养模式。

创新发展为现代学徒制提供了发展动力，只有对现代学徒制的相关理论、模式、制度和文化等不断进行创新，才能实现现代学徒制发展规律认识的新突破，促进中国特色现代学徒制的有效实施。协调发展对现代学徒制的实施提出了发展要求。当前我国现代学徒制在实施过程中存在教育主体、教师队伍和资金来源等的非均衡发展态势，协调发展意味着统筹兼顾、各方均衡，填补短板、减少差距，努力形成产教深度融合、校企协同育人的发展景象。绿色发展为现代学徒制的实施指明了发展方向，即走可持续发展道路。要实现现代学徒制的长期有效发展，就必须明确发展特色、统筹管理，建立健全相关保障机制。开放发展为现代学徒制的实施厘清了发展途径，通过政府、行业、企业和职业院校之间的交流沟通，充分

---

① 中共中央关于制定国民经济和社会发展第十三个五年规划的建议［N］.人民日报，2015-11-04.

吸收产业界、企业界和职业院校现代学徒制实施的经验与成果，真正做到兼收并蓄、多元融合，拓宽现代学徒制的发展空间与渠道。共享发展为现代学徒制的实施明确了发展目标，现代学徒制除了服务于国家人才开发战略之外，还要发挥行业和企业的功能与优势，通过建立现代学徒制大数据管理平台，及时推动现代学徒制实施成果的推广和普及，使行业、企业和职业院校共享技能人才培养的成果。

（二）命运共同体理论是推动我国现代学徒制发展的实践路向

所谓共同体（community），是指人们在某种共同条件下结成的集体。德国社会学家斐迪南·滕尼斯曾将"共同体"理解为人类在"社会"产生之前的组织形式，如血缘共同体等。自滕尼斯后，"共同体"这一概念不断被嵌入不同的语境，如"经济共同体""政治共同体"等。[①] 党的十八大以来，习近平总书记先后提出过建设亚洲命运共同体、中国-东盟命运共同体、中国-巴基斯坦命运共同体、中非命运共同体、中拉（拉美）命运共同体和人类命运共同体等主张。职业教育作为一种类型教育，与经济、社会的联系更为紧密，必须用命运共同体的理论来思考和发展职业教育。现代学徒制作为国家人力资源开发的重要战略，也要以命运共同体的理论为指导，打造校企命运共同体，协同培养技术技能人才。一是建立互利共赢的目标导向。构建校企命运共同体要充分激发企业在现代学徒制中的主体作用，政府必须基于市场需求，建立以校企合作互利共赢为导向的现代学徒制政策和制度，使职业院校专业设置与企业战略发展规划协同匹配，助力职业院校人才培养与企业人力资源规划相对接，使职业院校和企业在校企命运共同体中充分彰显各自的功能和价值，实现各自的诉求和目标。二是建立相互合作的交流机制。合作是校企命运共同体中企业和职业院校处理相互关系的最基本的行为方式。首先要创新合作机制。职业院校与企业共同组建现代学徒制项目领导小组，负责现代学徒制项目的管理与

---

① 王公龙，韩旭. 人类命运共同体思想的四重维度探析 [J]. 上海行政学院学报, 2016 (3).

运行，形成"共同谋划、共同建设、共同管理、共同运营、共享成果、共担风险"的合作机制。其次要促进校企师资团队的合作交流。通过企业大师工作室和职业教育名师工作室"双导师"团队联合开展人才培养方案和课程标准制定、课程建设、教材建设、横向课题研发等工作，加深校企师资团队对现代学徒制的理解，使其在执行层面统一认识，有效统筹，全面提高人才培养质量。

（三）美好生活的需要是推动我国现代学徒制发展的目标追求

党的十九大报告明确指出："中国特色社会主义进入新时代，我国社会主要矛盾已经转化为人民日益增长的美好生活需要和不平衡不充分的发展之间的矛盾。""破解中国特色社会主义新时代的主要矛盾，更好地满足人民对美好生活的需要，既要不断加强人民对物质建设方面的'硬需要'，也要更加注重文化、精神等方面的'软需要'"。[①] 满足人民美好生活的需要，增强新时代技术技能人才的获得感、幸福感，应是职业教育最终的努力方向和目标。现代学徒制作为国家人力资源开发的重要战略，不仅要着眼于提升学徒的技术技能水平，还要更好地满足学徒美好生活的需要，促进他们的职业生涯更好地发展。一是营造技能成才的社会文化氛围。当前高技能人才短缺，已成为制约产业转型升级的重要因素，要更好地实施现代学徒制国家人力资源开发战略，培养优秀的高技能人才，就必须营造"尊重劳动、崇尚技能、鼓励创造"的社会文化氛围，树立多元的成才观，即经济社会发展不仅需要从事科学研究的白领，更需要从事技术生产的蓝领，两种人才、多种知识和技能相辅相成，不可或缺。二是构建技能人才全面发展的制度体系。技能人才不仅需要高超的技艺和精湛的技能，更需要立足岗位进行创造性的劳动，只有这样，才能发挥其最大的价值。高技能人才的成长需要时间的积淀和岗位的训练，如培养一名高级技工或技师需要8~10年的时间。要发挥现代学徒制的优势，促进学徒的成长成才，

---

① 韩喜平. 满足人民美好生活需要的理论指南 [J]. 思想理论教育导刊, 2018 (1).

就必须构建相关的法律制度，保障他们的学习和发展；必须建立和完善国家职业资格框架，提高职业资格证书的含金量和公信力，促进技能人才职业能力的提升；必须构建以工作业绩评价为重点，职业能力、职业道德和职业知识水平全面发展的技能人才评价新体系；必须建立终身学习机制，多措并举，创造技能人才时时、处处可持续的学习机会，满足其美好生活的需要。

二、我国现代学徒制的发展历程

纵观我国现代学徒制的发展历程，可以将之细分成下面几个阶段。

（一）技工学校教育的探索

技工学校（简称"技校"）最初是由我国劳动部门负责，技工学校与企业有着天然的联系，通常是企业或行业的下属部门。技校从本质上而言也是典型的职教形态，它将学校理论与企业实践结合，技校学生到企业去实践，比政府主管部门的安排还要顺利。技工学校的任课教师可以与企业车间负责人对接学生实习的时间和内容，因此，技工学校天然地符合现代学徒制的教学基本要素。中华人民共和国成立初期，技工学校教育是培养技术技能工人的主要形式，也是我国现代学徒制的最初形态。

1979年9月，国家经济委员会、国家劳动总局发布的《关于进一步搞好技工培训工作的通知》强调了开展学徒在职培训工作的重要性，对技工培训的相关要求做出了明确的规定，提出要提高在职职工的技术水平，强调要在生产中边干边学。同时对学徒培训也做出了明确规定，要求在学徒进厂后，企业必须集中时间对其进行专门的技能与知识教育。学徒在具体岗位工作期间，还必须投入不低于33.3%的时间对技术理论知识进行深入学习。此外，还必须签署师徒合同，强化员工的实践教学。以上这些方法与规定表明，技校教育已经具备一定的现代学徒制特点。实际上，当年技校规模化招生、毕业生就业率高也证明了这一模式的成功。技工学校教育这一教育形态将零散的个体师徒关系转化为学校统一教学的师傅和学徒的群体关系，为我国现代学徒制的建立奠定了重要基础。

（二）半工半读教育的实践

半工半读的教育模式将企业的岗位工作与学校的理论学习紧密地结合在一起，是最具现代学徒制特征的职业教育形式。20世纪五六十年代，这种半工半读的教育模式助力了我国企业技术工人的更新换代，为新产业、新技术的诞生和应用培养了一批及时可用的技术人才。

2006年10月，全国职业教育半工半读试点工作会议召开，教育部在此次大会上正式发布《关于在部分职业院校开展半工半读试点工作的通知》，对半工半读教育模式所对应的工作与要求进行了明确，并选择了多达107所中职学校参与试点。这种教育模式在形式上颇具灵活性，学生在职业院校进行一段时间的深入学习后，就可以进入企业实习。当然，学生在学校与企业之间还能进行多次交替式学习，一边学习一边工作，既不影响学业也不影响工作。相对于全日制就读的技工学校教育而言，这种教育显然是重要的补充。会议将这种教育与全日制教育摆在相同的重要位置，较好地改善了国内单一的职业教育结构。现在看来，彼时的教育改革符合我国国情，对今天推动现代学徒制的发展具有积极的历史意义。

（三）校企合作教育的完善

我国现代学徒制的核心是工学结合，而校企合作则是保证工学有效结合的最好形式。校、企双方充分发挥各自的人才培养优势，不仅发挥了学校在理论知识上的教学优势，同时还对企业的实践锻炼优势进行了发挥，使理论和实践得到了很好的融合。

近年来，我国先后颁布多项政策，对校企合作的人才培养模式加以完善。早在2005年国务院就推出了《关于大力发展职业教育的决定》，鼓励校企、工学结合，积极推动职业院校和企业之间的密切联系，为学生社会实践、生产实习提供相应的机会和课程，并要求企业建立和完善接收职业院校学生实习的制度。2010年，我国政府正式发布《国家中长期教育改革和发展规划纲要（2010—2020年）》，要求强化国内的职教教学改革，注重校企、工学的融合发展；同时还为校企合作提供了规制内容，为校企合作培养模式的发展提供了很好的政策指导。

在诸多制度与政策的支持下，很多地方都对现代学徒制进行了试点分析，江西新余就是最早参与试点的城市。江西新余在落实现代学徒制的过程中，将招生和招工结合，上课与上岗整合，毕业与就业融合，通过一系列行之有效的做法，在现代学徒制建设方面取得了不错的成绩，并成为我国现代学徒制发展的缩影。该市的一些举措与方法有效地丰富了我国现代学徒制的内涵，为促进其持续发展提供了重要的参考。

三、我国现代学徒制的典型模式

教育部于2014年正式发布《关于开展现代学徒制试点工作的意见》，这意味着我国正式开始了现代学徒制的相应试点工作。不久之后，地方政府、职业院校对试点工作给予高度关注，并通过切实的努力，积累了丰富的经验，同时也诞生了几种典型的模式。

（一）院校企业合作模式

早在2011年，江西新余就对国际职教前沿给予高度关注，并率先引入现代学徒制人才培养模式——职业院校和企业通过合作，完成教学和实践案例的设计，并制定定岗合同，双方共同提升学徒的技能、知识，保障学徒的就业、薪酬待遇，由此企业、职业院校、学徒这几个主体的利益实现了均衡化，有效推动了该市的职教发展。其试点工作的突破点主要体现在：第一，明确了人才培养标准，将岗位需求与专业进行有效结合，基于技能进一步强化理论培训，基于职业资质证书增强学徒专业能力；第二，实现了双导师培养，真正落实了工学交替。相较于早先的集中培训，启动试点后引入了岗位实践与集中学习相结合的方式，通过双导师的培养，有效拓展了学徒的理论知识与专业技能。如赣西学院在开始阶段尝试运用建制班，为试点工作的有效落实提供了支持；又如江西工程学院等在落实现代学徒制的过程中，引入创业基地、创业基金与创业导师，从而切实提升了试点的成效。

（二）院校园区合作模式

江苏省太仓市立足于自身产业园优势，引入了德国"双元制"职教模式。太仓市根据当地园区岗位需求，再加上本地学院的专业设置，推动校企之间紧密合作，实现定岗输送人才，共同培养，由此形成了院校园区合作模式。其经验主要体现在以下几点：第一，基于市场对专业进行调整和优化，在此合作模式下，紧密结合企业岗位需求来对专业招生进行调整，同时还据此完成专业的优化设置，院校的办学主动性显著增强；第二，适当松绑培训权，使不同利益相关者真正实现共赢。我国职教在过去相当长时间里没有紧随市场与企业需求，而是由院校来主导人才的培养。太仓市很早就松绑了院校的培训权，促使本地院校积极引入现代学徒制，与当地园区的企业进行对接，为这些企业培养合格的技术工人，由此显著提升了院校的人才培养能力。苏州健雄职业技术学院就对德国的"双元制"进行了参考，并结合自身实情进行了一定的改善，引入了"定岗双元"模式，即每4周由院校导师对学生进行知识理论培训，每6周由企业导师对学生进行专业技能培训，学生顺利毕业之后就能获得德国工商会职业资格证书（AHK），在国际上都可以被认可，可以说是对德国的"双元制"进行了很好的本土化改造和升级。

（三）院校行业合作模式

广州行业协会参与职业教育已积累了一定的经验，特别是广州铁路职业技术学院和广东省物联网协会、数字家庭示范产业基地等进行合作，对现代学徒制通过院校行业合作模式进行试点，具体体现在：第一，三方合作，共同培养。具体做法是，由企业定岗位，由行业负责相应标准的制定，学校则对目标进行制定，通过三方联合来实现共同培养。在行业协会介入之后，就产生了多元化利益主体，现代学徒制的培养难度也就有了显著提升；同时，进一步融入前沿行业与专业，显著提升了人才的培养水平和质量。第二，在具体实践中，将小众专业作为切入点，引入企业众筹模式，以更好地实现现代学徒制的人才培养目标，使学徒阶梯式项目培训得到更好的满足，进而满足相应的周期性人才需求。广州铁路职业技术学院基于行业协会所提出的标准与人才需求，为该行业输送相应的学徒；企业则借助差异性需求对学徒的培养进行辅助或主导，进而打造成"众筹班"；行业协会则积极参与质量监控，帮助企业和学徒完成有关目标设定，从而为企业输送定制型人才。

（四）院校联盟合作模式

在院校联盟合作模式下，政府发挥牵头作用，激发职业院校与行业协会进行协作，构建专门的职教联盟，与国内外优势企业进行合作，发展和创新职教合作项目。在此过程中，运用院校联盟合作模式，可以产生良好的顶层设计效果，它有着较大的覆盖面，而且影响力十分广泛，有着较强的实践性，可以为现代学徒制的开展提供重要支持。山东、安徽等省率先对现代学徒制模式进行了试点，早在2011年，就和德国汽车制造联盟进行合作，推出了SGAVE项目，也就是汽车机电职教合作项目，为现代学徒制在国内的实施提供了宝贵的经验，同时也为我国构建现代学徒制体系发挥了重要作用。第一，顶层设计突出了中国特色，使培训体系更具有完整性。该项目主要涉及执行、组织、指导、决策等4个层次，覆盖的城市多达20个，院校数量则有30多家，学徒人数数千名。经过数年的实践应用，现代学徒制本土化基本实现，能够独立筛选院校，标准化设计培训计划、实践方案、教学清单等。第二，积极推广"三导向"教学模式，分别导向能力培养、顶岗实践与岗位需求，在淡季时，强化学习；在旺季时，适当降低学习力度，运用分段式、多学期等工学交替模式，一边学习一边实践，并在德国汽车企业旗下的4S店、制造业企业等环境下，真正提升自身的专业知识水平、实践应用能力、社交能力等。

第二章 现代学徒制的运行机制

有效的运行机制是现代学徒制高质量实施的重要保证,在现代学徒制实施的过程中既要注重现代学徒制内部运行机制的建设,还要发挥现代学徒制外部运行机制的保障作用,必须构建政府统筹规划、企业搭建平台、职业院校主动对接、学徒和社会积极参与的利益驱动机制、沟通协调机制、合作育人机制、外部保障机制等。

第一节 现代学徒制运行机制的内涵

一、运行机制的内涵

在《辞海》中,"机制"是指事物的一种运行方式和运行模式。它体现的是事物各个组成部分之间的相互关系及变化的联系。它是事物各个部分之间的一种协调关系,它将事物的各个部分联系起来,使它们协调运行并发挥一定的作用。现代学徒制运行机制则是由政府主导,行业机构起到指导作用,通过校、企的共同培养,学徒的主动参与,进而构成相应的运行模式与机制。在此过程中,校、企联合培养学徒,校、企双方发挥各自的主体功能,使协同培养人才的机制有条不紊地实施。在任何事物的构成、运行与发展环节,相关机制都有其独特的作用,如管理与约束、激励、评价和保障等。[①] 而本书中所说的政府对现代学徒制校企协同育人机制运行提供的政策支持和资金扶助,就具有激励作用,能够给予资金、政策层面的激励和支持。有关行业组织则对现代学徒制的运行加以监督和指

---

① 马粤娴. 职业集群课程模块下的校企合作长效机制建设:以广东金融学院 HRM 专业为例[J]. 职业技术教育, 2013(5).

导。相关法律规制保障校、企共同培养人才，也就是说，借助相关法律规制的约束与管理，再加上对教师的考核和评价，现代学徒制的运行机制就有了评价功能。亦即，对学徒的双重身份和利益进行保障与明确，就意味着现代学徒制运行机制具有相应的保障功能。

二、现代学徒制运行机制的内涵

现代学徒制运行机制是为了保障现代学徒制的正常运行，各主体之间互相协调的关系总和。该运行机制主要涉及内外两个层面，具体可参见图1。其中，前者保证了现代学徒制内部运行的质量，包括利益驱动机制和育人机制；后者则包括保障机制和合作沟通机制。

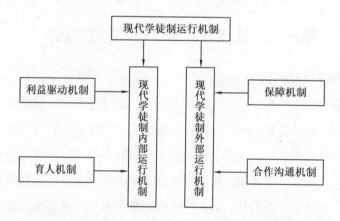

图1 现代学徒制运行机制

第二节 现代学徒制运行机制的比较

一、德国现代学徒制的运行机制

（一）内部运行机制

德国是世界上最早实行现代学徒制的国家之一，其经验和做法也一直被世界上其他国家所借鉴。为保证现代学徒制的运行质量，德国的内部运行机制包括利益驱动机制、育人机制。

1. 利益驱动机制

根据利益相关者理论，职业院校、企业是现代学徒制的两个利益相关主体。对企业来说，按照德国的相关法律规定，无论企业是否参加学徒制，都要向联邦政府缴纳一定数额的中央基金，联邦政府会根据参加现代学徒制的企业的规模大小、成效高低来分配中央基金。德国企业参加现代学徒制的原因主要有两点：一是参加现代学徒制的企业，德国联邦政府会在税收政策上给予优惠；二是企业通过参加现代学徒制，储备了大量的人力资源，节省了人才招聘和培训的时间成本与资金成本。对学校来说，德国基于《联邦职业教育法》明确了培训经费的投入机制，其中企业负担涉及自身内部的培训投入，联邦政府或者相关主管单位、行业协会则负担跨企业培训的经费，州政府则负担职业院校的培训投入。在德国，职业院校就是"双元制"中的一元，职业院校必须按照法律规制，定时完成学徒培训任务，而在经费投入层面则无须承担相应的风险，因为有州政府和地方教育部门负责承担职业院校的培训费用。该费用的主要构成为：学校的硬件投入、教师工资及其养老投入。教师工资及其养老投入主要由州政府承担，教学器材、基础设施等则由地方教育主管机关负责。在此情况下，德国的职业院校当然愿意积极参与现代学徒制。

2. 育人机制

《联邦职业教育法》和《联邦职业教育促进法》是德国职业教育学徒制课程开发与实施的基本法规，联邦各州、各地区的法规制度是现代学徒制课程开发与实施机制的重要补充，德国各州文教部长联席会议、行业协会与企业、雇主共同负责现代学徒制的课程设计、开发与实施。德国"双元制"以职业分析为导向，以职业活动为核心开发学徒制课程。这种以职业活动为核心的课程开发模式，对学徒的职业能力、技能、知识等的培养，有着很好的促进功能。德国的"双元制"将职业活动作为课程设计和开发的核心，并将其融入企业参与职教开发的全过程，具体表现为：将职业活动作为中心，对课程内容进行设计，进而打造课程结构与体系。从横向角度来看,课程内容主要涉及实训、专业、文化知识等,这些课程不仅注重学生技能的培养,同时还能进一步提升学生分析与解决问题的能力。从纵向角度来分析,可以将课程细分为专长、专业、基础课程,基于具体的职业活动,这些课程呈现出螺旋上升的特点。德国的企业也积极参与课程开发,并对职业活动及技能和经验的训练给予高度关注。

(二) 外部运行机制

德国现代学徒制的良好运行离不开外部环境的保障机制,这种保障机制既包括政府层面的法律机制,也包括各利益主体间的互相沟通机制。

1. 保障机制

为了更好地运行现代学徒制,德国首先在国家层面颁布了一系列的法律法规,形成了较为完备的法律体系。例如联邦层面的《联邦职业教育法》《联邦职业教育促进法》《手工业条例》《青年劳动保护法》《企业基本法》等,不仅规定了企业应承担的义务和责任,即企业必须在学徒制中负担企业师傅的工资、企业学徒的工资、设备消耗费用,提供学徒实习场所等,还说明了具体的学徒培训时间、工作标准、学徒报酬等,在明确企业权责的同时,保障了学徒的利益。2005 年,新修的《联邦职业教育法》正式付诸实施。两年后,德国对这部法律进行了修订。该职教法对德国职教及学徒制的现代化、法制化起到了很好的促进作用,也更加契合德国职教的发展取向,使职业院校和企业之间的关系更为密切,管理和教育研究的融合也更为密切等。[①] 其次,完善的行会制度体系也是现代学徒制在德国得以运行的关键。在德国,行业协会为典型的自治管理组织,但企业的职业教育培训是行业协会通过学徒制监督、强化其实施的。行业协会的职能是:对参与企业的资质进行审定与监督,考核学徒培养的成果,制定规制,负责咨询与监督等。德国行业协会对学徒制人才的培养过程和结果有着较为严格的质量监督。譬如,学徒合同必须在行业协会注册,行业协会

---

① 姜大源. 当代世界职业教育发展趋势研究 [M]. 北京:电子工业出版社,2013:12.

同时委派专门的培训顾问对培训的开展进行监督。学徒只有通过行业协会组织的中期考试、毕业考试和资格认证考试，才能最终完成学徒制培训。①

最后，除了国家层面的法律体系及行业协会的机制体系外，德国的学徒制还建立了一套完善的质量评价体系，对学徒的培训质量进行保障。德国的行业协会肩负着学徒制的考试评价工作，同时还负责引导相关组织建立专门的考试委员会，考试委员会的相关成员涉及雇主代表、职业院校教师、工会代表等，他们的职能就是负责考卷的制定，并进行相关监考和评分，目的是显著提升学徒培训质量。由于第三方考核评价机制相对透明、公正、客观和规范，因此，在该国学徒制下，学徒获取的结业证书不仅在该国得到承认，在欧盟内部的国家也得到一定的承认。②

2. 合作沟通机制

德国现代学徒制的运行离不开各利益主体的沟通，因为只有各利益主体处理好、沟通好彼此之间的职责和义务，现代学徒制才能顺利进行。这种沟通机制具体表现在政府部门之间职责的沟通机制、政府与行业协会之间的沟通机制、政府与企业之间的沟通机制，以及政府与行业协会、企业、职业学校之间的沟通机制。

（1）联邦政府与州政府之间的沟通机制。德国的现代学徒制实行联邦政府宏观管理与联邦州政府和行业协会自治管理模式。联邦职教机构已经成为该国现代学徒制的最高主管单位，负责对该国的现代学徒制进行宏观层面的管理，通过政策与指导，协调并解决现代学徒制实施环节的共性及普遍问题，进而使学徒的培养规格具有相对统一性。另外，联邦州政府已经成为现代学徒制重要的实施和监督单位，对其进行自治管理。联邦州政府积极发挥监督与协调作用，不仅监督职业院校教学、财政拨款使用效

---

① 关晶. 英国和德国现代学徒制的比较研究：基于制度互补性的视角[J]. 华东师范大学学报（教育科学版），2017（1）.

② 叶鉴铭. 校企共赢 我们在路上：校企共同体实践研究[M]. 北京：光明日报出版社，2021：68-69.

率，同时还对行业协会、企业、学校的关系进行协调。德国正式设立了基于行业协会的地区、州、联邦三级学徒管理与沟通单位。其中联邦政府主要负责宏观上的管理，如推出统一的培训标准，制定相关法律法规等。

（2）经费沟通机制。德国不仅通过《联邦职业教育法》明确了企业在学徒制中的重要义务与职责，同时州、联邦政府还分别推出相应的法律、规章制度，对职业院校现代学徒制的开展和实施情况进行监督与检查。譬如《联邦职业教育法》这部法律对培训费、学徒工资、资料费等进行了明确，规定上述费用基本上是由企业负责；对于小企业，如果其员工总数不超过20人，则能获得一定数额的国家补贴；地方和联邦政府承担职业院校的费用。

二、英国现代学徒制的运行机制

（一）内部运行机制

1. 利益驱动机制

英国现代学徒制的主要实施单位包括政府培训组织、雇主、技能委员会、培训供给者等。最初，这个制度的实施主要由该国的培训和企业委员会负责。随后的2001年3月25日，新成立的学习与技能委员会开始负责实施英国的现代学徒制，该委员会分成两个等级，分别对应的是地方和国家。国家层面的这个机构主要负责从宏观层面制定现代学徒制的培训政策、发展定位、培训目标等，并向各地的学习与技能委员会划拨培训教育经费，建立学徒信息数据库，向社会发布培训项目的具体实施步骤、结果，以及与培训相关的其他事务。地方学习与技能委员会具体负责执行宏观层面的管理与经费资助政策，包括与培训单位及培训企业签订学徒制的培训合同等。国家培训组织无疑是国家认可的雇主代表组织，主要负责对行业今后的发展及对技能人才的需求给出行业标准。2001年，该组织已经达到73个。不同行业的组织分别负责本行业的现代学徒制培训框架，并对该培训过程进行相应的监督，为现代学徒制培训提供相应的支持。培训供给者主要涉及培训单位、规模较大的企业、培训联合会和商会等。英国现代学徒制的资金主要由政府和雇主提供。对于政府来说，通过资金和政策的支持，可以解决社会上技术技能人才的就业问题，对发展经济、维护社会稳定有一定的促进作用。对于雇主来说，雇主直接提供资金，然后再和其他培训单位及职业院校进行联合，对学徒进行培养，并支付一定酬劳，若是资金不够，还需要雇主补足，但雇主节省了一定的培养成本，提高了企业的生产力。现代学徒制对所有雇主开放，所有雇主都能借助现代学徒制体系来对新员工进行高效率、低成本的开发，或者对老职工的技能进行提升，这对很多雇主，尤其是中小企业雇主产生了很大的吸引力。对于培训机构来说，从政府获得经费支持是培训机构获利的主要渠道。英国现代学徒制的经费主要由培训经费和学徒工资两部分组成。其中，培训经费实行成本分担机制，学习与技术委员会负责提供一定的培训经费，其余部分则由雇主和培训单位来负担。从学徒角度来分析，雇主要给学徒支付一定的酬劳，而且他们的薪酬每周不能少于95英镑；该委员会在支付培训费用时还要遵循一定的标准，其中16~18岁的学徒，由该委员会支付全部费用；18~24岁的学徒，该委员会和雇主各支付一半的费用。英国的现代学徒制学徒除了获得学徒工资之外，还能得到更为丰厚的收益。譬如，这些学徒能向有一定经验的师傅学习，帮助自己获得更多的技能，这样就有助于他们在获得知识的同时，还能进一步获得资格证书；学徒在面临困难之际，还能得到培训单位、雇主的帮助；另外，学徒还能获得测试工具服务、免费顾问服务；等等。①

2. 育人机制

英国现代学徒制的学习课程主要包括三类：第一类课程是知识本位课程，第二类课程是能力本位课程，第三类课程是关键技能课程。该国的现代学徒制具有等级性，分别为初等学徒制、高级学徒制、高等学徒制，不

---

① 贾文胜. 英国现代学徒制运行机制研究［J］. 中国职业技术教育，2018（24）.

同等级学徒制的知识本位课程内容、能力本位课程内容和关键技能课程内容各不相同。

（1）知识本位课程。这类课程的内容是学徒必须学的基本理论知识。在英国，学徒必须接受证书课程培训，并得到相关证书，才能证明自己已掌握了相关理论知识。基础知识课程一般由行业技能委员会和课程资格署联合开发与评估。

（2）能力本位课程。能力本位课程是把学生需要具备的基本岗位能力作为内容，这是英国现代学徒制培训内容的核心。这些课程的内容主要由行业委员会、行业及雇主来决定，而课程实施的效果评估则由政府部门负责。

（3）关键技能课程。如今，英国有不少机构将关键技能细分成数字运用、提升自我学习、信息技术、交流、合作、解决问题等能力。英国行业技能委员会和课程资格署会根据雇主和企业的需要，把这些技能要求编入相关课程，并且这些内容由粗到细，会随时代的变化而变化。总的来说，英国的学徒在企业和培训机构两个地方进行学习，学徒不仅要在企业学习岗位技能，还要在培训机构学习基本理论和文化知识，不断提高自己的实践操作能力，夯实自己的文化基础。

（二）外部运行机制

1. 保障机制

与其他国家的做法相同，英国也通过颁布一系列的法律法规来保障学徒制的顺利实施。1562年，该国就正式颁布了《工匠法》，这可以被视作该国可追溯的最高的学徒制法律，它对学徒培训、师傅制等细节内容进行了规定。2003年、2008年，英国又先后推出了《现代学徒制计划》《现代学徒制草案》等。2009年，则进一步推出了《学徒制、技能、儿童与学习法案》，这无疑是英国在现代学徒制方面的第一部专门法律，也预示着该国从法律层面对现代学徒制框架进行了规定，同时还对雇佣双方的权责关系等进行了明确，从而为该国的现代学徒制提供了重要的法律支持。[①]除此之外，为了促进职业教育和普通教育的相互融通，英国先后建立了两套职业资格框架来加强两者之间的联系。当前英国推出的资格证书制度，包括国家职业资格证书、普通国家职业资格证书，因此对应的是两套制度体系。前者对应的资格证书等级为5级，根据不同行业和岗位的需要，对学徒的技能学习提出了不同的标准和要求，且主要针对学徒技能的学习，理论学习较少。参加国家职业资格证书考试的学徒每周只有两个小时在学校学习理论知识，其他时间都在企业锻炼学习。普通国家职业资格证书有3级，基础级、中级和高级，但学徒必须在学校进行全日制学习，基础级和中级的学制为1年，高级的学制为2年。普通国家职业资格是英国职教与普教的桥梁。在该制度下，学历教育与职教培训有机融合，学生可以自主选择就业或学习深造，职业教育和学历教育在权利上具有等同性，并朝着一体化方向发展。此外，这两类职业资格认证框架与普通教育是相互衔接、相互交叉的，获得国家职业资格证书的学徒可以进入普通高等学校继续学习，获得普通教育证书的学生也可以进入职业资格认证框架中学习，不同教育类型之间的证书也是互相认可的。

2. 合作沟通机制

在英国的现代学徒制中，各利益主体间的沟通机制比较透明，而且有章可循。那些参与学徒制的学生和社会人士，可以通过行业技能委员会报名申请学徒岗位，也可以通过社会中介机构申请学徒岗位。随后，行业技能委员会或者社会中介机构就要对申请者进行个人信息和岗位需求登记，然后申请者再根据这些信息去找符合条件的雇主或者企业。雇主和企业也非常愿意接受这些学徒，因为可以得到政府拨款，所以雇主和企业的积极性都比较高。在培训开始前，雇主和学徒需要提前了解对方，雇主需要了解学徒的培训需求和个人能力，学徒也需要了解雇主或者企业的资质、薪

---

① 贾文胜. 英国现代学徒制运行机制研究 [J]. 中国职业技术教育，2018 (24).

资待遇、工作环境和程序等，随后培训机构、雇主和学徒会签订协议，明确三方的权利和义务，并履行各自的职责。签署协议之后，学徒就同时成为雇主的学徒、培训机构的学生，不仅要接受专门机构的培训，还要接受企业的培训。协议双方不能随意终止培训。另外，学徒在培训机构主要接受文化与理论知识的培训，而在企业则主要进行岗位技能实践，有关培训时间和地点要严格按照协议。培训单位和雇主必须紧密结合国家职业资格证书要求和学徒要求，对培训内容进行明确，并为学徒提供合适的培训项目，对其进行科学培训。学徒在接受培训的过程中，要严格按照培训协议努力工作，并能获得协议所明确的福利待遇。培训单位与雇主必须在培训期间提供相应场地，为学徒提供培训与实践指导，共同确保培训质量。在培训过程中，这些主体之间还要相互交流和沟通，对培训的进度、内容、过程进行讨论，确保学徒培训的完整性和有效性。培训完成后，学徒在培训雇主、培训机构的作用下，接受有关部门的考核评价，培训雇主、培训机构也要积极配合考核，对相应的考核场地、学徒能力等进行评估。如果学徒通过考核，就能获取相应的资格证书，而雇主与培训机构也就能得到政府提供的资金补助；倘若学徒没有通过考核，则要继续接受培训，直至通过。

三、瑞士现代学徒制的运行机制

（一）内部运行机制

1. 利益驱动机制

瑞士实行的现代学徒制被简称为"三元制"，"三元"指的是职业学校、企业和培训中心。职业学校是主体单位，主要负责专业理论与基础文化知识的教学；企业主要负责技能培训与实践课程的教学，具体是由某个或者数个企业专业人员与学校教师共同合作，让学徒掌握具体岗位的技能与知识。培训中心则对职业院校、企业难以开设的课程进行补充，强化学生的综合能力培训，提升学生的就业能力。这种学徒制意味着国家要有较大的投入，企业单位也有参与的积极性，在技能培训上具有一定的叠加性，这也是瑞士"三元制"的重要特点。为了使职业学校、企业和培训中心正常运转，瑞士政府主要将现代学徒制的运行经费细分成以下几种类型：行政和公共经费、行业经费及职业教育基金。行政和公共经费主要由联邦政府和州政府负责，后者承担的比例高达75%，而联邦政府则承担25%的比例，其中有一成的资金应用于职教发展计划与公益活动，其余的费用则用于职教准备活动、职业院校运行、资格认证、专业课实施等。[1] 行业经费是企业或者行业在培养学徒的过程中产生的费用，包括实习设备费用、师傅的酬劳、耗材损坏费用等。职业教育基金是促进企业参与学徒制的激励资金。在瑞士，学徒第一年的月度工资为600~700瑞士法郎，到最后一年，则增长到1100~1200瑞士法郎。虽然这样的薪酬低于瑞士最低工资，不过对于待业在家的青年而言，还是有较大吸引力的。为此，虽然十五六岁的学徒大多和自己的父母在一起生活，然而自从成为学徒之后，就能获得一定数额的学徒工资，帮助自己支付部分生活费用。[2]

2. 育人机制

瑞士的现代学徒制比较重视学生的职业生涯教育，该国在义务教育阶段就开始了职业生涯教育。近年来，瑞士建立了很多职业生涯指导中心，帮助学生了解职业、选择职业。在义务教育阶段，瑞士就开始开展各种手工课或其他职业类课程，培养学生的职业意识和职业兴趣，并有专门的指导教师进行辅导，帮助学生进行职业生涯规划。在义务教育快要结束的前一年，教师要对学生进行辅导，引导他们遴选适合自己的职业，帮助他们进行未来的职业规划。[3] 义务教育结束后，学生开始分流，他们完全是根据自己的兴趣和个人志向选择读普通高中或职业院校，而不是根据成绩的

---

[1] 田英玲. 瑞士现代学徒制"三方协作"研究[D]. 沈阳：沈阳师范大学，2014.
[2] 徐峰，石伟平. 瑞士现代学徒制的运行机制、发展趋势及经验启示[J]. 职教论坛，2019 (3).
[3] 陈磊，谢长法. 瑞士现代职业教育体系的透视及启示[J]. 职教论坛，2016 (34).

高低来选择。① 在职业教育的学校中，参加现代学徒制的学生要学习的课程大致分为三类：一类是职业学校课程，一类是企业实践课程，还有一类是行业课程。职业学校的课程主要包括普通文化课程、专业理论课程、联邦职业文凭 FVB 的预备课程，旨在引导学生掌握基础理论知识，培养基本的学习能力及与人交往的能力。企业实践课程主要是让学生跟岗实践，可以是一个企业单独实施课程，也可以是多个企业联合实施课程体系，主要培养学生相关工作岗位基本的实践能力。行业课程是瑞士现代学徒制的一大亮点。瑞士现代学徒制的行业课程主要是为了弥补职业学校课程和企业实践课程的不足，立足职业的未来发展方向或者该职业的重难点，培养学生未来的就业适应能力和竞争力，授课通常在行会管理的第三方机构进行。以培养学生掌握立式带锯床这一技术为例，职业院校主要向学生教授立式带锯床的实现机制、功能与结构；企业则要让学生充分掌握这个技术的实际操作，提升其应用能力；行业培训中心则要帮助学生解决掌握该技术所遭遇的难题。这几个不同的教学切入点可以使教学内容具有良好的互补性。②

（二）外部运行机制

1. 保障机制

瑞士现代学徒制的运行得益于联邦政府、州政府、行业组织和学校的紧密联合。联邦政府主要负责全国范围内现代学徒制发展战略的制定及其本身的管理；州政府主要负责执行相关法律政策；行业组织主要负责具体的实施与监督；职业学校主要负责培养学生的理论学习能力，与行业组织是平行关系。比如瑞士的苏黎世州有 26 个职业培训学校，联邦政府负责做规划，州政府负责具体实施，课程计划主要由专门的行业协会编制，每

---

① 瑞士教育制度理念相当一致：旨在让每个人都找到合适的位置 [N]. 欧亚时报，2016-10-05.

② 贾文胜，梁宁森. 瑞士现代学徒制"三元"协作运行机制的经验及启示 [J]. 职教论坛，2015（25）.

5 年修订一次，确保学徒能够更好地完成自身的职业培训。除此之外，瑞士联邦政府、州政府、企业、学校代表也参与现代学徒制法律和政策的制定，以保障法律的专业性，实现各主体间的利益平衡。联邦政府还设立了联邦职业教育与专业培训会议，该会议的主要职能是收集各利益主体在现代学徒制运行过程中的意见与建议，保证相关政策是多方主体协商出来的，实现了各主体间的利益平衡。会议成员不超过 15 名，主要由联邦政府、州政府、行业企业代表和学校代表组成，以保证学徒的基本权益。除了法律和政策的保证外，瑞士对现代学徒制的学习质量也有很高的要求，学校教师不仅要具有本科或者研究生学历，还要接受 18000 小时的职后培训；行业组织中的教师必须具备教师培训的精力和行业经验。学徒结束学习后，行业也会安排标准化考试，考试内容包括相关岗位的实践能力和理论知识，确保学徒有一定的学习基础和职业能力。

2. 合作沟通机制

如上所述，瑞士现代学徒制的利益主体包括联邦政府、行业企业和职业学校，瑞士的现代学徒制能良好地运行，也得益于各主体间的沟通机制。瑞士政府在现代学徒制中发挥着协调作用，尤其是瑞士的州政府，其在遵循联邦令的基础上会根据各州的实际情况制定职业教育法律法规，为各州的现代学徒制发展提供具体的规范和依据。总的来说，州政府在现代学徒制的运行中起着中坚力量的作用。在州政府完善的法律法规和政策下，企业在遵循法律法规和政策的基础上，在现代学徒制的人才培养中承担着主导性角色，企业把培养学徒作为自身发展的一部分。诚然，学徒会给企业带来一定的经济效益，这些效益也是企业参与现代学徒制的动力所在，企业会给学徒提供一定的岗位实践机会，提升学徒的职业发展能力，而企业也可以自由选择，是否让学徒到企业以外单独的环境中去学习，企业以外单独的环境也就是我们所说的培训中心。与德国的双元制职业教育不同，瑞士把培训中心也当作学徒学习的场所，职业培训中心在教育方面体现出双重目标，不仅要提升学徒的职业技能，还要对他们开展相应的资质培训。① 此外，瑞士的教师队伍也保障了现代学徒制的良好运转。在瑞士，现代学徒制的教师有三类——职业学校教师、企业师傅、职业培训中心的培训师，这三类教师的任职要求严苛，不仅要有一定的学历水平，还要有一定的实践经验。此外，现代学徒制的教师还必须定期接受在职培训，完成指定课程，在获取资格证书之后，才能在具体行业内担任教师。因为该国的现代学徒制主要涉及三个主体，它们分别是培训中心、职业院校、企业，为此，培训师、教师、师傅就要在劳动力市场与企业需求之间进行动态平衡，相互之间进行高效沟通，这也显著提高了对这些培训人员的专业化要求。

第三节 现代学徒制运行机制的现状

现代学徒制关系到社会的诸多方面，与国家人才战略、教育制度、经济制度、劳动力市场制度等更是密切相关，这就意味着，现代学徒制的实施实际上是国家职业教育制度经过长期发展而形成的全局、整体、长期的改革结果。② 如前所述，现代学徒制的运行机制可以分为内部运行机制和外部运行机制，内部运行机制又可以细分成不同利益主体之间的利益驱动机制、育人机制，外部运行机制则包括现代学徒制的保障机制和利益主体间的合作沟通机制。

一、内部运行机制

（一）利益驱动机制

与德国、英国等国家不同，我国现代学徒制运行的利益主体主要有政府、行业（企业）、职业院校和学生。首先，政府之所以大力支持现代学徒制，积极参与现代学徒制的运行，是因为政府以为实施现代学徒制有利

---

① 埃米尔·威特斯泰因著，王绍兰译. 瑞士职业教育 [M]. 北京：中国科学技术出版社，1996.
② 朱理东. 高职院校试点现代学徒制的误区与对策 [J]. 教育与职业，2016 (21).

于大力发展职业教育,提高职业教育的办学水平,有利于产教融合,促进区域经济发展,这是政府相关部门参加现代学徒制运行的最大驱动力。其次,对于企业来说,作为以盈利为目的的组织,其参加现代学徒制最大的驱动力就是盈利,以有限的成本创造出更大的价值,是其一贯的终极追求。企业发展的核心是人才,而职业院校则是企业的人才储备库,企业中一线的技术技能型人才主要来自职业院校,但职业院校在人才培养过程中由于缺乏训练设备、培训场地、培训师资等,其人才培养质量往往不符合企业的用人标准,为了企业更长远的发展,企业就不得不花大功夫去培养人才,不得不去劳动力市场寻找人才、培养人才,但"为别人做嫁衣"的现象也屡见不鲜。考虑到此,企业就有了参与现代学徒制运行的内驱力——自己为自己培养人才,企业只需要提供工作岗位、培训场地、培训师资和一定的学徒工资费用,就可以建立自己的人才储备库。不仅如此,通过与职业院校的合作,企业还掌握了对技术技能人才的选择权,处于主动地位。权衡之下,企业自然愿意参与现代学徒制,以保障企业最基本的人才供给。此外,参加现代学徒制的企业还可以得到一定的补贴,比如江苏省对列入培训计划开展现代学徒制培训的企业,在职业培训方面给予一定的补贴。如果通过培训,学徒达到中级、高级、技师水平,每人每年的补贴标准分别为 4000 元、5000 元和 6000 元;达到高级技师水平的,补贴标准为每人每年 8000 元。补贴标准根据经济发展、培训成本、物价指数等情况逐步提高。再次,从职业院校的角度来说,职业院校是现代学徒制的重要组成部分,但技术技能人才的培养仅仅靠职业院校是无法完成的,需要学校与企业结合。因为职业院校缺乏培养高素质技术技能人才的条件,比如实训设施、企业师傅等缺乏,所以职业院校参加现代学徒制的最根本诉求就是培养学生,提升学校的人才培养规格,进而提升学校的办学质量。最后,从学徒的角度来说,学徒参加现代学徒制的驱动力有两点:一是教育动力,学徒希望在这一过程中获得一定的技能和技术;二是经济动力,学徒希望能获得一定的经济补贴,得到更多的权益。但在现实的发展过程中，学徒本身属于相对弱势群体，在和企业进行利益博弈时很难获得优势地位，只有借助学校渠道才能间接实现。在现代学徒制中，有不少学生认为自身利益很难得到回应，在企业内部只能被动接受企业的安排。目前，国内对该制度下的学生权责缺乏明确规定，对他们的学习质量也缺乏科学的评价与监督，无形中该制度让企业享受到了廉价的劳动力。

（二）育人机制

在我国，由于没有行会组织和社会培训中心的参与，现代学徒制的育人机制只是学校和企业两个方面的事，具体表现在教材开发、编制人才培养方案等方面，以下对其进行简要概述。

1. 人才培养方案的制定

人才培养方案是职业院校开展现代学徒制培养的重要文件，亦是学校培养人才的重要思路。在当前学徒制育人系统中，职业院校首先要明确基本要求，以服务社会为基本目标，人才培养目标必须和区域经济与行业发展需求密切结合；强化校企合作，引入双主体培养模式；基于岗位能力分析，制定相应的学习目标；基于企业工作任务，对相关课程内容进行优化和整合，优化课程系统；按照职业资格标准，学习课程以提升专业能力为目标，根据专业要求系统设计，包括专业必修课和专业选修课，各种专业课程模块主要是校、企基于企业实际生产过程开发设计的"教、学、做一体化"项目，以学生为核心，并将企业实际产品作为重要载体，在实际工作环境下展开相应的教学，使师徒教学模式得到更好的展现。此外，还将职业素质、道德教育更好地纳入有关课程，进而为高技能技术人才提供重要的保障和支持。[①]

2. 教材开发

由于职业院校教师缺乏实践经验，再加上技术的更新速度较快，他们编写的教材往往与实际生产脱节，不够实用。因此，在教材开发这一环

---

① 张加乐. 关于校企合作开发课程路径的探讨[J]. 职教论坛, 2012 (26).

节，首先要保证课程标准和教材内容的先进性，教材内容必须契合企业的实际情况，保证教材的启发性和创新性。教材开发的具体环节为：学校召开专家研讨会，重构课程体系——企业调研掌握一手材料——学校制定课程目标和课程标准——学校编写教材——行业企业提建议修改。从这个环节也可以看出目前现代学徒制教材开发的问题所在：行业企业参与较少甚至零参与，使得校企合作编写教材浮于表面。

3. 教学设计

第一学年开展专业基础教学，具体做法是，由教师承担教学任务，再加上"识岗"活动，让更多企业师傅进入学校讲解实践知识，带领学生到企业进行现场观摩，从而使学生更加准确地掌握相关岗位要求。[①] 第二学年，根据企业考核和学生意向，将学生进行细分，一部分留校进行专业学习，另一部分则由专业教师带队进入企业跟岗、识岗，并进行专业技术培训。第三学年，当学生通过考核之后，可以将其细分成技能型、技术型两大类，然后安排其进入企业进行顶岗学习。此时企业内部师傅必须对这些学生的实习提供支持，按照班组模式，每个师傅可以传、帮、带 5~7 位徒弟，帮助他们构建徒弟小组，使他们以更快的速度掌握岗位技能。在这三年里，不仅要强化学生技能方面的训练，同时还要增强他们的综合素养，综合运用"学、做、教"等不同模式，按照学生、学徒、预备员工、正式员工这样的升级之路来对所需人才进行科学培养。

4. 评价与考核

在现代学徒制教育模式下，学生需要投入较多的时间在企业跟岗实践和学习，为此，对学生进行考核和评价，就不能片面地注重总结性评价，而应将过程评价与总结性评价进行有机融合，同时还要将定量评价和定性

---

① 庞家成，杨悦梅，劳佳锋. 高职教师到企业锻炼对"现代学徒制"的促进探析 [J]. 职业技术，2014（1）.

评价加以融合,注重反馈与评价的多元化。①

5. 双师教育与管理

职业院校的教师与企业师傅已经成为现代学徒制的核心角色,对现代学徒制人才培养的质量有决定性影响。为了提升现代学徒制的运行质量,学校与企业建立了选拔、培养、考核与激励制度,企业要遴选那些出色的高技能职工,使之担任师傅之职,并对他们的职责与待遇进行明确,根据考核结果给他们提供一定的津贴奖励。② 考虑到职业学校的专任教师实践水平较低,企业师傅教学能力较弱等现实情况,企业和学校也提供了相应的培训机会。比如江苏省每年的高职教师国培项目就设置了高职教师下企业跟岗实践等环节,主要目的就是提高职业学校教师的专业实践能力。职业院校要将教师对企业的技术服务作为重要考核内容,并作为专业技术晋升的重要依据。③

6. 实习与就业

现代学徒制培养模式十分注重实习、教学和就业的一体化,合作企业按照自身实情,对人才提出要求并据此进行培训教学,学校按照合作企业的用人需求修订相应的教学计划,合作企业与学生签订培训协议,向学生提供实习期间的报酬,学生主要在企业完成相关课程的学习和相关能力的培养。④ 现代学徒制的就业和实习可以看作同步进行,学生在企业实训可以看作其就业的开始。在招生之前,学校就会在招生计划中对招生和招工一体化做出说明,也会向其他相近专业学生介绍现代学徒制的具体实施模式。学生入校后,基于学生自愿,学校可以将之安排到实验班,具体就是和企业签署专门的就业协议。在具体实训环节,首年是在校内基地进行识

---

① 李传伟,董先,姜义. 现代学徒制培养模式之育人机制研究与实践 [C] //中国职工教育和职业培训协会秘书处. 中国职协 2015 年度优秀科研成果获奖论文集(中册). 内部发行,2015.
② 朱孝平. 当前职校双师型教师培养的策略与方法评述 [J]. 职教论坛,2009 (15).
③ 何定华. 高职院校双师型教师培养策略研究 [J]. 职教论坛,2011 (19).
④ 刘柏霞,史楠. 高职院校实习与就业链接的研究与实践 [J]. 教育与职业,2011 (17).

别岗位的培训；随后两年开展跟岗、顶岗培训。在此过程中，对技能培训给予高度重视，并将理论课的教学融入技能培训，这样不仅可以解决学生的就业困难问题，还能较好地缓解企业用工难问题。企业能够找到合适的人才，毕业生也能很快就业，不会成为待业青年，并且还能很快适应企业节奏。要实现这一目标，职业院校必须积极加大企业调查力度，强化自身专业优势，积极建设课程体系，改善课程内容，使之与企业需求具有良好的契合度。

二、外部运行机制

（一）保障机制

在我国，现代学徒制的保障机制分为组织保障、目标保障、质量保障、师资保障。

1. 组织保障

2014年，教育部发布《关于开展现代学徒制试点工作的意见》，其中就表示，地方要主动领导现代学徒制试点工作，明确责任机制，根据需要建立专门的跨部门工作小组，定期解决和商讨试点中遇到的重大问题。要求配置专业人员对部门试点工作进行协调，激励更多企业、试点院校利用职教集团等多种方式对资源进行科学整合，进而为现代学徒制构建科学平台。在现代学徒制运行环节，不少职业院校建立了专门工作小组，为现代学徒制的发展提供重要组织保障。现代学徒制工作小组由职能部门、骨干教师、合作企业和行业企业专家组成，在一定程度上能够保证学徒的培养质量。但是在实施的过程中出现了很多问题，比如职业院校居于中心地位，用人企业、行业企业专家边缘化，后两者对现代学徒制的培养方案、课程改革、师资培养等仅仅停留在建议阶段，参与的动力有限等。

2. 目标保障

教育部发布有关现代学徒制全面开展的通知，进一步强调了现代学徒制的试点工作，要求保障学生的基本权益，提高学生的技术技能和职业发展能力。教育部在课程标准建设、培养模式改革、资源建设等方面做了规定，进一步保障了试点学校人才培养目标的实现。如今，我国社会正处于改革的关键时期，科技日益进步，人才竞争的激烈程度也在不断提升。随着社会的发展，新的行业和职业不断涌现，不少学生对自身的就业之路产生了迷茫。如今"00后"学生，开始成为职业院校的重要生源，他们有着显著的个性化特点，在职业规划上变得更为灵活，也更独特。基于此，现代学徒制的人才培养目标必须与时俱进，不断调整。

3. 质量保障

质量保证机制指的是质量与监控机制，质量管理的目的在于改进，在于发现问题、解决问题。就现实而言，我国现代学徒制的质量监督机制并不完善。一是缺乏对企业行业的监督。尤其是高密度的制造企业，其为了低成本，压榨学生的劳动力，使现代学徒制的教育意义异化。二是缺乏对学校的监督。学校既是参与者又是裁判员，其在现代学徒制的相关人才培养方案、企业遴选标准等方面做得不够详细。三是缺乏对学生的监督。学生进入企业学习后，学校的考核内容仅停留在是否违反纪律等基础上，缺乏对学生技术技能学习方面的考核评价机制。

4. 教师激励机制

现代学徒制中的教师主要有两类：一类是学校的专业课教师，他们负责学生在学校的学习；一类是企业师傅，他们负责学生在企业学习中的指导。为了保障学徒的学习质量，学校会动员教师下企业实践，以提高教师的实践能力；而企业则会对企业师傅给予一定的薪资福利，以保障企业师傅的权益。但问题是，学校的专业课教师并不是很愿意下企业实践，他们中大多是青年教师，科研和教学压力较大，福利待遇不高，主动性也不强。对于企业师傅来说，企业给予的福利待遇对他们的吸引力有限，他们也不是很愿意教给学徒太多技能。要解决以上问题，就必须推出国家层面的保障机制，唯有此，才能促进现代学徒制的高质量发展。纵观发达国家的现代学徒制经验和做法，它们大多有一定的法律法规，比如德国就制定了《手工条例》《联邦职业教育法》等,不仅明确了师资资格,更保障了师傅的权益。我国在推行现代学徒制的过程中可以根据国情,借鉴发达国家的一些做法。

(二) 合作沟通机制

现代学徒制的人才培养必须建立在各利益共同体合作共赢的基础上,否则就会缺乏合作的动力和基础。如上所述,企业、学校和学生都会在现代学徒制的实施过程中受益。企业在享受一些政策红利的同时,通过支付较少的人才培养成本,不仅可以获得忠诚度较高的员工,还能获得职业院校的技术与智力支持,尽管可能会遇到"为别人做嫁衣"的现象,但学徒为企业创造的利益是远远大于这些的。从学校的角度来说,现代学徒制能够提升学校的人才培养质量,提升学校的办学水平。学生在这一过程中能够获得相对满意的工作岗位,提升工作技能,拥有较好的未来发展空间。为了合作共赢,学校在招生时会直接标明现代学徒制的试点班或者试点专业,并说明具体的培养方式和教学模式,供学生和家长自愿选择。此外,学校还会为企业提供必要的智力支持和劳动力支出,真正帮助企业解决人才问题和其他技术问题。从企业的角度来说,企业会为学生提供较有吸引力的工作岗位、发展空间。而与职业院校共同合作,不仅有助于提升人才培养水平,还能保障学生的合法权益,提升他们的薪酬待遇等。在现代学徒制背景下的学生,会结合岗位实践的需要,强化技术技能训练,培养爱岗敬业的精神,维护自身的合法权益,严格履行义务。

第四节 现代学徒制运行机制的构建

一、现代学徒制利益驱动机制的构建

现代学徒制运行机制下的利益相关者为学生、企业、行业、职业院校、政府。其中政府是为现代学徒制的运行提供保障,具体就是通过法律规制、资金、机制改革来进行保障。行业则为社会提供人才交流平台,制

定专门的资质认证标准、颁发能力证书等,激发企业强化自身的岗位能力分析,推动职业院校提升自身办学水平,使教学与市场需求密切相关。企业与职业院校是现代学徒制的关键办学主体,在具体运行机制中,二者要找准自身的职责定位,对有关的试行专业范围与领域进行科学的规范,进而提供更具科学性的人才培养方案,积极打造科学的课程与专业系统,同时还要根据需要组建专门的师资力量,强化教学方面的管理等。而对于学生而言,则需要更加主动地参与学习,通过自身的努力逐步成为专业技能型人才,提升自身在就业方面的核心竞争力。

(一)政府:统筹规划,政策引导

现代学徒制的运行绝不是某一方能够独立完成的,需要政府相关部门站在各方共同利益的诉求点上进行统筹规划和政策引导。

1. 政府要出台法律法规明确各方的利益和权责,确保各利益主体在运行过程中各司其职

我国为了进一步促进经济发展,提升国家的创新实力,对人才的需求十分迫切。与此同时,企业也需要大量人才来创造更多的经济效益,扩大经营规模;高职院校需要人才提高教学质量,取得教育效益;学生则需要自我提升,以获得更大的职业发展空间。基于此,为了满足各方利益,政府必须制定相关法律法规来予以界定。但目前的情况是:企业参与现代学徒制是否有一些优惠政策,具体到哪几方面,不是特别明晰;学徒的双重身份缺乏明确性,规章制度也较为宽泛,缺乏明确的细则,学徒的待遇、岗位要求模棱两可;企业与没有满足年龄要求的学徒签署劳动合同是不是得到法律支持,是否能保障其基本权益,也不得而知;等等。企业师傅和学校教师也应该明确规定其任职标准、薪资待遇、工作职责等。

2. 建立约束机制和激励机制,吸引企业参与现代学徒制

企业以盈利为目的,政府要用税收减免、生均补贴等优惠政策激励企业参与现代学徒制,让企业在获得经济效益的同时,还能得到社会的认可。

3. 政府要加大资金支持力度

政府要建立专项资金，对参与现代学徒制的相关院校、企业、地方提供相应的资金支持，尽可能使现代学徒制的实践和理论研究少受外部因素的制约。一个可以借鉴的例子就是，英国政府通过对学徒、合作企业提供相应的补贴，使相关的培训成本得到一定程度的抵消。

（二）企业：搭建平台，全程参与

企业作为现代学徒制中的利益主体，除了为学生搭建岗位实践的平台外，还要搭建与学校的交流平台，积极参与现代学徒制人才培养的每一个环节。比如在招生环节，企业要按照自己的招聘要求筛选学徒，为学徒转为学工增加一份保障。首先，企业要成立由骨干员工组成的团队，对校企合作进行指导。此团队必须科学调控职业院校的现代学徒制试点工作，对工作效果、过程、内容进行动态监督，针对试点所面临的问题，从职业院校、企业、行业等层面给出相应的解决策略，并加强讨论，对试点获得的成果和经验进行总结归纳。其次，校、企双方要强化自我评价，明确是不是满足现代学徒制试点条件，倘若满足，就要通过契约合同的方式，对双方的合作专业、试点时限、人才培养目标、设施配置等进行明确。最后，在现代学徒制运行环节，企业最关注的是人员流失问题，为此，企业要完善用工制度和培养体系，把重点放在"选人"和"育人"环节，树立以人为本的意识，完善人才激励机制和晋升制度，创设浓厚的企业文化，让学生在物质薪酬上和心理认同上对企业产生归属感。

（三）职业院校：选择企业，有序运行

从学校视角来分析，校企合作的优势突出表现在以下几方面。第一，获取企业的资助，对学校的教学条件、设备进行改善，提升学校整体效益。第二，利用校企合作，获取相关岗位的素质能力、人才需求等信息，促使企业积极参与人才培养方案的优化，积极推动教学方面的革新，大力提高学校的人才培养质量，解决学生的就业难题。第三，构建更为真切的现场教学环境，这对培养学生的创新和实践能力，提高他们的职业素养有着积极意义。第四，让学生特别是贫困生借助工学结合获得更为丰厚的报酬。第五，与企业进行通力合作，对行业最新科研动向、市场对技术的迫切需求进行相应的把握和了解，以此为依据进一步加大经费投入，提升教育与企业需求的契合度，同时也为教师的进一步发展奠定基础。[①] 职业院校在选择合作企业时首先要清楚相关信息，主要包括哪些企业想合作、企业合作的目的、企业的优势与不足、如何进行合作，以及外部的运行条件和支持条件等。在进行比较后，选择符合条件的合作企业。高职院校要建立合作企业的数据库，通过各种渠道，与企业建立交流机制和沟通机制，尤其要重视政府在其中的作用。此外，学校还要按照科研、教学等领域的差异性需求，明确不同种类的合作企业，然后遴选理念新颖、条件优越、有着共同合作理念的企业进行有效合作。

（四）学徒：摆正位置，积极参与

现代学徒制是职业教育人才培养模式的一种，因此，参与现代学徒制的学徒既具有职业院校学生的共性，又具有现代学徒的特殊性。一是学徒对职业院校本身具有排斥心理，认为职业教育是"二流教育"，学习的主动性不强；二是他们的学习能力较弱，不积极参与学习过程；三是现代学徒制对他们来说是一种保护罩，他们对自身的职业发展方向定位不准，认为只要参与现代学徒制，就能有工作。针对此，首先，学徒要改变自己对职业教育的认识，虽然现有的社会舆论对普通教育与职业教育有所区分，不过这些年来政府一直积极推动职教发展，在国家层面，这两种教育在不久的将来必然会趋于平等。虽然他们不能改变社会舆论，但是可以通过改变个体对职业教育的看法，进而影响整个群体对职业教育的看法。其次，学徒要摆正学习态度，端正学习动机，积极参与现代学徒制。另外，现代学徒制作为诸多人才培养模式中的一种创新模式，在教育模式、理念等方面具有一定的创新性，它和传统的"定向培养、包分配工作"模式有着显

---

① 丁金昌，童卫军，黄兆信. 高职校企合作运行机制的创新 [J]. 教育发展研究，2008 (17).

著的差异。在现代学徒制下，主要是通过创新的人才培养模式，增强学徒的理论素养、专业技能，同时还将这两个方面的知识进一步内化成学徒自身的综合实力，显著提升其综合竞争力。他们只要在就业市场有较强的竞争力，就会获得相对高的使用价值，即便是行业、市场供需发生改变，他们也依然有广阔的就业前景和发展空间。①

二、现代学徒制育人机制的构建
（一）校企共建人才培养方案

当前，我国仍处于经济转型阶段，传统产业与高新技术产业共同发展，同时传统产业类型的企业数量还相对较多。在此背景下，一方面，不少企业自然希望拥有更多的高新技术人才，帮助企业提高竞争力与创新力；另一方面，这些企业对现代学徒制在心态上抱有一定的怀疑，担心自身投入大量的财力、物力，最终却没有收获高质量人才。为此，要有效落实现代学徒制职教模式，就要消除参与现代学徒制企业的各种担忧，充分调动这部分利益主体的参与积极性。只有他们的积极主动参与，才能发挥"双元"主体一加一大于二的效应。基于此，有必要打造现代学徒制的校企合作模式，强化产教的高度融合，使更多的企业对现代学徒制的教育作用有更为真切的感受，更加主动参与人才培养方案的建设。职业院校要转变教育理念，创新人才培养方式，并积极调研市场与社会的动态需求，深入了解企业岗位工作的具体要求，由此优化自身的教学内容、专业设置、教学方案等，使相关的教学与岗位技能要求密切相关。作为企业，要和职业院校领导、教师积极交流，将实践信息和职业院校日常教学活动进行密切融合，安排企业师傅直接在现场进行教学。以上多元化的方式，可以让企业深入了解现代学徒制运行机制的内涵，真正感受到现代学徒制在培养契合企业需求的人才方面作用显著，这样原先企业参与现代学徒制的积极

---

① 周柳. 基于利益相关者视角的现代学徒制研究［D］. 广州：广东技术师范学院，2016.

性较为低下的问题就会迎刃而解。

（二）校企共同开发培养课程

企业和学校这两个主体要基于学徒制的要求，对教材和课程进行模块化开发。在教学过程中，为了更好地满足企业生产需求，与企业岗位资格标准进行更好的对接，职业院校要将课程进行科学的细分，在教学时间上要具有灵活性，同时还要有针对性地设计教学内容，通过科学的教学方法进行针对性教学，并使这两个主体的课程内容更为高效地融合。在现代学徒制教学模式下，学习已经成为实践应用的重要构成，与此同时，还要将学习、生产、实践进行结合，这样不仅有助于提升教学质量，还能帮助学生掌握完整而系统的知识，从而知晓不同课程的重要性，增强学习的积极性和主动性。

（三）校企共同开展教学设计

教学设计不仅是职业院校教师的本职工作，更是企业参与现代学徒制人才培养的重要体现。校企共同开展教学设计主要是指企业要加入现代学徒制的教学设计过程，将教学内容与岗位实践结合，并以项目的形式呈现出来。企业要确保学徒能够掌握有用的技能与知识，从而为后续的工作提供重要基础。此外，企业在培养人才时，还要科学规划，合理安排，要兼顾短期利益与长期利益。唯有如此，企业才能更好地与职业院校进行合作，有效地提升学徒的理论和实践知识水平，进而为社会及相关岗位输送更多高质量、高技术的人才。

（四）建立多元评价机制

过去基于教师的评价体系显然不适用于现代学徒制，为此有必要对传统评价模式进行革新，进而对学生进行规范、科学的评价，以更好地落实现代学徒制教育模式。一是评价主体的多元化。现代学徒制的利益主体是多元的，相应地，其评价主体也要多元化，评价主体不仅有职业院校的教师，还有企业。另外，在具体考核时要尊重不同主体的评估意见，在相应体系中给每个主体赋予一定权重。二是评价内容的多元性。在评价环节，不仅要充分了解学生的专业技能与知识水平，还要对学生的社会与操作能力进行考核，进而促使他们更好地自我鞭策，显著提升自身的职业素养与综合素养。三是评价方式的多元化。学习过程要循序渐进，现代学徒制评价体系不能简单停留在结果评价层面，还要对学生在培训、学习过程中展现出来的状态进行评价，也就是对学习的结果、过程进行双重评估。唯有如此，才能对学生构成相应的激励与约束，激发他们更加主动地学习与体验，实现持续的发展与进步。

（五）完善师资队伍建设

对现代学徒制的人才培养质量产生影响的因素主要有双师构成、导师队伍结构等，对这些因素进行科学管理，也是开展现代学徒制试点工作的关键一环。首先，职业院校要完善"双师型"教师的管理，进一步明确"双师型"教师的招聘标准、工作职责、薪资待遇、发展空间等，对"双师型"教师的管理要有明确的规划。其次，对于企业来说，要扩大企业师傅的数量，建立企业师傅带学徒的激励机制，激发企业师傅参与现代学徒制的积极性。此外，学校和企业还要尽可能多地为导师提供交流的机会和平台，提高教学效率。最后，完善职称评定办法。尤其要鼓励青年教师下企业多实践、多学习，深入了解企业发展情形与运营模式，了解学徒的工作场所，进一步提升自身专业能力。

三、现代学徒制保障机制的构建

现代学徒制是一个系统工程，不仅需要教育部门的物力、财力和技术支持，还需要财政、人社等部门的通力合作与保障。政府部门要在现代学徒制的相关文件中进一步明确企业的权益和对企业的政策支持，进一步保障学徒的基本权益，对"双师型"教师和企业师傅的相关要求要进一步细化，为现代学徒制的正常运行提供法律保障。学校需要建立合理的管理制度，保障教学的顺利进行。如制定招生招工制度、制定《校企联合招生管理办法》等，对具体的招生工作、入学协议等细则内容进行明确，同时还要按照学徒标准加以科学管理。积极完善学分管理制度，对在企业学徒期间的学分获取与累计方法等进行明确，对学分进行管理。在质量监控制度方面，制定《实习巡视和跟踪管理制度》《校企定期例会制度》《校企双方信息反馈制度》等，明确巡视时间、信息反馈等内容，对教学质量监控进行管理。在学生（学徒）管理制度方面，制定《学生（学徒）上岗管理办法》《学生（学徒）劳动合同管理制度》，明确岗前培训、工作岗位、工作任务分配、学生（学徒）权益和保险等内容，对学生（学徒）进行管理。[①]

四、现代学徒制合作沟通机制的构建

就现实来看，现代学徒制下各利益主体间的合作与沟通还掺杂有博弈的成分，也就是我们常说的"合作博弈"，又可以将其称作"对策论"（"博弈论"）。这是一种典型的数学理论与方法，可以对激励结构之间相关主体的竞争、斗争与相互作用现象进行研究。按照是否存在约束力协议，又可以将博弈论细分成合作博弈与非合作博弈。前者是指博弈主体通过相互协作和互助，都能实现利益的增长。[②] 总的来说，合作沟通机制包括知识合作与共享、信息合作与共享、人员合作与共享。现代学徒制下的知识合作与共享是指企业愿意把较为前沿的专业技术提供给教师和学生，帮助职业院校的教师提高实践水平，帮助学徒掌握核心的技术技能；职业院校也愿意为企业的技术骨干提供再培训的平台，丰富他们的职业教育理论，提高他们的职业素养。现代学徒制下的信息合作与共享指的是学校和企业共同制定人才培养方案、共同制定课程体系等，共同建立各类制度机制，实现企业资源与学校资源的合作与共享。正是基于该运行机制，相关主体紧密结合现代学徒制人才培养模式，积极进行合作，使人才培养的质量得到显著提升。

---

① 刘静慧. 现代学徒制实践状况及对策研究［D］. 上海：上海师范大学，2016.
② 杨公安，崔晓琳，赵英华. "五位一体、多元立交"现代学徒制的模型建构及运行机制［J］. 职教论坛，2017（33）.

第三章 现代学徒制的校企合作

校企合作是现代学徒制实施的重点内容和关键环节,深度开展校企合作,是优化配置教学资源与实践资源,实现职业院校和企业双主体协同育人的有效途径。夯实校企合作实施基础,构建校、企双方利益共享、共促、共建的合作机制及合作模式,激发企业参与的责任感是提升现代学徒制校企合作实效的重要举措。

第一节 现代学徒制校企合作的基础

招生与招工一体化是开展现代学徒制校企合作的基础,职业院校积极开展"招生即招工、入校即入职、校企联合培养"的现代学徒制试点工作,根据合作企业需求,和企业共同研制招生与招工方案,扩大招生范围,改革考核方式、内容和录取办法,对于进一步深化校企合作起着关键性作用。

一、招生招工一体化的内涵

现代学徒制是现代职业学校与企业共同培养技术技能型人才的一种教育模式,对于提升企业参与职业教育人才培养的积极性有重要作用。"招生招工一体化"作为现代学徒制试点的基础,要求学校在招生录取时就和企业共同制定和实施招生即招工的一体化选拔制度,双方共同制定招生(招工)方案和招生(招工)简章,共同开展招生宣传、招生面试,共同制定并签订明确现代学徒"企业员工"和"职业院校学生"双重身份与利益保障的三方协议,实现"招生即招工,入校即入职,校企联合培养"

的目标。据此，首先，企业要根据学生专业提供学徒岗位，明确学徒培养目标，发放学徒津贴；其次，职业院校教师和企业师傅要相互合作，不仅要制订相应的人才方案，还要推动课程开发；再次，职业院校教师和企业师傅还要按照学徒培养标准，对相关人才培养方案进行完善，共同完成相关考核工作。

二、招生招工一体化的模式分析

招生招工一体化是现代学徒制人才培养模式区别于传统人才培养模式最为显著的特征。目前，实现"招生招工一体化"主要有4种模式。

（一）企业与职业院校合作实施现代学徒制招生招工模式

实施该种模式的基础是"订单班"的培养形式，企业通过发布岗位、人数、专业需求，对学校录取的学生进行编班，同时结合岗位需求对人才培养计划和方案进行优化，其中学校注重理论课程教学，具体是通过教师来强化授课；具体课程则在企业内部开展，由企业骨干授课；顶岗实习则是由企业师傅带徒弟，校、企共同完成现代学徒制的实施。校、企双主体培养出来的学生不仅具备一定的理论知识，在实践中也能够充分满足企业的岗位需求，真正实现毕业与就业"零"距离。在苏南地区比较典型的案例是南京铁道职业技术学院等与南京地铁进行合作，专门建设了地铁学院。这样，就将招生与招工进行了一体化，不仅提升了企业与学校的品牌价值，还为人才培养提供了创新渠道。

（二）政、校、企合作实施现代学徒制招生招工模式

企业与职业院校共同开展现代学徒制的前提是企业拥有足够大的从业吸引力和岗位需求，但多数企业很难做到每年持续为现代学徒制提供有30~40人规模的岗位，现代学徒制要想可持续发展，就要借助政府力量，借助政府主导，使学校同时与数个企业进行合作，只有这样，才能实施现代学徒制。譬如南京科技职业学院位于当地的化学工业园区，园区内部集中的化工类企业有百余家，该校基于自身的招生范围，综合企业的招工要求

等，通过园区管委会，最终由政府、企业、学校共同协商，明确招生招工计划，进行化工专业现代学徒制的试点①，完成了每年几十家企业招收50多名学生的任务。为保证录取工作的规范实施，政、校、企联合成立现代学徒制试点工作（招工招生）领导小组，园区管委会和学校的主要领导担任组长，政、校、企共同研究制订《政、校、企联合招生招工实施方案》和工作时间表，通过企业招工、学校招生的双重宣传路径，向社会发布学校招生简章，支持学生的预报名等。这三个主体负责考生的面试工作，并向通过考试的学生发放录取通知书，录取通知书的发放就意味着企业完成了对准员工的录用。在实施现代学徒制的过程中，当地领导小组还要加强现代学徒制的过程监督与管理。

（三）企业联盟实施现代学徒制招生招工模式

职业院校为了强化校企合作，必须积极与大型骨干企业进行合作，通过建设企业学院的方式对现代学徒制进行试点。实践表明，这一做法效果不俗。不过，对于部分中型企业而言，想要和职业院校进行合作，建设企业学院存在不小的难度，而且也缺乏可观的经济收益。针对此，可以让职业院校起到主导作用，联合8~10家有一定合作基础的中型企业展开深度合作，对现代学徒制进行试点，进而实现招生与招工的统一。企业可以安排1~2名技术骨干作为指导教师，每个企业负责培养学生1~2个职业技能，由企业联盟根据各自的情况及教学规律制定人才培养方案并组织实施。

（四）专业群与企业合作实施现代学徒制招生招工模式

对于职业院校来说，实施现代学徒制试点，可能是选取个别专业。不过对于企业而言，想要实现现代学徒制的正常运转，就不能低于7个专业。为了更好地满足企业的多元化需求，职业院校必须强化专业群的试点工作，这就对双方的招生或招工提出了更多的要求。企业必须提供3~5

---

① 沈奇，孙建领，赵芬．现代学徒制招生招工一体化运行模式的研究［J］．劳动保障世界，2017（35）．

年有关专业的人才需求信息,这样,职业院校才能按照企业的计划来对招生进行科学规划,基于已有生源,再配合招生或招工宣传,完成现代学徒制试点班建设。

三、招生招工一体化存在的问题

现代学徒制能够顺利推行的前提条件就是企业招工和职业院校招生的一体化,被录取的学生既被学校认可也被企业认可,具有学生和学徒的双重身份。然而在现实中,各个参与主体还没有达成理论阐述与实践相统一,学生也未实现职业学习与专业学习相统一,这在一定程度上限制了现代学徒制的推行。

(一)政府层面:缺乏具体执行细则

当前,政府对职业学校推进现代学徒制给予了较高的关注,先后出台《关于开展现代学徒制试点工作的意见》《关于全面推进现代学徒制工作的通知》等文件指导现代学徒制的总体实施,但在具体执行方面,针对职业院校招生和企业招工一体化却缺乏执行细则及配套的制度保障,导致职业院校和企业在具体的招生或招工中遇到很多困难。如,招生招工一体化的做法与企业现行的用人政策有矛盾,而如果职业院校直接从企业挑选员工进行招生,又会遇到学生户籍和招生计划方面的问题。在财政投入方面,现有的政府投入较少,难以满足职业院校开展招生招工一体化在实地调研、企业费用等方面的实际支出,且没有文件具体规定职业院校和企业每招收一定数量的学徒政府给予的补贴额度,致使政府补贴流于形式,没有落到实处。在参与力度方面,政府作为学校和企业合作的"第三方监督协调者",实际监管和参与不足,加之缺乏制度约束,导致职业院校陷入招生数量不足的尴尬境地,无法有效调动企业的合作积极性,并对现代学徒制的实施带来一定的影响。

(二)院校层面:缺失招生自主权

职业教育是以就业为导向的教育类型,职业院校招收的学生、培养的人才，都应更好地满足企业需求，若是脱离企业需求，职业教育就会变成无根之木。由此可见，招到学校和企业都满意的学生，是招工招生一体化的关键。如今，职业院校招生模式主要涉及提前招生、中考高考统招、注册入学等。在当前招生政策下，职业院校在考试内容、形式、录取原则等方面都有较高的自主性，然而，上级主管部门要顾及考试的公正公平，职业院校的招生就会受到诸多严格限制等。招生招工一体化的核心，就是职业院校提前招生，而职业院校招生自主权的缺失，导致职业院校在此一体化环节并没有获得理想的效果。

（三）企业层面：缺失参与招生机制

合作企业怎样参与职业院校招生，将自身用人标准与招生条件进行融合，是当前职业院校在招生（招工）时首先要思考的问题。行业不同，对人才的要求也有显著不同。以地铁行业为例，因为地铁行业的岗位性质具有独特性，对人才性别、生源地、视力等都有明确的要求，所以，相关职业院校要将地铁专业的招工与招生条件进行有效融合，这样才能更好地实现地铁专业招工与招生的一体化。而招生考试工作具有较强的政策性，也属于典型的系统工程。怎样在考试中展现企业用人标准，企业如何融入考试的组织，怎样设计录取规则，在解决上述问题时，不仅要突出招生考试的公正公平，还要结合相应的用工标准，构建校、企招生招工联合机制，这对于招生招工的一体化发展有积极的监督与指导意义。然而，当前校企联合招生招工机制在整体上不够健全，大多是将职业院校作为核心主体，企业自身的参与积极性总体较弱，企业尚未主动参与招生工作，这也是影响招生招工一体化的重要原因。

（四）学生层面：考虑就业影响

现代学徒制学生入学时选择的专业，大多是日后工作的方向，其所进入实习的企业，也基本是日后的用人单位。受薪酬待遇的影响，学生往往倾向于选择高薪的合作单位，这就造成工作待遇较低的专业和合作企业招不满学徒。以轨道交通类相关专业学生为例，这些学生大多会在铁路局下属企业、地铁企业就业。铁路局下属企业的薪酬水平要高于地铁企业的薪酬水平,这样,不少学生就会积极选择铁路局下属企业,而地铁企业就很难获得人才的保障,从而对地铁交通的发展带来一定的影响。针对此,对学生的就业观进行科学引导,也是一体化招工招生必须重视的一个问题。

四、招生招工一体化的应对策略

(一) 政府出台政策,保障招生招工一体化运行

招生招工一体化作为现代学徒制的基础,其顺利实施需要政府相关政策的保障。主要包括以下方面。

1. 国家层面:制定宏观政策

政府在现代学徒制试点工作中承担着倡导与发起者角色,在顶层设计、制度制定方面处于主导地位。目前对于实施"招生招工一体化"的招生、培养和就业模式,职业院校的积极性高于企业。虽然教育部已经联合其他相关部门发布了《职业院校学生实习管理规定》,对学校、实习单位、学生的合法权益进行维护,同时还从实训角度对学生的培养进行科学规定,然而,想要从根本上提升校、企的主观能动性,保护其合法权益,还需要从政府层面,立足于职教发展进行科学的规划设计。即通过建立完善的校企合作管理制度,规范校企合作招生(招工)行为;制定企业参与职业教育的激励政策,提升企业参与现代学徒制的积极性;制定学徒权益的保障政策,明确学徒身份和稳定的劳动关系;等等。在招生具体计划编制中,参考体育生、艺术生的招生模式,将这种一体化模式按照特殊招生种类进行科学管理,促进该项工作的规范化和制度化。

2. 省级层面:建立规范管理体系

教育部从2005年开始实施高等院校招生"阳光工程",它的改革关键就是科学、公平地选材。基于此视角,实施招生招工一体化就需要契合"阳光工程"相关要求,构建规范化的制度和管理体系。一是要建立审批准入制度。省级招生办可以对此一体化招生管理方法进行明确,对材料标

准、工作流程进行科学规范，同时还要对审批程序进行严格完善。二是要建立公示备案制度。省级招生办要对此一体化的招生模式给出管理办法，推出两级公示、信息公开制度。其中，省级招生办负责对相关一体化招生招工项目进行公示，高职院校则对该项目的考核标准、招生简章、考生资格等信息进行公示。三是建立淘汰预警制度。省级招生办应制定相应的淘汰预警管理办法，对当年的一体化招生招工项目进行重点抽查与监督，并根据纪检信访部门获取的相关信息，对有关项目进行科学评价。倘若某些项目评价不能满足要求，应责令其整改，并暂停其下一年度的实施资格。

（二）职业院校完善管理，组织招生招工一体化实施

1. 完善双主体育人机制

在一体化招生招工模式下，职业院校无疑是关键性主体。一是全面构建双主体育人机制，注重校企合作，并做好招生和培养工作。深入挖掘企业用人标准，通过双方主体的协商，最终签署人才培养协议；大力推动实训基地建设，为创新的育人模式提供重要基础支持；大力推动人才教育领域的革新，推行模块化创新教育。二是积极探究校企合作育人发展机制，注重全面整合校企资源，完善各个岗位的职责划分和成本分担。对学校招生类型和具体生源进行分析，拟定现代学徒制招生招工考试方案，与企业合作制定完善的招生招工合作方案，确定专业教学人数。校、企之间要签署人才培养协议，依照院校与企业发展现状确定先招生后招工的人才培养模式。校、企共同设定招生录取标准，明确毕业生就业岗位，同时还要提升对职工的任用工作水平。三方共同签署协议，明确学徒培养岗位与培养模式，进而维护学徒的诸多合法权益。

2. 健全学校管理体制

若是学校条件准许，可以设立现代学徒制人才培养管理办公室。第一，负责项目的实施与管理，强化招生招工宣传。第二，注重多方交流，明确和强化校、企双方的职责，确保生源充足。第三，对合作项目所涉及的经费、事务共同进行协调与管理，保证人才培养有条不紊地开展。当

然，校、企双方还要通过合作，对学徒制的一体化建设方案，包括教学管理、学徒管理、导师管理、质量监督体系管理等进行完善，利用前述制度，明确现代学徒制相关利益主体的职责，最大限度地规避校、企双方在人才培养过程中可能产生的脱节问题，确保学徒的培养较好地达成相应的目标要求。

（三）企业主动参与，推进招生招工一体化的深入

1. 积极推动方案的制定

企业是现代学徒制中的另一重要育人主体，在招生招工一体化环节中有关键性作用。一方面，职业院校招生相对困难，另一方面，企业招聘技术人员也存在一定的困难。对此，企业应强化认识，基于此一体化模式，根据专业岗位要求、人才培养方案等，做好相关招生招工调研，了解当前就业需求，并以此为重要基础，帮助职业院校编制出科学的招生招工方案。该双招（招生招工）方案必须内容丰富、条件规范。另外，还要对激励政策、考试方法等进行完善，显著提升方案的可行性。企业还要制订相应的专业教学计划，配置专门的教学空间，在具体教学环节，由企业师傅、职业院校教师共同进行教学，帮助学生深入地学习和掌握理论知识；并通过专业实践，将实践和理论进行相应的结合，显著提升学生的职业能力。

2. 完善激励机制

一是拓宽奖助学金补贴渠道。企业可以在国家助学金政策的基础上，扩大学徒的奖励面，提升奖励力度，使他们具有更高的学习兴趣。二是引入多元化的奖励模式，将精神奖励与物质奖励进行更好的融合，并对其进行高效补充。企业要发挥外出培训、进修、挂职锻炼等的优势，促进学徒更为主动地学习，促进导师更为主动地指导。三是完善职业生涯规划。企业导师在学徒入学之初，就指导其制订相应的职业发展规划，学徒入学后朝着设定的职业规划目标努力，导师则根据学徒的实践情况，及时帮助学徒调整规划，使其毕业后能够顺利进入企业。综上，校、企双方通过构建

完善的激励机制，充分调动学徒和企业导师的积极性，推进现代学徒制招生招工一体化的顺利开展。

第二节 现代学徒制的校企合作概述

一、现代学徒制校企合作的内涵

校企合作是"教育机构与产业界在人才培养、科学研究和技术服务等领域开展的各种合作活动"[①]。通常，校企合作就是职业院校、企业在培养人才的过程中进行有效的合作，也就是所谓的合作教育。就职业教育的本质而言，校企合作是以"培养符合职业或劳动环境所需要的技能型人才为目标"的教育类型，它以职业需要为导向、以实践应用性技术和技艺为教育内容，是以培养学生具备技能、知识、态度、经验、资格为教育目的的综合职业能力教育。[②] 基于此，职业教育必须注重理论教学与实践操作的结合，推进校企合作正是现代学徒制本质特征的重要体现。

现代学徒制下的校企合作是职业院校和企业之间教育关系、资源交换关系与市场关系的深刻体现。首先，现代学徒制下的校企合作是一种教育关系，这种关系源于双方对技能型人才的培养需求，并基于人才培养的教育活动而产生。其次，现代学徒制下的校企合作是一种资源交换关系，双方的合作是在资源提供、资源交换的基础上实现与达成的。在现代学徒制下的校企合作中，职业院校需要提供教师、课程等理论学习资源，企业需要提供设备、车间等工作场景实训资源。再次，现代学徒制下的校企合作是一种市场关系，职业院校与企业都是面向市场、具有独立自主权利的法人实体，双方只有遵循平等互利原则才能达成一致的意愿，面向市场、基于市场、尊重市场是双方合作的行为准则。

---

① 余祖光. 职业教育校企合作的机制研究 [J]. 中国职业技术教育，2009 (4).
② 黄尧. 职业教育学：原理与应用 [M]. 北京：高等教育出版社，2009：51.

二、现代学徒制校企合作的特征

(一) 校企合作的全面性

在普通的校企合作中,企业通常只参与人才培养过程中的某个层面,如参与实训基地建设、教材的编写等。基于现代学徒制的校企合作,则需要校、企实现双元化育人,这就意味着企业必须参与人才培养的全部环节,包括培养方案设定、学徒岗位明确、教学内容设计、实训基地建设、考核和评价、学徒待遇等。[1] 由此可见,基于现代学徒制的校企合作具有很高的全面性。

(二) 校企合作的法律性

在具体的校企合作环节,学徒的身份具有双重属性,兼具学生与准员工两种角色。虽然学徒与企业的关系还没有相关的法律进行明确界定和规范,但学徒与职业院校及企业签订了三方培养协议,通过协议明确了企业和职业院校对学徒的培养责任。特别是企业在学徒培养培训、实习实训岗位提供、福利待遇、就业安排等方面都承担相应的法律责任。

(三) 校企合作的共担性

现代学徒制下的校企合作要求企业全程参与人才培养。根据培养协议和要求,学徒培养必须在职业院校和企业两个场所进行,且大部分培养工作是在企业工作岗位上进行的。这就要求企业必须根据学徒培养工作的需要,遴选高水平的企业师傅,合理安排学徒食宿,并支付学徒相应的工作报酬。很多企业在学徒培养期间还承担学徒的福利待遇费用。由此可见,在现代学徒制模式下,企业的付出往往远高于普通校企合作模式下企业的付出。

---

[1] 张法坤,梁幸平. 现代学徒制模式下校企合作机制构建研究 [J]. 中国高校科技,2015(12).

三、现代学徒制下的校企合作培养学徒流程

（一）学徒的招录

现代学徒制下校企合作招录学徒的方式和学徒的来源可以多种多样，主要有以下三种方式。

1. 先招生后招工

先招生后招工是指在职业院校完成新生的招生录取工作后，合作企业紧密结合自身用工需求，从新生中遴选部分学生，正式组建学徒班。这也是现代学徒制双招工作的关键模式，但是这种模式和现代学徒制的设计目的相违背。因为在具体实施环节，容易回到传统的"订单式"培养模式。当然，这种模式也有优势，譬如不会影响职业院校的招生秩序，学生的自主选择权能够得到较好的保障，学生可以在充分了解相关企业及其岗位的前提下做出相应的选择。但是，这种模式的局限性也是客观存在的，具体体现在：第一，学校录取的学生并不能很好地满足企业的用工需求；第二，合作企业提供的薪酬、岗位待遇可能与学生的预期有一定的差距，学生不愿选择合作企业。

2. 先招工后招生

先招工后招生是指在企业招聘正式员工后，职业院校单独申报招生计划，从这些新招聘的员工中遴选符合条件的适龄人员进行录取，或者直接从企业在岗职工中进行招生。目前这种招生模式由于政策原因，很难普遍实施。它的优势在于企业有较大的自主权，参与的积极性总体较高，而且学生对企业的认同度和忠诚度也较其他模式为高。其缺点在于学生不一定能在公平公正的条件下顺利被高职院校录取。

3. 招生招工同步

招生招工同步是指学校和企业同步进行招生与招工，联合录取学生，学生同时收到学校的录取通知和企业的用工合同，同时具备真正意义上的企业"准员工"身份和职业院校的"学生"身份。应该说这种模式最贴近政策的要求，无论是校、企，还是学生、学徒，都能最终实现"帕累托

最优"。从职业院校角度来看,学生在被录取之后就能明确后续的就业单位,其就业问题已经得到解决,这对学校的社会地位、生源、办学实力都会带来较大的正面影响,进而产生良性循环效应。对于企业而言,通过双招同步模式,可以快速高效地满足企业的用人需求,并能给予学徒针对性的指导,从而显著提升人才的培养质量。从学生的角度来看,通过三方协议,学生的合法权益得到更好的保障,同时也能解决就业的后顾之忧,学生在学徒班能够学到更多契合岗位的知识,并能很快适应企业,成为合格员工,进而使学校的人才培养与企业的用工实现零距离对接。但从现代学徒制试点的实际情况来看,真正实现招生与招工同步的现代学徒制项目并不多,无形中束缚了现代学徒制的推广。[①]

(二)学徒的培养

完成招生(招工)后,校企双方应根据培养标准,依托培养体系和培养平台,共同对学徒进行培养。

1. 建立相互认可的培养标准

科学的认证体系和专业教学标准,无疑是现代学徒制的重要基础,然而,国内尚未形成规范化的教学标准。由于政府没有构建相应的教学体系与标准,现代学徒制的人才培养品质因此受到显著的负面影响。针对此,在现代学徒制实施环节,校企合作工作小组必须密切结合行业标准,对人才培养方案进行科学指导,进而确立相应的培养目标,明确具体的培养规格与培养方式,在课程内容、结构等层面取得校企双方的认可,进而形成统一的培养标准。

2. 建立相互融通的培养体系

这种培养体系主要包括课程资源开发、教学组织实施、师资队伍建设等。一是组建双导师团队。紧密按照学徒培养基本要求,选择企业师傅、职业院校教师,打造综合实力较高的双师队伍,从而提升学徒的培养水

[①] 王明刚. 现代学徒制核心要素中"招生即招工"契约的现实困境[J]. 长沙民政职业技术学院学报,2017(1).

平。二是共同开展教学。该团队通过协商，制定契合学徒特点的教学方案，并对工学交替时间进行科学的设置，共同强化学徒的培养。三是开发课程资源。该团队必须将培养学徒的职业能力作为重要目标，根据岗位要求明确学习内容，设置与之相适应的培训课程，充分发挥企业与学校的优势，更好地开发理论课程与实践课程资源。

3. 建立相互补充的培养平台

建立培养平台主要是指建立共享的学徒培训中心，包括企业培训中心和学校培训中心。前者兼有学徒培训、企业生产等诸多功能，注重学徒的专业技能培训。后者则对创新创业、教学培训等诸多功能进行兼顾，强化学徒基础理论知识、通用型技能的学习。

（三）学徒的考核

对学徒的考核主要涉及过程、结业、素养这几个环节，其中素养考核主要是对学徒的行为习惯、职业素养等进行科学考核，以技能测评、双导师与学徒相互谈话为主要评价模式。过程考核重点对学徒的实践、理论等知识进行考核，具体考核学徒的平时作业、课前计划、工作质量与速度等，突出量化考核。结业考核关系到毕业与中间考试，具体是由第三方单位进行考核。在此过程中，第三方单位根据学徒培养标准，对学徒的专业技能与理论进行考核，然后根据最终的结果做出是否出具相应证书、是否准予结业的决定。

第三节　现代学徒制的校企合作机制

一、现代学徒制校企合作机制构建的理论依据

（一）利益相关者管理理论

利益相关者管理是指企业管理人员为了对不同利益相关者的利益要求进行综合平衡而开展的管理活动。利益相关者管理理论认为，任何企业的发展都需要利益关联者的积极参与，而且企业也是对其整体利益进行追

求,而不仅是对某类主体利益进行关注。现代学徒制校企合作关系到职业院校、政府机关、行业企业等,根据利益相关者管理理论对现代学徒制的各利益主体进行相应分析,可以为构建现代学徒制的校企合作机制提供重要理论支持。

(二) 机制设计理论

赫尔维茨先后于1960年和1972年提出了机制设计理论,他对任何给定的社会与经济目标进行相应的讨论,在信息非完全、自愿交换等决策条件之下,考虑设计科学的经济机制让经济活动参与主体的设计人员、利益相关者的相关目标得到统一。该理论为现代学徒制校企合作机制的设计提供了方法论基础。

(三) 新公共管理理论

新公共管理理论主张,国家公共部门运用私营部门管理之策与竞争体系,对公共服务效率给予高度重视,突出满足群众需求、解决公共问题等,提升管理的有效性,使统治性权力与自治性权力得到很好的交互,公民与政府之间能够相互协作,政府能够以更低的成本进行运作,通过引入企业的诸多管理方法与机制,对政府的运作模式进行革新,强化政府的服务职能,并对其进行相应的简化,推行电子化流程,使组织结构更加扁平化。新公共管理理论为现代化学徒制的高效管理与实施提供了重要的理论依据。

(四) 外部性理论

外部性理论,又称"溢出效应"或者"外部效应",它本身具有正负外部性差异,在经济活动中,它属于典型的溢出效应,这种效应并非自愿接受,而是由对方进行强加。该理论为解释现代学徒制校企合作中学校"热"、企业"冷"的原因,以及平衡现代学徒制校企之间的利益提供了理论依据。

二、现代学徒制校企合作机制的构建

(一)建立"规制"与"服务"为引擎的驱动机制[①]

近些年,在政府的大力推动下,校企合作由过去的无序状态朝着规范化和程序化方向发展。然而,该合作领域的有关方面依然缺乏政策保障。第一,系统性较为匮乏。企业激励涉及税务、教育、财政等诸多领域,目前,主要是由教育部负责相关政策的制定,其他部门缺乏参与的主动性。第二,可操作性不强。教育部推出的相关政策基本上是建议类或者是原则性要求,没有配套的实施细则和相关标准,不少政策很难得到落实。第三,吸引力较为匮乏。很多政策都是将学校教育作为重要的切入点,没有基于企业的立场完成相关条款的制定。此外,执行力较为缺乏。因为组织机构整体不够完善,再加上监督评估的强制性较弱,这就使政策的落实受到显著负面影响。针对此,在多元治理框架体系下,必须将"服务""规制"作为重要的引擎,利用多元治理模式强化校企合作。

1. 以法治促责任

强化社会责任立法工作,将企业的社会责任进一步提升到法治的高度。第一,基于国家立场,立足于国家意志,明确企业在职教办学领域的地位、权利、责任,并细化其肩负的责任与义务。第二,对条件成熟的地区,采用因地制宜的方式,尽可能制定较为详细的地方规制,将原则性规定进行可操作性处理,并对校企合作对象、合作领域加以细化和规范,激发企业落实社会责任的积极性。此外,还要强化校企合作法律规制的实施,对违法违规现象予以相应的惩处。

2. 以制度保利益

积极建立制度并推动实施,使企业在合作中的权益得到更好的保障。联合金融、财政、教育、人社、税务等部门,共同建设校企合作管理单位,构建专门的服务平台,打造协调、咨询、管理统一化管理系统。建立

[①] 沈剑光,叶盛楠,张建君.多元治理下校企合作激励机制构建研究[J].教育研究,2017(10).

专项基金制度，政府加大财政投入，引导社会捐赠，推动企业积极主动设立培训基金，为校企合作提供多元化资金。进一步推出人资发展基金、技能投资基金等，构建基于质量的奖补、拨付机制。构建国家职业资格制度，制定科学的技能标准，将不同层次的职业教育进行科学连贯，为校企联合提供科学的统一框架。[①] 设立国家职业教育荣誉制度，对于主动承担职业教育社会责任的企业，可以从精神层面给予奖励，譬如授予其荣誉称号等。

3. 以政策强服务

地方政府必须因企施政，根据不同行业、不同规模企业的需求，推出相应的金融、税收等政策。在税收政策方面，对参与校企合作的企业给予税收上的优惠；对于为学生的实习、教师的锻炼提供支持的企业，给予税收上的优惠，如地税减免等。在奖励政策层面，对于那些积极参与校企合作并获得较佳效果的企业，应从物质和精神层面给予奖励，如奖励设备仪器、提供奖金、授予荣誉、予以表彰等。在金融政策方面，可以对信贷政策进行调整，从而激发更多的企业主动参与校企合作。如将校企合作和企业信用进行关联，并赋予不同分值等。与此同时，还要大力发展第三方机构，推动公共实训基地建设等，为校企合作提供鼎力支持。

（二）建立四环联动的协同机制

通过建立四环联动的协同机制，使校企双方的运作与利益实现双赢，甚至达到最优。职业院校必须紧密围绕合作机制、师资队伍建设、办学观念，积极进行变革。

1. 更新校企合作的理念

在校企合作的过程中，由于双方在价值观上存在一定的差异，合作很难实现本质上的突破。为此，职业院校必须认识到校企合作已经成为现代职业院校的重要特征，要主动革新自身的办学理念，要从原先的重视理论

---

① 吴建新. 职业教育校企合作长效机制研究［M］. 北京：科学出版社，2016：276-280.

学习、忽视技术训练，逐步转向重视技术教学，要回到职教初心，也就是要基于市场对人才的需求来进行人才的培养，突出就业的导向性，积极获得企业的鼎力支持。

2. 建立互信共管的机制

校企双方要始终坚持互利互信原则，共同管理与参与，而且还要做到相互依存和支持，构建契合企业运行特征的合作体系，使合作能够良性发展。在遴选机制方面，要在优势互补、共同目标等原则下，构建契合性更高的遴选体系，对合作目标、合作意向、合作条件等进行定位，对合作关系进行科学的匹配。互信机制：签订共守合作协议，双方共同遵守。利益机制：要做到互惠互利，通过多形式、多元化的渠道促使校企合作实现利益最大化。文化机制：职业院校要科学吸收合作企业的企业文化，打造情感互动平台，使学生受到企业文化的显著影响，缩短他们的工作适应时间。

3. 确定行业企业用人标准

首先，对人才培养目标重新进行定位。职业院校要积极加强学生职业规划教育，引导其对就业定位、就业心态进行相应的调整，显著解决工作稳定性不强、就业率较低等问题，尽可能从培养的源头消除企业的疑惑。其次，要做好共同育人工作。要立足于企业需求，做好专业与行业企业对接、教学与生产过程对接。最后，还要注重与企业的合作，共同推动标准实训基地、教学与实验工厂的建设。企业通过合资、独资等方式，为职业院校提供相关器材设备、完成实训基地建设等，从而为职业院校的实践教学提供支持。

4. 激发师资队伍的创新活力

在校企合作环节，教师要积极参与，并肩负起重任，唯有此，校企才能更为持久地进行合作，才能显著提升人才培养质量。要对学校人事管理体系进行革新，破除校企之间在人事方面的壁垒，进而促进校企更好地合作，使教师更具创新活力，激发教师积极参与技术开发、生产经营等活动，对那些贡献较为突出、指导学生成绩优异的教师给予相应的绩效奖励。

（三）建立第三方指导的校企合作协调机制

在现代学徒制校企合作模式中，行业协会也是重要的参与主体，可以有效消除市场与政府宏观调控的局限性，对强化校企合作、产教融合、有针对性地培养行业企业所需人才有一定的积极作用。第一，在行业协会的领导下，可以成立专门的指导委员会，构建职业院校、企业、行业协会共同运作机制。在行业协会的领导下，可以打造校企合作服务平台，为行业动态、技术发展、人才标准、供需动态等信息的公开共享提供支持。第二，大力创建人才评价体系。立足于行业协会的主导，对现代学徒制下的人才培养质量进行科学评价，有助于人才培养结构、人才培养质量与行业需求进行更好的契合。在人才培养质量方面，可以在行业协会的指导下，制定专门的评价制度，将就业质量、就业率等作为评价人才培养质量的关键指标，同时对毕业生职业生涯的发展提供追踪支持。此外，行业协会还能为中小微企业参与现代学徒制提供科学的规划，使这类企业也能通过校企合作获得宝贵的人才，从而增强自身的竞争实力。

（四）建立"劳动光荣、技能宝贵"的文化机制

现代学徒制下的校企合作激励体系必须得到优良的社会文化的支持。建立"劳动光荣、技能宝贵"的文化机制主要有以下两个方面的作用。第一，普及现代职教价值观，通过新媒体、主流媒体显著提升其社会影响力，注重对现代学徒制进行全方位、多层次的宣传。利用职教活动周、技能大赛等，增进全社会，尤其是企业对职业教育的全面了解，进而激发、调动企业参与职业教育的积极性。第二，营造崇尚技能的社会氛围。积极弘扬大国工匠的职业精神，发挥引领与示范效应，在社会上大力提倡劳动光荣、创造伟大等风尚，并对技术技能给予高度重视，营造促进职教发展的制度文化。此外，还要对家庭教育、人才观进行科学的引导，使现代学徒制获得更大的影响与吸引力，从而有效提升技术技能人才的社会地位和薪酬待遇。

第四节 现代学徒制的校企合作模式

一、现代学徒制的校企合作模式特点

（一）参与主体的多样性

现代学徒制下的校企合作关涉学徒、师傅、企业等诸多不同的参与主体。在校企合作模式下，学生、学校、企业等主体必须共同签署协议，明确三方权利和义务。其中，职业院校和企业是人才培养课程的实施与评价主体。职业院校和企业共同对人才培养目标进行定位，对人才培养内容加以明确，同时还要制定专门的人才培养方案，并对人才培养质量进行科学评价。此外，政府在此人才培养模式中也起着重要作用。相关推广与试点工作主要是由政府出台相关政策，并付储实施。在人才培养环节，职业院校和企业必须高效对接，并对双方主体的权利和义务进行科学界定，然后通过政府部门进行协调，对人才培养过程加以科学监督，这也是现代学徒制下政府的关键职责。

（二）教育者和受教育者身份的双重性

现代学徒制要求加强校企合作，授课地点既有学校教室，又有企业实际环境，学习的内容既有理论知识，又有大量的实践操作，这就使该模式下的教育者和受教育者的身份具备了双重属性。在职业院校，教育者为专业老师，重点传授的是理论性知识；在企业，主要由企业的专业师傅对学徒进行监督和指导，学徒因此学会相应的岗位技能。受教育者兼具学徒和学生两个关键性身份，不仅要学习专业理论知识，还要积极提高自身的技术技能水平。

（三）受教育者学历提升和职业资格取得的统一性

目前主要根据职教的学历证书和资格证书来衡量学生的受教育水平与专业能力。学历证书主要是由教育部门审核颁发，而资格证书则由相应的劳动主管部门授予。在现代学徒制的校企合作教学模式下，学徒可以在职业院校完成相关课程的学习，在修满规定的学分之后，就能获得相应的职业教育学历证书。如果学徒顺利完成了在企业的学习，并且熟练掌握了相关操作技能，就可以参加职业资格考试，取得职业资格证书，这样就使学历提升与职业资格的获取得到了很好的统一，从而有效提升了学徒在整个人才市场中的竞争力。

二、现代学徒制的校企合作模式类型

（一）订单培养模式

该模式通常将企业对人才的需求作为重要前提，基于企业对岗位技能、人才需求规格等的要求，由职业院校与企业共同完成相关人才培养方案的制定和实施，基于"订单"来培养人才，从而使生产、就业、教学得到统一。通常，在该模式下，职业院校按照企业对人才的能力、知识等的要求，为其提供专门的培养方案。理论教学与实践教学分别在职业院校和企业开展，如果毕业生通过考核，达到企业用人标准，就能被企业录用。这种订单式的人才培养模式，能够为学徒提供专门的技能训练与理论知识教学，从而显著缩短职业岗位的适应时间，更好地发挥学徒的专业特长，使之为企业做出更多的贡献。订单培养在校企合作中极为重要，但该模式对校企联动的要求较高，在实际操作中，如何获取订单，并使之源源不断等，都是需要重视的问题。另外，在订单培养开始阶段，政府的干预发挥着重要作用。但是大量实践又表明，仅仅依靠政府干预，显然不具有长效性。

（二）校企共建基地模式

此模式的核心是校企合作，根据合作双方的需求开展教学。一方面，企业提供教学所需器材、资金等，而职业院校则提供相应的教学空间，双方共同在学校内部建设实训基地，针对教学目标进行不同层面的合作。另一方面，企业根据人才培养目标建设专门的实训基地，并将其作为厂房，将企业生产项目视作专门的训练内容，并在操作实习过程中形成相应的生产量，使企业在人员、设备、资金投入等方面得到高效反馈。这种合作双方共建基地的模式在实际运行中由于诸多因素的影响，没有很好地达到预期。

（三）校企共建园区模式

随着我国的经济持续稳步发展，各种高新技术园区、开发区不断涌现，反映在职业教育领域，就是诞生了校企共建园区模式。这种模式主要表现为：职业院校与知名企业共同建设产业园，作为校企融合、工学结合的开放性管理平台，产业园集生产实训、新品开发于一体，职业院校派遣教师到企业进行实践锻炼、科研等，从而打造涵盖产、学、研的综合性产业园区。例如，常州信息职业技术学院就立足于信息产业园，借助国家政策、资金的鼎力支持，再加上行业优惠政策、设备技术、学校专业和人才优势等，建成了规模达到155亩（约103333平方米）的信息产业园，吸引了6家以上企业入驻。在运营模式上，该产业园通过"官助民办、市场化运作"，借助学校主导、企业自主的多元合作模式来吸引企业入驻。这种校企合作模式具有一定的创新性，其关键在于职业院校、企业、政府必须切实地履行自身的职责，进而显著提升整体办学质量。由于在具体产业园中，这三个主体之间的关系并不具有确定性，因此很难实现规范化与制度化。另外，校企合作必须得到资金投入、权益分配等方面的政策支持。目前的情况是：第一，知识产权归属问题，目前尚未有相关法律法规予以明确；第二，不同参与主体怎样公平公正地分配权益也没有相应的制度配套；第三，投资风险分担机制不够成熟，也会降低校企合作联盟的积极性。值得肯定的是，该模式将差异性利益方进行有效整合，无疑是校企合作可持续发展的重要模式与路径。

（四）校企共建二级学院模式

山东商业职业技术学院则是校企共建二级学院模式的代表。该职院基于自身专业优势，与烟台冰轮、福瑞、金盾消防等集团及企业进行了通力合作，先后建成了生物工程、银座汽车、冰轮工程等7个二级学院，进而打造了"七共合作"模式，得到了学校和企业的高度认可。这个模式包括共建教学团队、打造共构课程体系，共同提供就业指导、共建实训基地等。此模式还将企业文化、企业制度等纳入日常教学内容，使学生提前熟悉职业环境，拥有更为丰富的岗位素养，进而在毕业后迅速满足岗位需求。虽然这种模式有成功的案例，但可复制性并不强。现有的统计信息显示，基于企业冠名的二级学院在实际开展过程中遭遇了不少问题，如教学制度与管理体系缺乏契合性，宣传效果好但实际效果弱，可操作性不强，没有引入弹性学分制，学生到企业实习时课程自主选择面临较多问题等。此外，还出现了资金投入局限性问题，相关合作项目的开展受到不利影响。

（五）职教集团模式

该模式通常是以一两家高职院校为龙头，然后立足于职业院校和企业的合作，并将行业种类、行政区域作为工作范围，强化职教资源的优化配置，从而为参与主体共赢的实现，乃至当地经济发展提供重要支持。该模式通常以课程和专业为重要纽带。从构成职教集团的基本框架、内涵角度来分析，该模式参与主体的构成较为复杂，包括行业、企业、职业院校、其他社会力量等，而且这些参与主体之间也有着复杂的关系。在人才培养上，该模式能够实现人才培养的纵向链接，而在校、企乃至其他参与主体之间则能实现横向链接。

第五节 现代学徒制的企业责任分析

自2015年实施现代学徒制试点工作以来，全国共有562家试点单位，其中多数为职业院校牵头的试点单位，企业牵头的试点单位仅占3%，企业参与不足问题突出，这在很大程度上是缘于企业职业教育责任的缺失。

一、企业参与现代学徒制的责任缺失原因分析

企业不仅是现代学徒制的参与者和直接利益相关者,还是现代学徒制人才培养的输送地和目的地。企业承担现代学徒制育人责任是由其根本利益所决定的,也是企业履行社会责任的义务所在。然而,在实际工作中,企业参与现代学徒制的程度往往不够深乃至责任缺位,"学校热、企业冷"的人才培养"壁炉效应"时有出现,人才培养质量容易偏离企业的预期,进而影响现代学徒制的成效及企业的核心竞争力。企业参与现代学徒制的责任缺失,既有企业内部因素的影响,也和外部条件有关,突出表现在以下三个方面。

(一)从认知层面看,企业参与现代学徒制的主体责任意识不强

目前,企业缺乏承担和培养现代学徒制技术人才的主体责任意识,并未完全将参与现代学徒制作为企业履行教育责任的重要内容。部分企业认为人才培养应以职业院校为主体,与企业关联不大,对待人才的态度仍是重使用、轻培养。企业更多是出于慈善目的或基于政府指标压力而提供学徒培养所需的岗位及设备资源,在完善人才培养方案、修订课程内容、共建师资队伍、开展质量评价等方面的主体责任意识不强。与发达国家的企业相比,我国企业承担的教育责任还不够多,企业更多关注的是经济利益与自身发展,缺乏承担教育责任的考虑。在认知层面增强企业的主体责任意识,提高企业参与现代学徒制的自觉性和主动性是走出实践型人才培养困境的重要途径,亦是企业参与现代学徒制的重要要求。

(二)从利益层面看,企业参与现代学徒制的内在驱动不足

企业作为利益化的经济主体,以利润最大化为目标,努力寻求符合企业利益最大化的行动策略。当参与现代学徒制能获得较高收益时,企业就会主动履行相关责任以获得"利益最大化";当参与现代学徒制的收益较低或眼前利益与长远利益矛盾时,其参与动力就明显下降,这是企业参与现代学徒制责任缺失的根本原因。现代学徒制倡导的联合培养、工学结合,意味着企业必然要投入较多的人力、物力。短期来讲,学徒不仅不能

为企业带来经营利润，还要消耗企业的物力和财力成本，影响企业的短期收益率；长期来讲，企业无法确定学徒学成后会长期留在工作岗位为该企业效力，其长远经济利益也得不到有效保障。出于利益考虑，企业就会出现规避教育责任的倾向。

（三）从制度层面看，企业参与现代学徒制的融合程度不深

不完善的制度，无疑是企业参与现代学徒制责任缺失的另一个重要原因，突出表现为校企融合程度不深。一是政府出台的鼓励和支持企业参与现代学徒制的优惠政策力度不够，贯彻落实不到位，相关法律法规尚不能对企业履行育人责任形成法律层面的约束；二是职业院校尚未建立与企业密切沟通联系的体制机制[1]，企业与职业院校合作参与现代学徒制人才培养的成本较高；三是企业自身也没有专门制定参与现代学徒制的规章制度，对企业参与现代学徒制的方式、途径、经费保障、业绩考核等缺乏明确具体的规定，多数企业将参与人才培养视作人力资源开发中的边缘事业。在各方面制度尚不完善的情况下，企业参与现代学徒制的责任不清晰，校企合作处于浅层、松散的状态，未能实现稳定合作，更谈不上互惠双赢的深度融合。

二、共生理论视角下企业参与现代学徒制的责任分析

共生理论是由生物学中的"共生"概念演化而来。这一概念最早由德国生物学家德贝里提出，用来形容两种生物之间的关系。经过不断发展完善，共生理论成为阐释不同物质间相互依存、协同进化、互惠互利关系的方法论，并被应用于政治学、语言学、教育学等领域。共生理论的本质是通过合作互补、优势共享、协同共进的思路和途径，实现一体化共生和对称互惠共生的理想模式与状态。[2] 因此，用共生理论指导企业参与现代学

---

[1] 刘晓，徐珍珍. 关系契约视域下企业参与职业教育：行为、责任与调适[J]. 职教通讯，2015（25）.

[2] 胡守均. 社会共生论[M]. 上海：复旦大学出版社，2012.

徒制具有较高的契合度。

（一）共生理论与企业参与现代学徒制的契合性分析

1. 共生理论为企业参与现代学徒制提供了独特的理论视角

共生理论所强调的共生关系包含三个基本元素，即共生单元、共生模式和共生环境，三者相互作用、有机融合，共同构成共生系统，进而形成共生理论的分析框架。① 如图2所示，从构成要素来看，政府、企业、职业院校等是现代学徒制的参与主体，也是最基本的共生单元，各参与主体在现代学徒制试点过程中存在目标和利益上的耦合，它们密切关联、利益互补，这与共生体系具有高度的契合性；从发展模式来看，现代学徒制采取的是多主体协同育人模式，不管是"三明治"教学，还是工学交替、订单式培养，企业和职业院校的关系都由传统的各自竞争转向现在的融合共生，这与共生理论所强调的多元互融、互促、互进具有相通性；从演进机制来看，企业、职业院校、地方政府通过现代学徒制，共同推动知识、技术、资源等在共生单元间流动，产生共生能量并不断循环、演化发展成共

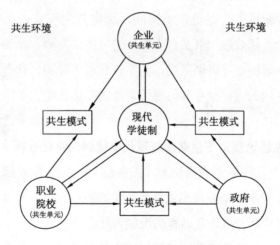

图2 现代学徒制共生体系示意图

---

① 袁纯清.共生理论：兼论小型经济［M］.北京：经济科学出版社，1998.

生共荣的动态关系，这与共生理论所遵循的资源共享、互利共赢的演化原则具有较强的类比性。因此，共生理论作为研究主体间相互作用关系、互相优化发展的理论工具，为企业这一重要主体全面参与现代学徒制，进一步承担职业教育责任，实现融合发展、共生共赢提供了独特的分析视角和理论启迪。

2. 共生理论为企业参与现代学徒制提供了有效的解决途径

针对企业参与现代学徒制的责任缺失，以及责任意识不强、内在驱动不足、参与程度不深等一系列问题，共生理论在共生单元相互作用、共生模式演进、共生环境优化等方面可提供相对成熟的实施建议，可以给现代学徒制提供具体的操作路径与方法论借鉴。如在参与主体方面，要增强企业的责任意识，推动企业与其他参与主体有机融合、协同互促，就要在内生动力机制、激励机制等方面进行顶层设计和制度安排，促进企业与其他主体形成密切联系、互促发展的共生体系；在发展动力方面，要增强企业的责任驱动，促进企业积极参与现代学徒制并开展人员、设备、技术的交换、流动，催生共生能量，实现责任共担和利益共享，就要建设组织平台、优化资源分配投入，促进创新协同，深化共生模式；在实施保障方面，要提升企业责任效能，落实育人责任的可持续发展，就要完善相关法律法规、细化政策制度并贯彻落实，消除企业履责障碍，营造正向发展的共生环境。这些均为强化企业参与现代学徒制的责任提供了可参考的解决途径。

（二）共生理论视角下企业参与现代学徒制的责任分析

《中华人民共和国职业教育法》《国务院关于加快发展现代职业教育的决定》等文件提出，企业应当依法履行实施职业教育的义务，要健全企业参与制度，将企业开展职业教育情况纳入社会责任报告，从而在法律层面规定了企业职业教育的责任。从共生理论角度来说，企业作为现代学徒制的重要利益主体和共生单元，通过创新合作、主动融合，参与职业教育现代学徒制的各个环节并承担协同育人的责任，实现激烈竞争中的互惠共生、持续发展，既是现代学徒制本质属性的回归，也是企业发展的价值趋向。在共生视角下，企业参与现代学徒制的责任主要包括以下三个方面。

1. 引导责任

企业引导责任主要包括需求引导和标准引导。一方面，现代学徒制的人才培养必须紧密围绕社会经济发展的需求开展。当前，世界经济形势复杂多变，快速发展的新兴产业对技术技能型人才培养提出了更高的要求。企业将动态变化的生产服务需求及时传导至现代学徒制体系，引导其面向企业需求调整培养目标与要求，实现人才培养的针对性和契合性，服务于企业发展。另一方面，企业的技术标准是现代学徒制课程设置的基本依据和关键内容，企业有责任将其前沿的技术标准引导成各项具体课程和专业所要达到的核心技术能力，协助学校修订课程体系，丰富教学内容，促进学徒职业能力的形成、发展和更新，为企业保持创新力和竞争力奠定基础。

2. 培养责任

企业应当承担现代学徒制育人主体的责任，从被动参与转为主动融合，将人才培养纳入企业人力资源工作，通过不间断投入岗位、技术、设备、人员、资源等，不断深化校企合作。从人才培养方案到课程内容选择、从组织实践教学到人才质量反馈，企业深度、全面地嵌入现代学徒制课程设置、专业及实训基地建设等诸多领域，与职业院校共同培养具有较高职业水准的技术技能人才，构建利益与共、文化交融、人才共育、成果共享的共生格局，最终达到学校教学目标、人才培养目标与企业生产目标的统一，实现企业与职业院校的优势互补和互利共赢。

3. 评价责任

企业既有现代学徒制人才培养的责任，又有质量评价与考核的责任，从提升学徒职业能力与企业岗位需求的匹配度来说，由企业来评价现代学徒制的人才培养质量是切实可行的，其评价结果也是较为客观真实的，企业也是责无旁贷的。这既是对学徒学习和实践成果的鉴定，也是对校企双方教育教学成效的检验。一般来说，企业在学徒培养的各个阶段，对学徒能力与企业岗位需求的匹配度，学徒所具备的职业技能潜能、职业道德及素养等进行综合评价，并就其存在的问题进行反馈，联合职业院校进行调整和修正，有利于降低人才质量不达标的风险。

三、共生理论视角下企业参与现代学徒制的责任调适

（一）强化共生理念，加强企业责任意识形成共生合力

一是政府及职业院校通过政策宣讲、学术会议、舆论引导等途径向企业传播互惠共建的共生理念，从理论层面启发并强化企业参与现代学徒制的共生思维。资源整合、跨界创新、交叉融合既是现代学徒制发展的历史趋势，也是新时代企业发展的必然要求。企业要充分认识到现代学徒制人才培养共建共促、共赢发展的重要性及其所蕴含的社会经济效益，与其他参与主体在人才培养的机制、实践、应用等方面达成一致，不断强化自身参与现代学徒制的责任意识。二是构建现代学徒制发展的共生体系，形成共生合力。根据国家发展现代学徒制的相关要求，企业不仅要与其他参与主体在人才培养方案设计和实现目标的认知上达成共识，还要在实施路径、联动举措、协同机制、利益共享等方面制定各方认可并行之有效的创新协作方案，形成相互关联、互补互促、能量互转的现代学徒制命运共同体，激发融合发展的共生合力，以进一步增强企业协同育人的履责动力。

（二）优化共生模式，强化企业责任驱动打造共生动力

企业参与现代学徒制的共生模式决定了共生单元间融合驱动的方式和驱动强度，也影响其技术、信息、资源的生成和分配。共生模式有共生组织模式和共生行为模式两种类型。[①]

从组织程度上看，企业参与现代学徒制可以细分成连续共生、间歇共生、一体化共生、点共生等模式，这四种模式依次向更大的共生面、更广

---

① 毛才盛，田原. 地方应用型本科院校产教融合发展路径：共生理论视角 [J]. 教育发展研究，2019（7）.

的共生领域、更深的共生层面发展（图3）。点共生模式主要指企业与职业院校或政府在合作初期的一次性合作。随着合作的深入，这一模式会转化成关系稳定、多次合作的间歇共生模式，也会形成要素互补、长期合作、关系稳固的连续共生模式。企业与现代学徒制在点共生、间歇共生、连续共生合作模式方面具有一定的成熟度，在具体的育人实践中也获得了较高的效果，但是共生单元间资源能量顺畅流动、高度融合的一体化共生模式尚未真正形成。构建现代学徒制各参与主体共建共享的组织平台载体，如信息共享的市场化服务平台、产业学院、产学研协同中心等，开展形式多样、密切合作的政产学研合作项目，有助于推动资金、人员、信息、技术等要素的组织共享，降低人才培养成本，促进企业与其他参与主体资源融合、成果共享，深化和优化长期互惠、稳固合作的一体化共生人才培养模式，增强企业参与现代学徒制的内生驱动力和参与主体间的共生合力。

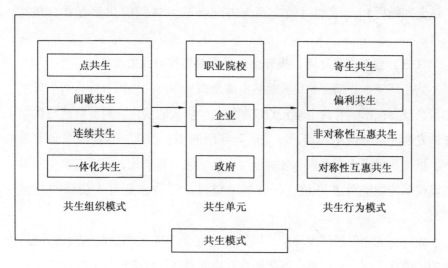

图3 现代学徒制共生模式示意图

从行为方式上看，企业参与现代学徒制可以分为寄生共生、偏利共生、非对称性互惠共生和对称性互惠共生等四种共生行为模式，这四种模式依次向共生互促增加和共生效果增强方向发展。① 在寄生共生模式下，企业与其他参与主体并未产生连接关系，缺乏资源及信息的投入和传递。在偏利共生模式中，企业与现代学徒制其他参与主体形成联系，但投入尚处于单向阶段，如企业向职业院校投入人员和设备，并未获得相应的利益回馈和补偿。非对称性互惠共生行为模式在实践中最为常见，职业院校培养技术人才助推企业生产发展，企业提供技术服务与职业院校合作，提高人才培养实效，但双方在能量、信息、资源方面的投入、传递和收益等并不对称。企业加大参与现代学徒制的责任力度，在人力、经费、资源方面持续投入，及时将前沿工艺技术、新标准规范融入现代学徒制课程，深度参与职业院校的教育教学改革、人才培养及考核评价，与职业院校共建实习实训基地，共同推动企业科技成果转化，有助于破解共生单元的合作瓶颈，提升资源配置效率，推动企业与其他共生单元朝着资源和能量闭环循环发展的对称性互惠共生行为模式发展，并在该模式下完成企业与其他共生单元间物质和能量的高效交换，实现参与主体间的优势互补、利益耦合。

（三）营造共生环境，提升企业履责效能推动共生发展

共生环境主要指企业及其他共生单元相互作用的外部条件，共生环境的状态及变化影响着共生单元的效率和共生模式的演化。只有营造现代学徒制发展的正向共生环境，减少逆向环境的不利因素，才能激发企业效能，推动共生模式向更为高效融合的方向演化。基于此，必须完善企业参与现代学徒制的外部环境，打破制度壁垒，促进企业育人责任的持续担当。

政府要优化外部制度环境，以提升企业参与现代学徒制的履责效能。在顶层设计层面，要完善、细化和修订企业参与现代学徒制的法律法规和规章制度，清晰界定企业权责，落实企业重要育人主体地位，使企业的人

---

① 丛倩，黄华. 共生理论视域下的产教融合校企协同"走出去"研究 [J]. 职教坛，2021（1）.

才培养行为拥有必要的法律依据和基本规范。在中观层面，要落实企业参与现代学徒制的政策保障，在税收金融、土地用房、平台建设、利益分配等方面为企业提供相应的政策支持，清除制度障碍，保障企业利益，激发企业责任。在实施层面，建立企业参与现代学徒制履责的激励机制、沟通协调机制和评价反馈机制，减少共生环境的逆向阻力，有效降低育人成本，并将其参与现代学徒制的履责结果作为企业贷款和获取专项扶持或资助的重要依据，以充分发挥企业的资源优势和技术优势。职业院校要优化外部合作环境，以提升企业参与现代学徒制的履责效能。职业院校要主动与企业对接，建立共建共促的现代学徒制校企合作深度融合机制。一是根据社会经济发展要求，与企业推进招生招工一体化的育人机制，通过签订三方培养协议，共建三方共赢的人才培养模式；二是根据企业岗位设置，与企业共同制定、及时调整课程设置和教学体系，共建契合企业需求的课程体系；三是根据产业需求，定期组织培训进修，与企业共同提升职业院校教师和企业导师的教学水平、专业建设水平、顶岗实践水平和技术研发水平，共建加强企业人力资源保障的师资队伍。[①] 基于此，作为企业发展的战略合作伙伴和重要利益相关者，职业院校要主动将更适合企业承担的现代学徒制部分育人权利让渡给企业。企业只有获得了外部权利的保障，才能积极有效地履行参与现代学徒制的责任，推动现代学徒制持续深入和优化发展。

---

① 许悦，彭明成. 多中心治理理论视角下现代学徒制质量保障机制研究［J］. 中国职业技术教育，2018（36）.

第六节 苏南地区现代学徒制校企合作创新案例

案例一

"昆山学院"现代学徒制的校企合作创新实践[①]

（南京信息职业技术学院 陈薇薇）

一、背景

南京信息职业技术学院"昆山学院"是政府、企业、学校三方经过多年探索形成的一种以"政府主导，多企参与"为特色的现代学徒制实施模式，2015年8月，"昆山学院"成功入选国家首批现代学徒制试点。

二、做法

（一）建立三方协同的运行机制

三方在合作之前，共同签署了《昆山学院政企校三方现代学徒制人才培养协议》，对各参与主体的权责进行了明确。政府要对地方财政政策、统筹环节的诸多资源进行对接，每个年度推出的专项资金扶持项目的资金不能低于40万元；合作的企业则要积极选派师傅，为学徒提供岗位，同时还要给他们的劳动提供报酬。学校、企业、政府通过协商明确人才培养方案，注重基础教学。政府与职业院校投入的经费，一方面为理论教学提供支持，另一方面则为企业师傅提供补助。三方主体共同组建最高决策机构理事会，对重大事项的项目监管、决策负责。理事长由政府相关部门负责人担任，校、企两个主体分别担任副理事长之职。理事则由政、校、企三方委任代表来担任。在理事会之下，配置专门办公室，负责项目的日常运行和管理。昆山学院的组织架构由政府主导，诸多企业主动参与，这样

[①] 陈薇薇. 高职院校现代学徒制人才培养的实践探索：以南京信息职业技术学院"昆山学院"为例[J]. 教育现代化, 2017 (22).

就能有效缓解企业单独参与所面临的压力，显著提升企业参与的积极性。三方主体共同签署培养人才协议，并对三方的权责进行明确，同时还对不同参与主体的合作行为进行了科学规范。政府的深入参与可以借助经济、行政等手段，减少人才培养环节可能发生的挖角、学徒流失等问题，保障相关教育的投入收益。政府相关部门要加强合作行为的监管，促进各参与主体更好地履行自身职责，从而有效防范学徒培训投入不足、将学徒作为廉价劳动力使用等现象的发生，切实保护学校，特别是学徒的利益。

（二）构建系统化的教学组织机制

通过分析工作岗位能力需求，结合企业自身发展实际，政、校、企共同确定人才培养规格，研究制定培养方案，构建课程体系，基于网络平台，大力推动教学监控和管理，使不同阶段的培养目标得到更好的实现，使教学内容实现更好的衔接。该学院在学段安排方面，采用了一年通识课程、半年基础课程、一年半企业技能课程的教学模式。在教学安排上，每周一至周五由企业师傅对学徒进行技能指导；周六则由职业院校教师、企业专家对学徒进行理论指导和教学。在这种教学模式下，职业院校负责实施学徒的专业基础素养、职业素养教学，而企业则基于自身优势，为学徒提供相应岗位。为了实现人才培养目标，职业院校允许教师灵活选择教学模式、教学载体和教学内容，并对教学组织进行系统化发展，使教学能够系统、完整地付诸实施，有效降低校、企分阶段育人的离散性，使教学运行、教学环境、教学内容能够处于更高水平。

（三）完善企业师傅的激励机制

职业院校、企业、政府要共同制定师傅的选聘和管理规则，通常要求在企业技术标兵、基层管理人员中遴选合适的人才担任学徒的师傅，然后再上报政府相关部门进行备案。在培养学徒的过程中，师傅获取一定的津贴，并接受三方的考核与管理。师傅带徒弟的成果，还可以作为师傅职务晋升的重要参考。职业院校也可以将那些表现出色的师傅聘任为学校兼职教师。在考取高校教师资格证方面，职业院校也要提供相应的便利。政府相关部门则要将这些师傅纳入人才培训讲师库,并给予政府津贴。如今,学院已经聘任了来自企业的58位师傅,其中有12位师傅升级成为学校的兼职教师,进入政府人才培训讲师库的师傅则有15位。在计划学时中,有六成的教学任务是由这些师傅来完成的,这就使得这些师傅在人才培养过程中居于主导地位。

三、成效

(一)建立了各方权益保障机制

学院采用三方共建模式,国家每年投入资金多达40万元,学校将学徒学费全部投入共建,企业则为学徒提供劳动薪酬等,基本上形成了国家主导、多企参与的合作架构,企业的压力显著下降。另外,三方协议还对各参与主体的权责进行了明确,对不同主体的合作行为也进行了规范。政府借助行政、经济等手段,有效消除学徒流失、同行挖角等非正当竞争现象,使企业的投入得到更好的保障。政府通过对合作行为的监管,使各参与主体更好地遵守承诺,更好地履行职责,有效防范企业在学徒培训方面投入力度不足的问题,杜绝企业将学徒视作廉价劳动力的现象,学徒的利益得到了很好的保障。以上机制有效保障了各参与主体的权益。

(二)构建了灵活柔性的开放式课程体系

根据校企分段培养的特性,各参与主体明确了人才培养的标准,同时还对各自的培养目标进行了界定,并打造了更具有开放性的课程体系。学校不仅要完成职业素养类、专业基础类课程的教学,还要紧密结合人才培养机制,按照自身资源与条件,针对学徒实际岗位,科学遴选教学模式、教学载体、教学内容,以更好地实现人才培养目标。基于灵活的课程体系,积极实现刚性培养目标,使校企双方在教学内容方面实现能力、知识的高效互补,不仅有助于培养方案的有效实施,还能兼顾企业自身的差异,使多岗位、多企业情境下的课程体系得到更为良好的衔接。

(三)形成了师徒共生的学徒培养新生态

在师傅的选拔方面,要建立严格的选拔机制,采取多元化的激励措施,显著提升企业师傅的责任心和荣誉感。师徒结对、拜师仪式等,能够让师徒产生认同感。企业师傅肩负着全程管理的责任。第一,师傅可以根据企业发展目标,为徒弟的发展提供重要的目标支持,并根据徒弟的个性,帮助他们遴选合适的技艺技能,因材施教。第二,推动学徒的提升与进步,企业、政府推出的诸多激励机制,促使师傅对自身的知识结构进行升级,不断增强自身综合能力。这种师徒共生的新生态不仅能够更好地满足学徒主动学习的要求,而且还能为企业发展提供重要驱动力。

案例二

通用航空专业群现代学徒制校企合作创新案例[1]

（无锡汽车工程高等职业技术学校　严志华）

一、背景

江苏联合职业技术学院无锡汽车工程分院（无锡汽车工程高等职业技术学校）与无锡汉和航空技术有限公司（以下简作"无锡汉和"）开展现代学徒制合作培养项目,该项目以定向培养与订单招生为基础,通过双导师制度、工学交替方式进行教学。在此过程中,合作双方遵循资源共享、项目共建、校企共进等原则,大力推动通用航空专业群建设,使职业院校的教学与产业对人才的需求具有高度契合性；构建通用性航空专业课程体系,注重综合素养的培养,面向具体的岗位；在师资力量、专家团队建设方面,突出结构的合理性、素质的优秀性；在教学培训资源库建设方面,创新校企联合模式,由此构建极具创新意义的现代学徒制项目,不仅培养了通用航空专业人才,同时还使这种培养模式具有良好的推广价值。

---

[1] 严志华. 基于通用航空专业群的现代学徒制探索与实践 [J]. 江苏科技信息, 2019 (20).

二、做法

(一) 校企共同制定人才培养方案

无锡汽车工程高等职业技术学校和无锡汉和立足校企合作,编制通用航空专业群人才培养方案,设置相应专业课程,构建专业课程体系,对学徒的岗位工作内容进行明确,如航空航务技术、无人机应用技术、航空物流管理等,基于这些岗位内容,明确相应的教学内容,培养满足企业需求的技术技能人才。此外,合作双方还推出相应的质量监控体系、专业教学体系等,制定具体的实施方案,如表1所示(以无人机技术专业为例)。

表1 无人机技术专业校企合作人才培养实施方案

专业教学标准	培养时间	从毕业前两年到毕业前半年,共1.5年(3个学期)
	培养目标	为无锡汉和培养德、智、体、美、劳全面发展,具有较高文化修养和职业道德,掌握无人机技术专业和相应职业岗位必备的知识与技能,能从事无人机植保、巡线、测绘等工作的发展型、复合型和创新型技术技能人才
	学徒制教学内容	结合就业岗位实际情况,主要由无人机植保技术培训、无人机巡线技术培训和无人机测绘技术培训等3个部分组成
课程标准		专业平台课+学徒制课程
岗位标准		"员工行为要求""业务能力要求""工作能力要求"
企业师傅标准		挑选无锡汉和的优秀人才担任学徒的企业师傅,明确企业师傅职责和要求,定期考核师傅的教学任务完成情况
质量监控标准		学徒在企业实习期间,必须严格遵守考勤和考核制度;实习质量采取"过程性—结果性"双重考核,过程性考核主要由企业师傅进行考核记录和反馈,结果性考核由第三方(评估机构或者职业技能鉴定机构)进行考核记录和反馈,形成闭环控制

在具体联合培养环节,职业院校和企业必须履行各自的职责,职业院校负责学徒文化课、专业理论、基础技能方面的教学,企业则注重学徒职业素养、岗位技能等方面的教学和实践操作培训。

（二）校企共建现代学徒实训基地

在建设实训基地的过程中，无锡汽车工程高等职业技术学校和无锡汉和遵循资源共享、基地共建等原则，成功打造出理论和实践一体化的教学车间，并赋予了浓厚的企业文化底蕴。该实训中心总占地面积达到600平方米，功能区包括无人机模拟飞行、组装实训室、通航物流配送实训室等，相关设备总价值高达300多万元。除了在职业院校建设实训基地之外，还在企业内部建设了专业人才实训基地，其中设备的投入就高达600多万元，这为现代学徒制的有效开展提供了重要支持。

（三）校企共同组建双导师团队

1. 在教学上，基于双导师教学来完成相应制度的制定，在管理方面做到互聘共用、专兼融合。企业项目领导小组明确要求：职业院校要遴选表现出色的教师负责学徒制项目的教学，相关专业教师还要到企业实践不低于一个月，明确该班级的教学目标，同时还要办理工作手册、布置工作任务等。此外，企业要遴选优秀的师傅担任学徒的指导老师，明确师傅的职责内容，由师傅负责对学徒进行专业指导，显著提升学徒的具体操作能力。

2. 构建灵活性人才流动体系，职业院校和企业的专业人员能够到对方单位挂职，进而开展技术开发。学校可以聘请企业专业人员到学校指导授课，教师也可以对企业师傅进行教师资格课程的培训。无锡汽车工程高等职业技术学校还和无锡汉和及其行业协会进行合作，共同推出高级工职业技能鉴定体系，并力争得到无锡市职业技能鉴定中心的认可。

（四）校企共同建立质量保障机制

1. 优化学分制、弹性学制等制度，完善现代学徒制教学管理机制。学校利用调研与企业共同推出《学徒制学籍管理办法》等文件，为校企合作的高效、稳步开展提供重要支持。

2. 优化现代学徒制的质量评价机制。按照该企业的实际需求，在为时一年半的学徒制项目试点环节，学徒要在学校和企业进行交替学习，一方面在职业院校进行基础理论等方面的知识学习，另一方面在企业进行顶岗、跟岗实习。在具体实施环节，采用双导师带徒方式，充分利用职业院校、企业的资源，使双主体育人机制得到更好的实施。在学徒的实习考核环节，引入过程与结果双重考核机制，前者主要是由师傅对徒弟的日常表现进行考核；后者则由第三方专业单位根据相应的标准来进行考核，整个评价体系具有完整的闭环属性。

三、成效

（一）"工学结合"让人才培养模式更有效

不同企业在用工需求方面各有不同，通航物流师是典型的窗口服务和社会型岗位，自身具有相应的独特性。在航空机场建设速度日益加快的情况下，国内机场运输规模不断扩大，机场方面的人力需求日益增长。学徒顶岗实习、工学结合，可以更好地解决企业困难，最大限度地发挥学校在人力资源建设方面的重要作用。工学结合，还能有效消除学生在知识学习方面的倦怠感，使之对岗位职责有更为科学的认知，从而帮助他们更加科学地规划自身的职业生涯。

（二）"共建基地"让课程实施条件更优越

实训基地无疑是具体实践教学的关键保障，当前，航空业的发展十分迅速，相关设备的升级换代速度日益加快。如果实训基地仅仅依靠学校的资金来建设，将面临巨大的发展压力。无锡汽车工程高等职业技术学校和无锡汉和签署相关协议，发挥后者资金雄厚和在实践方面的优势，给学徒提供更高水平的实训基地，从而助力现代学徒制试点有效开展。

（三）"互聘共用"让师资团队成长更迅速

师资力量是学徒制项目试点能否获得成功的关键要素之一，如今，在此项目背景下，校企之间的交流变得较为活跃，尤其是参与此项目的职业院校教师，他们有了更多的机会到企业学习和实践，这样相应的课程建设、专业教学能力就能显著提升。当然，企业师傅进入课堂，也给学徒带来了更为丰富的实践知识，有效增强了教学的效果。

（四）"职业鉴定"让服务社会功能更充分

对于通用航空专业群而言，通过校企合作完成通航物流师的技能鉴定体系建设，不仅很好地填补了相应技能鉴定的空白，同时还使该行业实现了更好的发展，为机场选拔管理人才提供了关键平台支持。该鉴定体系除了服务于本校学生之外，还能为职工招录、兄弟院校的相关技能鉴定提供重要的培训支持，更好地展现学校实训基地服务功能。

第四章 现代学徒制的人才培养

人才培养是现代学徒制实施过程中最重要的环节，职业院校和企业只有在认识现代学徒制人才培养体系特点和要素的基础上，遵循现代学徒制人才成长的规律，共同开发人才培养课程，构建人才培养模式，开展人才培养评价，才能全面提升现代学徒制的人才培养质量。

第一节 现代学徒制的人才培养体系

当前，关于现代学徒制的政策导向研究、理论研究、实践探索等均在如火如荼地进行，人才培养体系已成为职业教育改革的重要载体。自现代学徒制开始试点以来，其实践形式丰富多样，并取得了一定的成效。对于学校而言，人才培养体系是提升人才培养质量的先导条件，必须厘清其内涵、要素及基本特征。

一、现代学徒制人才培养体系的内涵

要深入剖析现代学徒制人才培养体系的内涵，就必须界定人才培养体系和模式的关系。所谓模式，是指主体行为的一般方式，是理论与实践之间的中介环节，具有一般性、简单性、重复性、结构性、稳定性、可操作性等特征，同时也具有一定的指导性，通常被用来处理特定问题。而体系则是由一系列具有内部联系的事物所组成的一个统一体，强调"构成整体的因素"和"要素聚合的总体"两个方面。[①] 在现代学徒制下，构成人才

[①] 王东梅，王启龙. 现代学徒制人才培养体系：内涵、要素与特征 [J]. 中国职业技术教育，2019 (3).

培养系统的多个因素相互连接、相互影响，以某种人才培养的理念为指导，随着因素的融合，形成了一个完整复杂的体系。其中，相互影响和关联的因素包括培养目标、方式、途径和思维等。因此，现代学徒制的人才培养体系可以定义为以工学结合理念为指导，以学校、企业和学生共同受益为目的，采取企业学徒训练和学校教育相结合的培养方式，由学校和企业共同制订培训计划，共同完成培训课程，共同实施程序监管，为行业企业提供所需的技术技能应用型人才的培养系统。

二、现代学徒制人才培养体系的要素

现代学徒制人才培养体系的构成包括诸多要素，有必要借助系统思维，对其构成要素进行剖析，并根据工作系统的结构和各要素之间的内在联系，使各要素在目的指向上相互作用，发挥协同效果。

（一）确定目标

根据系统理论，系统目标是整个体系运行的关键，系统的各要素、系统和环境本身既存在整体上的同一特征，又有个体上的差异。基于此，必须要有明确的人才培养目标来保障现代学徒制人才培养体系的稳定运行。人才培养体系的目标定位主要是为培养对象设立和确定合适的位置，这是人才培养体系的核心。

现代学徒制作为一种人才培养模式，要对传统学徒制与现代学徒制之间的不同进行界定，后者关注的人才标签涉及技术、职业、专业等，学徒不仅要满足学校教育学业水平的要求，同时还要具备从业者的基本技能水平。因此，现代学徒制应以培养经济社会发展需要的技术应用型人才为目标，类型上可包括工程型、技术型和技能型人才，其层次可以从高中直至研究生，在人才规格层面，学校教育与从业能力的双重要求都需要被满足。[1]

---

[1] 王东梅，王启龙. 现代学徒制人才培养体系：内涵、要素与特征 [J]. 中国职业技术教育，2019（3）.

（二）明确内容

课程体系与教学组织是人才培养体系建设的重要内容。现代学徒制培养中的课程与教学安排主要以具体岗位能力培养为目标，而非泛化类职业能力的培养。

现代学徒制力图以培养"准员工"为目标，注重将公共基础课程的学习和专业理论课程的学习有效融合，明确具体的岗位知识与技能要求，并将其作为课程系统设计逻辑的起点。同时，充分引导企业发挥主体作用，坚持利用企业资源、发挥各自优势的原则，校、企双方共同制定与职业资格要求相一致的课程与教学体系，形成一套岗位专业知识、专业技能、拓展能力相融合的课程体系，以培养学生具体的岗位工作技能与拓展能力为最重要的目标。

（三）条件保障

现代学徒制的实施建立在现代职业院校制度的基础之上，学徒要在学校与工作地进行学习。企业和学徒之间既存在雇佣关系，同时又是教育者和被教育者的关系。在此过程中，企业扮演着双重角色。要实行现代学徒制就必须优化学校、企业、学徒三大参与主体的关系，建立健全相关管理制度与执行机构，明确学校和企业在不同教学情境中承担的教学任务，制定企业师傅的选聘与培训标准，建立学校教师与企业师傅互聘共享、互助学习和双向考试等制度，优化教师队伍建设，为企业师傅和学校教师的发展提供平等的机会。

三、现代学徒制人才培养体系的特征

（一）动态性

从宏观层面来看，现代学徒制人才培养体系的改变是有序的，可是在发展上却表现出无序性。在微观层面，体系中各个要素在不断变化。其中，宏观层关键的协同主体是企业和学校，而微观层最核心的协同主体是企业师傅和学校教师。企业和学校之间的合作程度，会在很大程度上对现代学徒制的发展产生影响，而企业师傅和学校教师之间的合作程度，则直接决定了学徒培训的质量。学校与企业之间的关系应从校企合作转变为产教融合，企业师傅与学校教师应分工清楚，各司之职，发挥各自的优势。文化课、专业理论课主要是由学校教师来完成，实践课程主要是由企业师傅来完成，这样不仅减轻了学校教师在自身实际技能提升方面的压力，同时还改善了学校教师的工作结构，提高了整体教学水平。

（二）适应性

在职教体系持续进步的今天，产业升级与结构调整对职工的要求日益提升，中职毕业生在职业路径的遴选上日趋多元，诸如现代学徒制所涉及的对象是不是需要进一步拓展，除适龄的学生外，社会上已经在工作的劳动者包括已经走上社会的大学生是不是也可以参与这样的学徒制；对于不同的岗位、不同的求学者，是不是要突破原先的三年制期限；学徒培训空间要不要进一步拓展到社会培训单位等，都对这一制度的适应性提出了更高的要求。[①] 及时优化现代学徒制人才培养体系，增强其适应性，已经是现代学徒制可持续发展的必要条件之一。

第二节 现代学徒制的人才培养模式

一、现代学徒制人才培养模式的内涵

刘明浚等人在《大学教育环境论要》一书中首次从教育学视角明确界定了人才培养模式的内涵：所谓人才培养模式，即在某种办学条件下，为了实现某种教育目的而选择或设想的教学风格。人才培养模式的核心内涵就是在教育过程中培养了什么人和如何培养人，而培养了什么人的模式则是指为实现特定人才的培养目标所进行的具体教学活动安排。现代学徒制是一种特定的职业教育培养模式，即"行业确立标准、校企共同培养、政

---

① 王东梅，王启龙. 现代学徒制人才培养体系：内涵、要素与特征 [J]. 中国职业技术教育，2019 (3).

府充分保障"。

人才培养模式是基于相应的教育思想而逐步产生的实现某种教育目标的人才培养系统和相应的运行管理组织，主要包括职业教育教学理念、教学目的、课程管理系统、教学活动组织、课程管理和教学评价能力考试等内容。现代学徒制人才培养模式不仅从机制上创新了工学结合的人才培养模式，而且还将职业素养、人文素养逐步融入高技能人才培养过程。它对学生个性发展给予高度关注，坚持将发展、适应、针对等属性相互融合，从而形成了更为突出的个性价值取向。现代学徒制将职业作为核心导向，借助系统性开发，使基于课堂教学的校内教育与直接获得实际经验的岗位工作相结合，践行了"以学生为本"的培养理念。在现代学徒制下，理论与实践贯穿，学习与工作相互转换，有针对性地让学生走出校门，到真正的工作岗位进行实践与磨练，不仅提升了学生的综合职业能力与职业素养，对促进他们的职业生涯发展也有重要意义。因此，现代学徒制人才培养模式是一种以校企深度融合为基础，以管理与教学"多主体"、学生具有"双重身份与双导师"为特征，以促进学生岗位能力专业发展为目标的人才培养方式。

二、现代学徒制人才培养模式的特征

由于现代社会政治经济制度、发展程度和社会文化背景的差异，现代学徒制的活动形式也多种多样，其实践成果更是各不相同。根据当前的职业教育管理实践，现代学徒制的人才培养模式主要有以下几个特点。

（一）主体丰富多元

现代学徒制引进了政府、行业协会、企业、学校等多个主体，共同培养具有更强社会适应能力的高素质技能人才。学校的主要工作是理论教学；企业的主要工作是实践教学；行业协会则负责制定职业资格标准，指导人才培养；政府主要负责校、企、行业之间的协调，利用宏观方面的教育政策，为现代学徒制的有效开展提供重要的外部环境支持。在不同主体的积极参与下,现代学徒制获得了深入发展,体现了育训结合、学技融通的培养思想。

(二)产教深度融合

现代学徒制无疑是当前重要的人才培养模式,主要涉及企业生产场域和学校教育场域,而且这两个场域还密切相关,不仅有助于职业院校产业需求与专业设置的良好对接,同时还能使培养目标有更高水平的针对性,在培养过程方面效率更高,能最大限度地节约人才资源培训成本与时间,有助于职业标准和课程内容的高效对接,使学生学会并掌握职业标准,促进学校与企业、工作地点与学习场所的融合①,提高学徒的综合素质和岗位技能,实现了学徒学习过程和职业生涯的结合,在一定程度上体现了学校与企业双重育人的协同性,保证了育人优势的最大化。

(三)培养对象双身份

在现代学徒制下,学徒具有双重身份,不仅是职业院校的学生,还是企业的职工,要同时遵守学校与企业的相关规章制度,当然,也能获得这两个参与主体的相应待遇。学徒在学分制、弹性学制下学习学校的课程,在满足相关专业要求后,就能获得毕业证书。与此同时,学徒还要参加对应企业岗位工作流程的学习与实践,达到要求后,可以获得相关的职业资格证书或技能达标合格证书。一方面,学徒在学校学习基本的素质课程和有关专业课程,积极参与学校里的社团活动,有助于增强其对学校的归属感,使其受到学校文化的正向影响。另一方面,职工身份也促使学徒按照企业规范与标准来严格要求自己,学会从职业者视角分析问题,在对未来职业发展的思考方面,要比非学徒更为深刻。

(四)"双导师"培养

"双导师"培养是现代学徒制的关键性特点之一,所谓"双导师"是指学校教师与企业师傅,他们共同对学徒进行理论与实践知识的教学,通

---

① 李梦卿,刘俏楚.现代学徒制人才培养的基本诉求、价值向度与推进策略[J].职教论坛,2018(6).

过各自的优势互补，在教学上实现共赢。在现代学徒制中，无论是企业师傅还是学校教师，都有相应的准入制度与选聘规则，也有明确的职责分工，他们分工协作，共同参与人才培养方案制定、课程设置、课程建设等事项，共同培养学生。

（五）育训有机结合

现代学徒制注重将职业培训和学历教育相结合，实现学技融通。在现代学徒制下，校企共同培养，以职业技能教育为基础，将学历教育与职业训练、职业资格证书获得结合起来，获取第三方机构认证的技能，学生在获得学历的同时又取得了职业资格证书，教育质量有了显著提高。"现代学徒制"作为技术技能积累的重要实践形式，包含着各种不同的学习人员所需的专业知识等，这些知识有助于学生通过参与、观察等策略，参与解决实际问题的实践，通过经验来掌握专业性知识，强化职业技能。

三、现代学徒制人才培养模式的类型[①]

（一）"挂牌"模式

"挂牌"模式指以挂牌或空泛合约的形式进行较低级别的学徒训练合作。这种模式主要是基于特定政策需求而开展的短暂性合作，相关主体在名义上进行挂牌，对具体的学徒制项目展开合作，其缺陷是容易形式化。常见的表现就是双方主体在某个地点和时间下，根据某种需求而产生的临时交易关系。譬如，职业院校与某些企业进行合作，将某些班级冠以相应企业的名称，职业院校利用挂牌的方式，对自身的办学条件进行优化，提升自身的声望；企业则借助挂牌获得学校派遣的实习生，获得一定量的劳动力。

（二）"互惠"模式

这种模式就是以互惠为基础，校、企共同努力对技术技能人才进行培

---

① 黄德桥，杜文静. 现代学徒制视域下高职酒店管理专业人才培养[J]. 教育与职业，2020（2）.

养。当下，这种模式在职业院校的人才培养环节具有普遍性，可以在一定程度上满足校、企双方的需求。而且这两个参与主体以信誉为重要基础，利用契约构建了协同育人体系，在某一时期内形成了实质上的互惠合作关系。互惠合作的基础是校、企双方都有利益产出，高职院校在招生宣传、教材设置、课程开发、考试结果评价、职业技能培训等方面全面对接企业的要求，按照学徒"双身份"模式，实行校、企双元育人。这种模式既可以满足学校在生源、学员质量、实习实训等方面的现实需求，也可以为企业提供培养和输送技术人才的机会。此外，企业和职业院校还可以在产品研发、品牌推广、员工培训及企业核心人员进入学校担任教师等方面深化合作，最终实现互惠共赢。

（三）"大师工作室"模式

该模式突出了技术大师在培养人才领域的重要作用，在校、企紧密合作背景下，企业的高端师傅资源和经验被转换成宝贵的育人资源，这些师傅全面介入学徒的培训环节，基于企业标准，对学徒进行相应的培养。这些大师不仅是学徒的技能老师，更是这些学徒在职场领域的领路人。职业院校将这些企业师傅选聘到"大师工作室"，就是基于这些大师有相应的资源，可以更好地培养学生。校企合作，可以借助企业师傅资源，将大师工作室进一步建设成为技能人才培育基地，可以使学徒在日后的职场中有更为广阔的发展空间。

（四）"依赖"模式

该模式下的校企双方在当前与未来的发展中有较高的依赖性与契约性，抛弃过去单主体培养人才的观念，以产教联盟、约束制度为中心，构建了校、企有效融合的职教载体。这两个主体通过合作创造更为丰富的价值，在培养计划、机制构建、师资互聘、成本共担等方面，相互融合、相互依赖和发展。这种模式不再局限于满足人力资源层面的供需，而是充分融合和利用两个主体的优势资源，建立前瞻的合作基金项目，以支持现在与未来的协作，真正构建产教联盟，使共享共建的优势得到彰显，校企合作的"最后一公里"难题也被有效攻克,最终为校、企、学徒、社会带来更为丰富的价值。

第三节 现代学徒制的人才培养课程

一、现代学徒制人才培养课程的内涵

课程体系主要由课程观、课程目标、课程内容、课程结构和课程活动方式组成。课程观以当代政治体制、社会习惯和思想观念为基础,是高职教育人才培养过程和成果的主要指引。课程内容直接反映了课程目标,是课程系统的一个重要组成部分。课程模式是一种概括的表现方法,包括职业教育的课程活动、课程计划和文件,以及各个环节的组成要素等。它是指在一定课程观的指导下,对职业教育课程的发展,以及职业教育课程自身的规律做出的原则性规定。现代学徒制课程一般以培养学生职业素质、关注学生的可持续发展等为目标,主要包括公共课程、专业技术课程、职业岗位课程和职业发展规划课程等内容。其中公共课程主要强调学生基础素质与基本理论素质的培养;专业技术课程、职业岗位课程主要强调学生职业技能的培养;职业发展规划课程着重培养学生的岗位迁移能力,突出可持续发展。

二、现代学徒制人才培养课程的特点

(一)课程的交互性强

这种交互性有两重内涵。一是在不同层面表现为理论知识和实践知识之间的相互作用。在现代学徒制模式下,学习者不仅要在学校场域学习静态理论知识,还要深入工作环境,在项目中将理论知识付诸实践,一方面利用理论知识来指导实践,另一方面利用实践操作进行总结,不断加深对理论知识的认识。二是学生之间的互动。在现代学徒制下,个体参与学习的行为并不是孤立的,需要通过教育者与学习者的互动而形成,需要学徒

之间的通力协作，才能完成相关任务。不同个体之间的互助和交流，有助于他们在具体工作环境中更好地建构相应的理论知识体系，掌握相应的实践技能。

（二）课程具有生成性

在现代学徒制下，必须提前明确学习内容、学习进度和学习目的等，这样不仅可以为学生构建系统的、条理化的知识体系奠定基础，也为学生的实践提供了内容依据。学生以任务为导向，在真实的工作环境中学习新的生成性知识，不断地反哺已有知识，可以使原来的知识系统不断得到巩固和更新。同时，在丰富、多元和真实的环境中，学习者会获得超出想象的知识与技能。

（三）课程情境的真实性

现代学徒制课程的学习，不仅包括课本中的静态知识学习，还包括与工作岗位密切相连的技能学习，真实的工作情境使学习活动的组织结构更为合理，无论是参与学校的学习活动，还是参与企业的学习和实践，都越来越正式，学徒所面临的任务和挑战与行业实践密切相关，针对性更强。在这种情况下获得和积累的知识，与具体任务和实践项目是紧密联系在一起的。实施现代学徒制的基本目标是创造一种教学场所与工作地点相统一的环境，将具体工作任务转换成学习内容，使之实现项目化转换，整合职教理论与实践，基于项目载体，对学徒的专业知识学习与实践能力培养提供支持。

三、现代学徒制人才培养课程的要素

（一）学习理念：以岗位能力需求为导向

现代学徒制课程概念的形成，是教学体系建立的前提，需要展现出现代学徒制的本质性。现代学徒制下的人才培养要求职业院校、合作企业"双场域"相结合，以工作区为主、学习区为辅，以实现工学交替、岗位成才。基于此，现代学徒制课程的理念定位始终都应该以岗位能力的需求为导向。① 而树立以满足工作活动需求为导向的课程理念，其中最重要的就是以传道、实践、总结反思等形式进行技能的传授，其本质是以工作为基础的学习模式，其意义在于"实现专业设置与产业需求对接、课程内容与职业标准对接、教学过程与生产过程对接、毕业证书与职业资格证书对接、职业教育与终身学习对接"②。在"服务发展、就业导向"这一根本要求下，课程理念要将满足学徒日后的职业活动需求作为重要导向，在设置课程的过程中，密切结合学徒的工作岗位、就业领域，促进其利用实际环境学习技能，真正提升实操能力。

（二）课程目标：以培养职业能力为基础

随着产业的迅速发展与技术的转型升级，仅具备某一种工作岗位技能已不能适应社会的需要，培养综合职业能力是构建现代学徒制课程体系的一个重要目标。必须确立注重培养学生综合性职业能力的课程目标，既要传授相关的专业知识、应具备的技术能力和职业素养，还要培养学生的可迁移能力。一方面，岗位技能和专业知识反映了企业的生产需要，因此必须以企业为主体，直接针对企业一线岗位提出具体的工作资格要求，制定相应的工作标准，明确课程目标，培养学生的技术操作能力和解决问题能力，满足学生职业能力的发展需要，使学生就业实现无缝对接。另一方面，注重培养学生的可迁移能力，可以帮助学生从容应对现代社会中的个人职业变迁、行业和企业组织结构的变化等挑战，如岗位转换、技术方法改造等。

（三）课程内容：知识传授与能力培养同向同行

现代学徒制是将学习场景和工作场域结合起来的一种人才培养模式，其课程内容的设置必须根据行业协会和企业的需要，特别是相关职业资格

---

① 张健. 学校场域学习与工作场域学习交互视角下现代学徒制课程体系的建构 [J]. 教育与职业，2017（21）.
② 王品style. 借鉴现代学徒制创新士官职业技术教育人才培养模式 [A]. 第十七届21世纪继续教育论坛，2017.

鉴定体系的基础要求，一方面要使学生通过课程内容的学习，掌握相关行业的基本理论知识和实践操作知识，保证学生在就业中具有基本竞争力；另一方面要使学生通过课程内容的学习应对未来的职业发展和挑战。特别是信息化时代行业企业不断发生变革，学生毕业后职业和岗位发生变化的可能性比较大，新岗位甚至是原来岗位的职业要求也会更多，基于此，在设置课程内容时要关注个体和企业持续发展的需要。同时，在课程设置中还要重视学生职业发展与适应能力的培养，帮助学生寻找学习兴趣和职业方向，培养高尚的职业道德、良好的工作态度和较强的职业适应能力，提升学生的职业规划水平。综上，选择和设置现代学徒制课程内容应该充分关注学生的职业能力，以及与实际工作任务密切相关的基本职业知识，注意培养适应当前经济社会发展需求的职业个体，课程内容应具有高度的扩展性和复合性。

（四）课程实施：校企协同育人

在实施现代学徒制课程的过程中，企业专家要立足于学徒岗位，对其职业能力要求进行梳理，然后编制相应要求任务群，接着和职业院校教师一道，紧密围绕任务群提炼出需要掌握的实践和理论知识，通过整理和归纳，以任务为中心，把这些知识与能力作为核心，形成现代学徒制课程的方案，企业与学校都是制订课程计划的主体。同时，为了使人才培养工作更具针对性，课程实施采用企业为主、学校教学辅助的方式，以工作过程为中心，按照生产工艺需要展开工作，目的是使学生具有完整的职业行为能力，能够熟练运用企业的一流机器设备，并能在经验丰富的企业人员指导下提高职业技能。同时，学生可以深入了解企业文化，切身感悟企业的理念与宗旨，端正职业态度，强化职业认同。

（五）课程评价：注重发展性能力评价

课程评价就是在学徒完成一段时间的学习和实践之后，对学徒的能力变化进行考查。这种评价并非单一的对理论知识掌握水平的评价，而是要对学徒信息采集、信息处理、决策、工作落实、效果反馈等方面的能力进行综合性评估，并对其沟通表达、问题解决、信息技术等可持续发展能力进行评估。以专业能力为导向，建立一个以能力为基础的发展性评估体系，评价学生的工作胜任能力，关注学生的未来发展潜能，对其所具有的可持续发展能力进行评估，充分体现了对未来人才需求和发展的关注。现代学徒制的人才培养以企业对人力资源的需求为中心，以技术人员为主要评价主体，以学校指导教师为辅助评价主体，以社会第三方评估单位为外部评价主体，从不同角度保证评价结果的客观、规范与有效。

四、现代学徒制人才培养课程的开发

现代学徒制建立在工作系统之上，其课程结构和工作系统是相对应的，课程内容与工作任务相关。基于此，在开发现代学徒制课程前应该对工作任务进行分析，开发的重点在于课程的结构设计。根据这一原则，现代学徒制课程的开发主要包括职业岗位的分析、工作任务的归纳、课程内容的选择、教学计划的设计等。

（一）分析职业岗位，明确人才培养目标[①]

在课程开发的过程中，职业岗位分析无疑是关键的一环，开发主体主要是业内专家和专任教师，双方合作，共同组成课程建设小组，对市场和社会进行多元化调研，进而获得企业组织形式、职位岗位（群）、工作能力和用人指标等资料，对与某个特定的职业岗位（群）相对应的人才市场进行分析，从而明确毕业生的服务方向和职业人才培养目标。企业所需要的技术是动态发展的，预设的传统职业教育课程难以与企业发展实际相适应，如何把岗位技术转化成系统的学习课程体系是个难题，解决这一问题的关键在于确立自下而上的动态课程发展路径。确立这一自下而上的课程发展路径，可以从三个方面着手：（1）分析一线工作岗位对应的典型任务，如工作过程知识的积累、技术结构的分析、工作素养的培养等；（2）

---

① 吴海东. 职业技术教育中现代学徒制项目课程的开发［J］. 实验技术与管理，2016（7）.

分析工作过程中的所有要素，对工作领域中的知识能力进行分类；（3）把工作中应该具备的显性知识和隐性知识转换成学习项目，再按照职业发展规律和学习规则，将之组合为校本课程，最终建立起专业的课程体系。

（二）归纳工作任务，明确课程教学项目

在明确了人才培养目标之后，就要总结工作任务，由此进入课程结构塑造环节，在该环节，产业专家、专业教师是开发者构成主体。在职业岗位分析的基础上，将岗位工作要求作为重要前提，遴选更具有代表性的岗位任务，明确其中的代表性内容。必须对这些岗位任务所包含的学科知识进行教学化处理，将其设计为具体的教学项目，形成岗位任务分析表，并将其描述为具有教学价值的工作过程，以便让学生从实际的工作经验中汲取知识。

（三）选择课程内容，明确课程教学标准

以岗位任务为重要基础，基于学习项目课程，遵照科学性、情境性、人本性原则，对课程内容进行相应的明确，进而对相关学习项目进行二次开发，也就是将相关课程内容进行顺序化转变。开发主体主要包括课程研究人员、行业专家与教师，后两者起主导作用。科学性体现在将理论知识的获取作为核心目的，将课程内容放在学科系统中；情境性体现在以获取实践技能为目的，把课程内容放在行动系统中；人本性体现在把理论知识和实践技巧转化成个体能力，要求学习内容与主体能力培养相契合。课程内容顺序化即课程内容的取舍与排序，要求项目内容必须辅以情景性实践知识、科学理论知识，两者互相嵌入。项目课程内容应按项目内在的行动序列排序，注重理论知识和实践知识的结合，使学生的认知规律与项目自然形成的工作过程一致，最终形成课程教学标准。

（四）完善教学设计，明确教学实施计划

项目教学设计是课程内容的任务化过程，也是课程实施计划的具体要素。此环节的关键任务就是科学安排教学，并对教学条件如教材、教师、课时、教学场所与设施等，以及考核方法加以明确，开发的主体为专业教师和课程专家,其主要成果为课程教学实施计划。教学实施计划将工作与学习融合,不仅体现了工作任务的典型性、完整性、可操作性和可移动性,还体现了知识的结构性和系统性。学徒除了培养岗位工作能力外,还要掌握与岗位工作相关的能力,把所学知识与专业技术融会贯通。

第四节 现代学徒制的人才培养评价

一、现代学徒制人才培养评价的现状

我国对现代学徒制人才培养的评价,主要以政府为核心主体,通常是由政府或有关部门组成专家小组进行评价。学校、企业是现代学徒制的参与主体,也是现代学徒制质量评价的具体实施者。但由于评价主体相对单一,办学者既是教育实施人,又是教育评价人,很难做到客观和科学,也就很难发现现代学徒制在人才培养过程中存在的问题,并对其进行有效整改。具体而言,我国现代学徒制的人才培养评价主要体现在下面几点。[①]

(一)以学校自评为主

经过数年的探索,我国现代学徒制试点工作取得了一些成效,但也存在一些问题,其中最大的症结是学校在与企业合作的过程中仍然扮演"主角"。对现代学徒制人才培养的评价,部分试点组织将学校评价作为核心。以"成人立业"为价值目标的职业院校与以"经济利益"为价值目标的企业分别属于性质完全不同的组织,前者以追求文化资本为主,后者则以赚取经济资本为基础,并将其作为安身立命的根本。在现代学徒制下,职业院校与企业很可能产生价值要求的错位和现实利益方面的冲突。有些企业认为评价是学校的责任和义务,所以在参与评价时仅仅是"走过场",而把学生安全顺利完成实习任务作为终极目的,不对其学习过程和学习成果进行诊断和评价,只有学校参与相应的质量评价工作。

[①] 杨红荃,苏维.基于管办评分离的中国现代学徒制社会评价机制建构[J].教育与职业,2017(4).

（二）以企业评价为主

还有一种评价模式，就是将企业评价作为核心，这可以让企业更好地参与各项教育和实践工作。不过，企业在评价过程中更加注重的是结果性评价，也就是评估学徒的职业能力。在学徒进入企业之后，企业就将其视作储备劳动力，安排经验丰富的师傅来指导其进行技术方面的学习，等到学习期结束后由师傅来考核。此外，企业还会组建内部考核小组，对学徒进行综合考试，这种做法与传统学徒制的评价方式相似，都是由企业负责的。但是，这种评价方法对学徒不利，因为忽视对学徒综合能力的评价可能会导致学徒忽略其他素质的提升。因此，如果仅以企业作为最终评价主体，对学徒未来的职业发展是极其不利的。

（三）校企联合评价

校企合作比较充分的现代学徒制试点单位，即校企"双主体"育人单位，一般采用校企联合评价方式。学校与企业联手招生，合作培养学徒，由双导师团队为学徒制订专门的培养计划，并对其进行共同评价与管理。然而，由校企双方联合对现代学徒制下的各种活动进行评价，有可能会使质量监管系统缺乏科学性和有序性，即使发现了学徒制在运作过程中存在的一些问题和症结，也不能及时予以纠正与完善。

（四）第三方评价

经过数年分析，很多试点机构充分发现：仅仅由企业和职业院校来对现代学徒制的办学质量进行评价往往不够客观，还需要积极参考海外成熟经验，加大引入第三方评价的力度。如广东建设职业技术学院就成功引入行业评价机制，从而实现了"三元育人"机制，所谓"三元"就是职业院校、企业、行业；宁波城市职业技术学院与中德诺浩（北京）教育投资股份有限公司等进行合作，采用了学历教育与国际权威认证培训系统相结合的评价方式。尽管许多省市的职业院校已开始尝试引进第三方评价机构，但由于缺乏顶层设计和经验指导，难以确定统一的评价标准和判断模式，第三方的评价也很难发挥作用。

二、现代学徒制人才培养评价的机制

评价是检验质量的重要手段,科学的评价机制对提升人才培养质量有至关重要的作用。随着现代教育治理体系的构建、治理能力的不断提升,针对现代学徒制这一新型的政府、行业、职业院校和企业联动的人才培养模式,打造社会评价机制核心,能够促进社会、政府和职业院校的交流。

(一)现代学徒制人才培养评价的主体

在现代学徒制人才培养模式背景下,学生、家长、行业、第三方评价机构、企业、职业院校等都是评价主体。构建社会评价机制,就是以第三方评价机构、行业协会评价为主,用人单位、毕业生、家长等协同参与评价,评价主体不同,评价对象、评价指标及程序也存在差异。可通过政府或校企委托的方式,利用第三方评价机构对校企合作、职业资质等进行科学评价,并根据相应的评价结果加以改善。行业协会可以深度评价对应企业的参与频次,评价这些企业的参与资质、学徒在现代学徒制下的待遇、企业所应担负的职责、校企共同编制的教学目标与计划等;用人单位主要对毕业生的工作表现及能力做出客观评价;毕业生与家长可对毕业生知识技能在岗位的运用情况进行评价。以上评价构成了现代学徒制人才培养质量的综合系统评价。

(二)现代学徒制人才培养评价的标准

现代学徒制呈现的双主体培养、学生双重身份等特点,要求其评价标准也应多样化,评价内容应包括教学条件,如师资力量、教学标准与教学资源等。教学活动必须基于校企协商制定的教学内容与方案并有条不紊地开展,确保各工作事项都能满足相关标准和要求。教师要按照具体教学要求按部就班地授课,不能无序授课,确保教学任务按质按量完成。师资力量、教学资源等都必须很好地满足相关标准和要求。人才培养也必须更好地满足新兴产业的发展要求,强化区域经济的主导,制定产业发展密切相关的专业评价标准。此外,还要对教学活动是否合法合规进行科学判断,如教学活动参与各方的合法权益是否得到应有的保护,企业和学徒签署的合同是否满足法律规制要求，学徒的人身安全及其他合法权益包括福利待遇是否得到保障等。

（三）现代学徒制人才培养评价的方式

按照现代学徒制的评价标准、作用、主体差异，可以将评价方式细分成社会舆论、资质认证、职业资格认定等评价模式。首先是资质认证，主要是对校企主体的师资力量、教学设备与教学资源等进行评价，进而对校企的人才培养能力进行评价。其次是职业资格认定，主要是由独立的第三方评估机构或者行业组织来进行认定，这类机构一般结合学徒的技术技能习得情况、培养单位的能力与水平等，通过综合评判来确定其是否达到本岗位所需的职业标准，学徒通过专家机构的评估，就能获得相应的证书。最后是社会舆论，主要是指社会群体或者个体对现代学徒制提出相关意见与看法。该评价模式具有非官方属性、相对客观与真实等特点，但参与评价的是群体或个人，没有统一的评价标准和评价方法，评价较为分散和随意。现代学徒制人才培养的评价方式多种多样，各有其特点与优势。在现代学徒制人才培养过程中，可综合运用多种评价方式，扬长避短，在最大程度上保证评价结果的客观性与有效性。

三、现代学徒制人才培养评价的原则

现代学徒制的人才培养应该有多元的评价机制，既对学校和企业进行评价，也对学生和学徒进行评价。而且，对学校教师和企业师傅进行评价也是促进教学及导学质量提高的有效途径。有效的评价机制可以促进现代学徒制的健康发展，多元化的现代学徒制评价机制应遵循下列五个原则。

（一）理论评价与实践评价相结合

现代学徒制的目标是培养高素质的技术技能人才，现代学徒与普通工作者的区别是其具备一定的专业理论基础，具有更强的可持续发展能力。与学术研究型大学毕业生不同的是，现代学徒具有更强的实践能力，可以迅速适应工作岗位。基于此，现代学徒制的评价必须将理论评价和实践评

价相结合，保证毕业生既具有一定的专业知识，又能迅速适应工作环境。

（二）学校评价与企业评价相结合

参加现代学徒制培养课程的学生要同时扮演"学生"和"学徒"的角色——在学校学习理论，在企业学习实践操作，或交替执行，或阶段性执行。为此，在评价环节，学校主要负责理论考试，提供专门的学业标准，企业则负责实践操作考核，提供学徒标准，两者有机结合，避免理论和实践脱节，形成学校评价与企业评价相结合的评价体系。同时，将学校的评价结果与企业的评价结果进行反馈，有利于企业师傅和学校教师及时对课程内容、教学方式进行优化和调整。

（三）教学评价与导学评价相结合

现代学徒制评价体系具有全面性，因此必须对该教育模式不同环节的参与主体展开评价，不仅要对学徒进行全面性评价，还要对双导师进行评价。对前者进行评价，主要是关注他们是否愿意学习及学得怎么样；对后者进行评价，主要是对其教学内容、教学方法和教学质量进行评价。

（四）评价与激励相结合

评价结果的反馈，有助于展现现代学徒制的运行状况和工作成绩，也有助于推动现代学徒制的进一步实施，为改进与优化工作思路提供理论基础。评价与激励相结合，是提升教育教学质量的有效途径。通过奖惩激发现代学徒制运行的活力与效益，有助于向企业输送高技能人才，缩短学徒与岗位对接的时间，最终实现政府、学校、企业、学生等多方共赢。

四、现代学徒制人才培养评价的策略

不断提高人才培养质量是职业教育的永恒话题，现代学徒制人才培养作为一种新兴的职业教育人才培养模式，也应构建符合这一模式的评价体系。科学、客观和公正的现代学徒制人才培养质量评价体系，包括"为何评价""评价主体（谁来评价）""评价方法（怎样评价）"等，其中："为何评价"，就是要明确现代学徒制的评价目标；"谁来评价"就是要厘清评价的主体和客体;"怎样评价"就是要明确评价的主体方法、主体内容等。一般都是根据不同的评价内容主体,构建相应的评价主体指标体系,切实做到指标的多维度。

(一) 确定评价目标

科学的评价目标可以使评价的激励、培养、引导作用得到充分发挥。在明确现代学徒制人才培养质量的评价目标时,必须对其内适性、外适性及个性化给予高度关注。内适性具体就是利用评估来提升职业院校办学水平;外适性就是对职业院校所提供的教育服务进行客观评价,使其更好地满足社会和国家发展所需;个性化就是对学徒的个人完善度进行评价,涉及其工作习惯、能力等。评价目标必须以这三个层面为重要基础,客观展现现代学徒制的培养质量与完善度,并对其完善程度与完成情况进行分析,了解制约这一人才培养模式发展的主要瓶颈,进而采取有效措施,为现代学徒制的顺利发展保驾护航。

(二) 厘清评价主体

现代学徒制人才培养的质量评价主体应该是独立于教育发展者和接受教育者的机构和组织单位,它必须相对独立、客观和公正,以使其评价结果能更好地得到认可。现代学徒制人才培养质量的评价主体,根据专业评价指标建立相应的专业评价指标系统,然后在不同的专业评价指标系统中分别设置相应的专业量化评价权重,对不同专业的人才培养结果进行相应量化权重的评价,最终汇总分析各指标权重,得出对现代学徒制人才培养质量的一个终极价值评价。

(三) 明确评价过程

现代学徒制人才培养是一项系统性工程,对其培养质量进行评价必须做到以下几点。一是做好事前评价。可聘请有关专家组成专业委员会,开展现代学徒制人才培养方案的前期评估。通过定期举行研讨会,对现代学徒制试点的有关专业深入进行论证研究,不断修订和完善专业人才培养计划、课程教学和实习实训标准,为现代学徒制的规范和高效推进奠定基础。二是做好事中评估，包括对人才培养、软硬件资源配置的评估等，通过邀请行业、企业等的专家组建校外评估小组，定期或不定期地开展教学课程试听，提出相应的改进和完善建议，及时为人才培养质量问诊把脉。三是做好事后评价，通过建立完善、科学、有效的数据采集和数据处理机制，及时收集行业、企业、用人单位、毕业生和家长等参与主体的评价结果，在检查现代学徒制人才培养质量和效果的同时，将评价结果及时反馈给参与现代学徒制人才培养的相关人员，以便及时进行优化与完善，进而促进现代学徒制的健康可持续发展。

第五节　苏南地区现代学徒制人才培养创新案例

案例一

"五定"协同积极探索中国特色商贸类专业现代学徒制

（无锡商业职业技术学院　叶东）

一、背景

无锡商业职业技术学院为省属公办商贸类高职院校，主要培养具有一线组织实施管理能力的商贸技术技能实务人才。2008年，学校与红豆集团进行合作，推出了现代学徒制"千名店长培养"工程，店长在此过程中通过言传身教，向学生传授职业技能，奠定了现代学徒制的实施基础。2013年，学校作为全国商贸类院校的唯一代表承担教育部现代学徒制专项试点工作，两年后，正式被教育部评选为第一批现代学徒制试点单位。如今，学校已经有15个专业采用了现代学徒制培养模式，合作企业有21家，累计培养学徒1427名。在多年"订单式"和先行先试现代学徒培养经验积累的基础上，学院在现代学徒制试点中聚焦提升商贸人才培养质量和服务企业的能力，将职教集团化办学与现代学徒制育人进行高效结合，探索以职教集团为基础，充分体现商贸类专业特征和技术技能人才培养规律的现代学徒制"渐进式""五定"协同育人新模式，取得了显著成效。

二、做法

（一）发挥职教集团的合作功能，"五定"协同育人，创新商贸类专业现代学徒制人才培养模式

发挥职教集团的合作功能，明确校企合作主体，通过协议对相关方利益进行明确，厘定学徒权益等，通过多种方式进一步构造契合企业、教育集团利益的"五定"育人创新模式，这个模式具体表现在以下方面。

一是确定现代学徒制职业院校和企业两个主体，实现双元育人。学校与企业建立一体化人才培养机制，学生的基础知识部分由学校教师负责传授，学生的职业岗位实践操作和技术技能则由企业师傅负责传、帮、带。

二是签订三方协议，职业院校、企业、学生达成现代学徒制实施共识。基于校企、校生、企生，完成现代学徒制、学徒（学生）企业化管理等相关协议的签署，明确现代学徒制参与各方的权利和义务，共同探索商贸类专业现代学徒制的实践方式。

三是选定现代学徒制推进要素，实现教学环境、教学主体、评价方式、资格证书的校企对接。在培养学徒之际，对创新的教学模式、学制、学时进行探索，进而使店堂与教室、考核与考试、师傅与教师、证书与学历进行很好的融合。

四是厘清学徒基本权益，增强学徒学习动力。在3年学徒期内，这些学徒的身份就是企业的预备职工，企业要计算他们的工龄，要给他们提供奖学金。在他们实际到岗之后企业要给他们补发工龄工资，并缴纳这3年的社保费用。

五是锁定学徒培养流程，推行全程"六共同"制度化共育模式。校企共同制定学徒培养方案，共同建设课程体系，共同开展学徒培养，共同做好双师建设和管理，共同促进学徒职场发展。

（二）凸显学生学徒双重身份、学校企业双重主体作用，工学交替实行"渐进式"教学组织模式

学校开展的每个现代学徒制班均签署合作协议，从入学之日起就明确学生、学徒的双重身份。发挥学校、企业的双重主体作用，企业参与人才培养全过程，建立人才培养成本分担机制和校企共育机制，定期召开推进协调会，共同开发人才培养方案、组织考核评价等，基于岗位核心能力和知识，探索现代学徒制共同育人模式。学校与北京华恩集团合作共建"学校课程+企业课程"双线交织的课程体系，共享在线培训课程资源；企业投资320万元，与学校共建"在线商学院"，构建学校教育系统和企业培训系统相互支撑的融合体系。

以商贸人才培养规律为基础，根据合作企业的生产经营特点，学校和企业共同设计渐进式教学组织模式（图4）。学生入学后第一、二、三学期以学校教学为主，企业以企业导师在学校讲授企业植入课程的方式参与专业人才培养；第四、五、六学期以企业师傅带徒弟的学徒培训、学徒跟岗实习、学徒定岗培养为主，学校则以提供校方指导教师、讲授全流程专

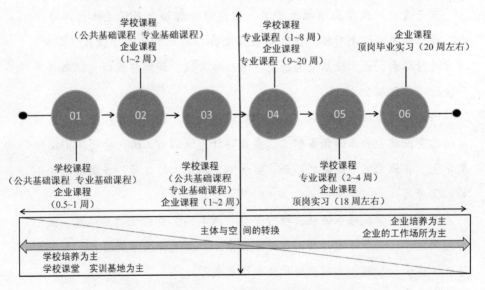

图4 商贸类专业现代学徒制渐进式教学组织图

业仿真实训课程的方式进行专业人才培养。这种模式弥补了学徒培养无法接触企业管理所有流程、无法了解高级职位管理工作的缺憾。

同时，因合作企业不同，现代学徒制班呈现出不同的"渐进式"培养方式。如与宁波星动力控股集团、红豆集团的合作是从第四学期开始整个学期进行学徒培训，但寒暑假学生照常休假。与洲际酒店集团、王品集团等合作的酒店管理专业则采用"淡进旺出"培养方式，淡季时，学生以在学校学习专业知识为主；旺季时，学生以参加企业生产经营活动为主，实现专业学习与专业实践的有效融合。学校在与各类企业进行现代学徒制合作时，充分考虑不同企业、不同岗位的工作要求，与企业一起量身定制现代学徒制专业人才培养方案，以期实现学徒制人才培养中企业、学校、学生获益的最大化。这种需求导向型人才培养模式，不同于国际范围内实施现代学徒制通行的日释、期释方式，是既符合商贸类专业人才培养特点，又契合合作企业生产经营、实际满足合作企业需求的"渐进式"教学组织形式，较好地解决了职教集团跨区域校企合作育人的实施难题，在具体的教学实施过程中取得了良好的效果，成为无锡商业职业技术学院商贸类专业现代学徒制人才培养的主要教学组织形式，也为现代学徒制的实施提供了中国方案。

（三）依托职教集团，遴选优质合作企业，共建"三线并进"的招生招工一体化机制

学校紧紧依托职教集团，遴选职教集团内洲际酒店集团、红豆集团等一批与学校有合作基础，并具有社会影响力、较高经济实力同时又支持教育、有学徒岗位需求的企业，与学校进行通力合作，使学徒制班级在批量需求的基础上，由过去的"一企一校"配对模式，进一步发展为小规模、小批量需求的"多企一校"组合配对模式，有效解决了现代学徒制实施过程中校企有效配对难、单一企业接纳学徒容量小的难题。

学校与集团内企业共同制定校企联合招生招工实施方案，推进现代学徒制招生招工一体化，校、企双方成立联合招生招工领导小组，主要负责

人任组长，下设双招专业与计划确定组、双招规程制定与宣传小组、双招纪检监察小组，共同推出校企联合双招实施方案，形成了招生招工一体化的"三线并进"机制。如与洲际酒店集团、创维集团、宁波星动力控股集团等企业合作，实行学校先招生、企业再招收相关学徒的方式；先后和隆达集团等企业进行合作，推动成教现代学徒制的试点，此时是企业优先招工，然后学校招生；与红豆集团合作，市场营销专业面向对口单招学生实行联合招生招工，在学校完成学生录取的同时企业完成准员工的录用。

（四）聚焦行业企业职业能力和标准，嵌入"复合能力培养"，着力构建现代学徒培养标准和职业资格体系

学校在充分研究论证基础上，依托职教集团内行业组织（如中国商业联合会）的牵头作用和同行企业的聚集效能，建立商贸类专业建设委员会，按照商贸类行业岗位任职标准，统一专业标准、课程标准和教学标准，将相关行业职业要求内化在专业课程和企业植入课程中，各专业引入的企业植入课程少则10多门，多则20~30门，既有短课程，也有长课程；既有岗位实践课程，也有企业文化传播课程；既有专业技能课程，也有职业素质课程；既有岗位操作类课程，也有管理技能提升课程。基于人才培养方案所明确的培养目标，以及就业岗位职业基础能力要求（如办公自动化、公文写作、信息管理等能力），职业拓展能力要求（如岗位迁移、创业等能力），职业岗位能力要求（如商业运营、市场开发、门店管理等能力），构建相关实践实训和理论知识体系，打造包括通识教育、职业基础、专业核心、职业拓展等在内的一体化课程体系。目前，这些专业都已完成相应专业课程的课程标准修订，连锁经营管理专业还完成了企业植入课程的课程标准制（修）订工作。此外，学校还与宁波星动力控股集团共同开设"时尚潮品鉴赏"课程，与红豆集团共同开设"门店经营管理"课程等，以培养和提高学生的职业迁移能力。

推行"1+X"职业资格证书制度，共促学校职业教育体系与职业资格证书体系、企业培训体系有机融合。现代学徒制班学生除必须具备学历证

书和专业技能证书外,还必须获得相关职业资格证书。学校与无锡囡囡网络科技股份有限公司共同制定了电子商务专业人才培养方案,要求毕业生除了必须持有基本应用能力证书和专业技能证书外,还必须获得电子商务专业所需的与未来职业方向紧密相关的证书,如阿里巴巴跨境电商初级人才资格证书等。为了给国家培养专业的国际化人才,使其更好地服务于我国的"一带一路"倡议,学校还大力培养适应海外生产经营的本土人才,积极支持合作企业"走出去"。如学校与红豆集团在柬埔寨西港特区联合开展涉外现代学徒制专业技术技能人才培训,设立相关通用语言类证书、法务证书、财务管理证书等考核项目,实现了学校职业教育与企业培训体系的融合。

(五)导师双向互兼互聘,共组现代学徒制教学团队

校企通过合作共同明确企业师傅的选聘标准,在此基础上选聘企业高管、行业专家担任企业导师,如聘请红豆集团总裁周海江、红星美凯龙集团副总裁张贤、宁波星动力控股集团总经理郘胜峰、无锡囡囡网络科技股份有限公司总经理杨川等全国劳模、知名企业家为学校兼职教授,同时还选拔了一批德才兼备、技艺精湛的企业基层一线管理人员作为企业师傅。推行校企双专业带头人制度,使每个专业都有相应的带头人,这些带头人主要是由技能专家、高管担任,如选聘红豆集团总经理徐信保为市场营销专业的企业专业带头人、宁波星动力控股集团总经理郘胜峰为连锁经营管理专业的企业专业带头人、无锡囡囡网络科技股份有限公司总经理杨川为电子商务专业的企业专业带头人等;洲际酒店集团等企业聘任学校教师担任企业发展战略顾问、专业培训师等,学校教师定期到企业开展实践锻炼、项目研讨和技术研发。

(六)探索"四个衔接",规范现代学徒制管理,共塑学生(学徒)职业精神与素养

通过股份制等合作形式与企业共建专业实训室,如与红豆集团合作建设红豆居家店,与爱迪尔集团在校内合作建设爱迪尔珠宝店,与苏宁集团

等企业合作共建跨境电子商务产业园等，按照企业运作和管理模式进行全真性的学生实岗训练，通过植入企业课程，实现企业文化、经营管理等对现代学徒制班学生的逐步渗透。探究"四个衔接"企业化管理模式，具体就是从文化、角色、管理、制度等方面实现有机衔接，共同明确学徒形象，推行相关礼仪，通过师徒结对和拜师等仪式，强化学生的职业意识和师徒关系。聘任现代学徒制班的企业班主任，由企业班主任带学徒班学生参与企业的各项活动（如由企业主办的各类年会、促销、会展、论坛等活动），以增强学生企业员工的角色意识，促进学生对企业的认同。如酒店管理专业与洲际酒店集团合作举行各种培训活动，选拔学徒到海外酒店实习，每年暑假组织学生夏令营活动，宣传企业文化，以增进学生对酒店的了解和认同，在活动中塑造学生的职业精神，提高学生的职业素养。经过集团内企业培养的学生，既可在该企业就业，亦可到集团内其他企业的相同或相近岗位就业，如现代学徒制红豆班的学生进入宁波星动力控股集团工作的不乏其人。这样不仅极大拓展了学徒的职业空间，为职教集团的人才培养共享和交流提供重要支持，还进一步拓展了学生的成长空间，使他们在就业方面能够实现横向协同，在职业的未来发展方面能够实现纵向贯通。

该职教集团针对有关专业的现代学徒制教学模式，先后推出了诸多管理方法与制度，如校企联合招生、实岗育人、教学质量、学生企业化、学生日常等的管理办法，此外还推出了校企双重考核意见、学徒培训管理意见等11项管理制度，详细规定了学生（学徒）的日常管理、学习、学分的获取、转专业、转学、休学等相关内容。校企联合制定以育人为目标的实习实训考核评价标准，建立学校、企业、行业专家等多方参与的学徒考核评价机制。学校与企业共同制定学徒企业权益保护办法，保障学徒的岗位安排、培训教学、薪酬待遇、人身财产安全等。同时，根据现代学徒制实践提出的新问题，动态优化制度，逐步形成从联合招生、成本分担、资源共享到共建共管、协同育人、评价考核的链条完整的现代学徒培养制度体系，有效管控了现代学徒制试点的实施过程。

三、成效

经过多年的探索和实践，学校成为教育部实用保险业人才培养培训基地，与京东、腾讯、红豆、洲际等一大批国际国内知名企业建成了紧密型合作关系；建成了一批特色鲜明、影响力强的商贸类专业，如市场营销、烹调工艺与营养专业获省高校品牌专业立项，电子商务、旅游管理等5个专业获省高水平骨干专业立项；人才培养质量和就业竞争力显著提升，初次就业率均在99%以上，4次蝉联"江苏省毕业生就业工作先进集体"，12个项目获全国职业院校技能大赛一等奖；为"一带一路"重要节点国家（柬埔寨）培养的现代学徒制留学生受到当地政府和用工部门的高度评价，学校被柬埔寨教育部授予"柬埔寨留学生教育基地"。

同时，现代学徒制班的留企率达60%以上，远远高于普通订单班的留企率。通过现代学徒制培养的学徒或者学生不仅有较高的实践能力，还有较高的职业素养，这些学徒能够以更快的速度融入企业，有显著的综合性优势。正因如此，这种培养模式得到了合作企业的垂青。2016年，学校通过现代学徒制培养的第一批毕业生很快走上合作企业的基层管理岗位，部分表现优异的学生甚至走上基层管理的关键岗位，如陈英杰、舒芳芳等同学已经成为企业发展的中坚力量。

学校开展商贸类专业现代学徒制人才培养实践探索起步早、工作扎实、成果丰硕，项目在推进之初就受到上级主管部门的重视和社会媒体的广泛关注，并多次接待兄弟院校来访交流，发挥了良好的辐射和示范作用。

学校现代学徒制试点经验作为典型案例，入选教育部现代学徒制典型案例，被江苏省教育厅《专报信息》特别刊发，两篇报道入选《教育部现代学徒制新闻案例汇编》。2014年以来，《中国教育报》《光明日报》等主流媒体对学校现代学徒制的实践探索连续跟踪报道100多次。"江苏教育行"专题采风活动在学校举办，新华网、央视网等近40家网络媒体专题采访学校现代学徒制的实践探索。2016年6月,时任教育部职业教育和成人教育司司长葛道凯专程来校调研现代学徒制的实践与探索工作。2016年12月,学校应邀出席教育部首批现代学徒制试点工作经验交流会并做大会经验介绍。2015年以来,学校先后在澳大利亚国际职业教育论坛、中法现代职业教育高峰论坛、中国-东盟产教融合论坛等国际论坛上分享现代学徒制的探索经验。

案例二

现代学徒制本土化创新与实践
——以德国"双元制"人才培养模式为例
(南京江宁中等专业学校 王小林、刘江华)

一、背景

2011年,学校和德国舍弗勒企业开展了"工业机械工"现代学徒制合作项目建设,并开设了专门的"舍弗勒班",对此班级主要运用德国"双元制"模式进行教学,逐步推进现代学徒制试点。在合作中,校、企双方严格按照德国"双元制"教学模式的要求,建立了以企业为本位的人才培养机制,确立了人才培养的标准和考评体系,校企双方师资互聘互用,定期开展产学研活动,积累了丰富的现代学徒制办学经验。

二、做法

(一)构建"双主体"的校企合作育人机制

学校推行的"双元制"人才培养模式,能够展现出"四个双元",具体对应是"校企""学生学徒""教师师傅""校企评价",分别为培养主体、学生角色、教师角色、评价体系这四个"双元"。此外,该现代学徒制试点还运用了"四个一体"模式,具体就是"多向技能""教学理实""实习就业""招生招工"这四个一体。

"舍弗勒班"采用典型的现代学徒制模式，校企通力合作，在招生、培养方面实现了校企联合。学校的招生和企业的招工都具有一体化特征，学生入学就等于进入工厂。企业按照舍弗勒企业的用工需求，明确招生计划，开展相应的招生宣传工作。而学生则在充分了解招生内容、招生简章等信息后自主自愿报名，通过企业面试和笔试之后，就成为该班级的学生。进入该班级之后，学生就有了两重身份，既是学生又是学徒。在具体学习期间，对学生采用企业管理模式，只不过学生没有薪酬待遇，其他方面与正式职工没有区别。学生成功毕业之后，就能直接进入该企业工作。

对于该班级的专业课程，采用理实一体化模式进行教学。如在舍弗勒企业内部建立专门的培训中心，对学生的基本操作技能进行训练。不仅设置了9大工种的实训场地（这些工种主要包括测量、车工、铣工、数控工等），还建设了理实一体化教室，实训场地与理实一体化教室紧密相连，便于理论与实践交替教学；师傅在工作现场就能进行示范，并注重学生的实践技能训练。学校还配置了专门的网络学习平台，便于学生进行线上、线下的交互学习和模拟操作。

（二）打造"双导师"校企混编的教学团队

双导师负责该班级的日常教学任务。为了提升双导师教学的效果，学校还完善了双导师的培养、选拔、激励机制，构建了校企共用互聘管理体系，并对双导师的待遇与职责进行了明确，还将企业实践、技术服务等纳入教师的考核内容，并将考核结果作为教师职务晋升的重要根据。

职业院校积极完善人才流动机制，使之具有更高的灵活性。校、企双方通过合作，推出专业建设激励、横向联合技术开发、双向挂职锻炼等制度。目前该职业院校的专任教师已经多达268人，其中双导师占比超过八成；校外兼职教师达到54人、专业教师达到32人，其余则是技师或者高级技师。

该合作企业的培训中心还积极聘用高水平的技能专家担任培训讲师，并派遣这些讲师和学校教师到更高水平的平台进行交流，提升他们的专业素养。此外，还大力加强师资队伍建设，完善企业的人才培养体系。

（三）建立"双融通"人才培养的教学模式和课程体系

因为采用"双元制"对人才进行培养，存在一定的特殊性，学校必须对过去的课程体系与教学模式进行重构。

该现代学徒制班采用的是小班教学模式，每一届总共建设两个自然班，每个班级30人。他们到舍弗勒企业的培训中心受训时，还要进一步被细分成3个班组，每组配置两位师傅，由这两位师傅对学徒进行专门的培训指导，师傅个性化跟踪指导学徒，进而实现因材施教。

学校与企业必须共同制订相应的教学计划，共同编制人才培养方案，将企业课程作为核心主体，企业课程要和学校课程密切融合。企业还要按照三年培训计划制定年度培养计划方案，并按照教学周设定实训计划。学校要密切融合企业培训计划，为该班级制定个性化的教学进度与内容。教师则要基于课程标准，优化相关的理论教学内容，使学校课程与企业课程更好地衔接。目前，该班级实践课和理论课的课时比例为7：3，培训课和理论课的教学采用交替模式。岗位培训和课程学习要进行无缝对接，使学徒能够更快地适应企业岗位。

（四）实行"一考双证"的考评并轨制度

"双元制"人才培养模式是以德国工商业职业资格证书为基础开展的培训，在三年的学习时间里，有关课程和教学计划的设置、培训的实施等都积极借鉴了德国的培训元素，而且还极具我国班组教学的特色。"舍弗勒班"参考德国行业协会教学大纲内容，相关教学内容也密切联系国际需求，根据德国工商业职业资格证书考评要求等，运用德国中期考试和毕业考试试卷，学徒在考取证书的过程中严格接受德国工商协会的监督。另外，学校还根据我国劳动技能鉴定机构的规定对学生进行现场评定，有效落实了"一考双证"。学生从"舍弗勒班"毕业之后，就能获得相应的中专学历证书，并获得劳动部门颁发的技能等级证书、德国工商业职业资格证书等。学生获得德国工商业职业资格证书后，就能得到全球德国企业的认可,并能优先获得工作机会。此外,舍弗勒企业每年还选派毕业生与教师代表前往德国总部开展交流活动,极大地促进了职业院校的国际交流,拓展了相关的交流渠道。

三、成效

(一)校、企、生多方实现共赢

利用"双元制"模式来对人才进行培养,不仅有助于学徒技能水平的提升,还能提升就业质量。从学校就业成果的调查可知,超过9.6成的学徒成功留在企业。舍弗勒企业在管理上较为规范,又能提供较为优厚的薪资福利,员工月工资超过5000元。企业也认为该班级的学徒在综合素养、技能、忠诚度等方面都优于社招员工,同时还降低了企业的运营成本,这就意味着该学徒班为企业提供了宝贵的人才支持,其价值与效果十分突出。对于这所职业院校而言,"双元制"人才培养模式极大提升了课程改革水平,学校相应加大了实训基地的建设力度,校企合作也日益深化,人才培养与市场需求高度契合,学校的声誉、效益也获得了显著提升。

(二)教师技艺水平有效提升

该班级学生的实操教学,主要是由企业师傅来进行主导,当然,职业院校也会配置专业教师积极参与,构建"双师型"教学管理团队。通过"双元制"培养模式,相关教师的教学方法、教学理念都有了很大的提升。此外,教师长期和舍弗勒企业接触也受到这家企业的文化影响,并对工匠精神也有了更为深刻的认知,这对他们的职业精神塑造也起到了很好的引领效果。那些原先采用学校教育模式的教师也受到很多启发。一些教师在教学之余,还通过自身努力获得国际资格证书,实现了"一岗多证"目标。

(三)教学改革取得突破性进展

该"双元制"人才培养模式始终实行小班化教学,这样就更便于在实际教学过程中对学徒进行个性化指导,进而实现因材施教。校企联合对企业课程与学校课程进行体系化建设,以企业培训课程为核心,对学校的专业理论与文化课程进行优化与重构。在教学上，采用工学交替教学模式，企业课程与学校课程无缝衔接，交替进行教学，学生在接受两周时间的企业实训课程教学之后，再到学校接受两周的理论与文化课程教学。经过多年实践，职业院校已经逐步打造出适应这种教学模式的"双师型"队伍，能够对整个教学过程进行系统化重构，并根据机械制造岗位要求，成功开发出加工中心操作、德国工商业职业资格考试培训等7大类校本课程。这些努力极大地促进了学校与企业的深度融合，显著提升了"双元制"人才培养质量。

（四）合作办学开辟了新路径

目前该职业院校所运用的"双元制"培养模式，以德国工商业职业资格证书为主导，进而对有关课程内容进行设置。在这三年的时间里，教学培训的实施、计划和课程的设置，都紧密围绕这个证书的考试来进行。实际上，成功毕业的学徒超过九成都获得了该资格证书，这意味着相较于其他专业的学生而言，这些学徒可以优先进入德企工作，包括出国就业与交流等。发展至今，舍弗勒企业已经派遣多位学徒与教师到海外观摩学习和交流。因此可以说，校企合作有效拓展了该校的国际化办学路径和职业院校的国际合作渠道。

第五章 现代学徒制的师资队伍

职业院校与企业共同组建教学团队，是我国现代学徒制建设的一项重要任务。建立健全现代学徒制的双导师团队，既有利于提高职业院校专业教师的实践能力，也有利于提高企业师傅向学徒传授技术经验的水平，从而提高学徒培养质量。本章主要是围绕双导师团队建设来阐述。

第一节 现代学徒制的双导师团队概述

一、现代学徒制双导师团队的内涵

现代学徒制双导师团队是指学校导师与企业导师为高质量完成现代学徒制的人才培养任务而形成的师资组合，双导师团队可以充分发挥学校导师的理论教学优势和企业导师的实践教学优势，从整体上实现现代学徒制师资配置的最优化。

（一）学校导师

学校导师主要开展理论课和基本技能方面的教学，他们有着基础性的实践能力，可以和企业师傅合作，对人才进行高质量培养。2013年，教育部正式发布《中职学校教师专业标准（试行）》，其中就对中职专业教师的能力提出了明确要求。学校导师必须具备以下方面的能力：一是具有先进理念和高尚师德，具有表率性，能够立德树人，尊重和关怀学生，在教学环节关注学生的综合性发展；二是具有相应的专业知识，对技能型人才的发展规律有着深入的理解，能够深入理解与专业相关的职业标准与资格，了解职业发展、职业知识体系，对课程理论体系十分熟稔，拥有一定的实践能力，掌握必要的信息化技术，并能较好地应用于日常教学；三是具有适应教学需要的专业能力，能够基于最终的培养目标制订与之相契合的教学计划，在以职业岗位为基础的工作过程中能够对教学情境和教学过程进行科学设计，借助现代教育技术推行行动导向教学，并对学生进行科学的评价。另外，还要能够根据教学工作实际需求与问题，开展具体的教学研究。

从现代学徒制的试点经验来看，学校导师必须肩负起校内教学任务，并将基础技能训练任务、理论教学作为核心，为此，在素质要求层面，学校导师必须突出理论教学的主导性，将实践教学作为很好的辅助。

（二）企业导师

企业导师是指对技术发展规律、技能人才成长规律有着深入理解的企业高水平人员，他们拥有一定的培训与教育能力，不仅能够履行在企业的本职工作，还有一定余力对学徒进行全面化指导。因为国内实施现代学徒制试点工作的时间并不长，在规模上也比较小，企业导师资源还处于发展阶段，符合"双师型"标准的企业师傅更是稀缺。对德国"双元制"运行情况进行分析可知，企业导师的主要特点体现在：不仅拥有培训学徒相关技能和知识的能力，同时还具备劳动与职业教育能力；能够在自身技术领域独立实施培训计划，并能对这些计划进行落实与控制；熟知企业运作流程，并能以工作流程为重要导向，向受训人员积极传授相关专业技能；能够熟练运用理论与实践考试手段，对学徒进行科学评价。由上可知，企业师傅是典型的复合型人才，兼有实践和理论教育能力，在知识广度、自身品德、能力范围方面，要比普通高技能人才有着更高水平的要求。

通过对国内现代学徒制试点经验的总结可以知晓，企业师傅的地位十分重要，是双导师资源建设的重要主体。总体而言，企业导师主要负责实践方面的教学，即基于具体工作，有针对性向学徒传授技术技能，并指导学徒通过大量的实践，更加熟悉企业工作流程。

（三）双导师团队

现代学徒制对师资力量提出了更高的要求，要更好地开展现代学徒制教育，就必须打造专兼融合的双导师队伍。双导师队伍的内涵体现在：第一，师资团队是由企业师傅、职业院校教师共同构成；第二，在综合素质方面，双导师队伍兼具专业实践能力和丰富的理论知识。职业院校教师本身就具备一定的教学教育能力和相关知识，能够科学把握理论知识的教学，然而其专业实践能力相对较弱，很难对学生的实操技能进行很好的指导。而企业师傅则能够有效提升学徒的实践能力，有效弥补职业院校教师在此方面的缺憾。不过，企业师傅往往缺乏教学经验，在人才培养的责任感方面也相对较弱。加强学校教师与企业师傅的协作，共同构建双导师队伍，有利于发挥各自优势对学生进行科学指导，使理论教学和实践教学有效结合，帮助学生科学掌握专业知识和技能。

二、现代学徒制双导师团队的选拔标准

（一）学校导师的选拔标准

学校导师的选拔标准一般为：工作经历满3年，年龄25~50周岁，身心健康，具有大学本科及以上学历或中级及以上专业技术职务，具有相应的职业资格证书，有良好的职业道德，责任心强，有企业实践经历，业务基础扎实，教学水平高且具有一定的课题研究、课程开发与实施能力。具体标准如下：

1. 工作经验丰富

学校导师必须具有丰富的工作经验，对行业、企业日后的发展有着更为精准的把握，能够在双导师队伍建设方面发挥重要作用。在理论教学过程中，能够对相关课程内容进行科学规划，最大限度地将实践和理论进行密切融合，并吸纳企业师傅参与实践授课。

2. 熟悉并愿意承担校企合作工作

这是学校导师与企业师傅通力合作的前提。在现代学徒制体系中，需要学校导师与企业导师在理论和实践教学环节对学生进行全程指导，双方必须专业能力足够扎实，才能很好地合作。学校教师必须与企业导师进行

积极的交流与协作，才能制定有助于人才培养的教学方案。

3. 具有相关专业的教学能力

学校导师重点负责理论知识的教学，因此必须具有一定的专业教学能力，在开展理论教学时，提升学徒的职业素养，开发他们的综合素质。基于此，在选拔学校导师时，应提升专业对口属性，亦即教师教学的专业必须与自身专长密切相关。

（二）企业导师的选拔标准

企业导师的选拔标准主要有：从事职业院校教学工作在5年及以上，具有中级及以上资格的企业员工，有良好的职业道德和奉献精神，有较为丰富的管理经验。以下为具体标准。

1. 有在大型企业工作的经历

从发展的角度来分析，中小企业规模有限，缺乏相应的稳定性，中小企业的师傅在工作经验上也颇为有限，很难担负起导师工作职责，而且到中小企业选聘师傅担任导师也会增加企业成本。基于此，企业导师最好到大型企业管理层和优秀的技工中选拔。

2. 具备较强的业务能力和实践水平

企业师傅必须具有丰富的岗位经验，有较强的业务能力，能够对不同问题进行灵活处理，愿意将自身的经验传授给学徒。还必须拥有较强的岗位任职经验，能够立足于企业发展需要，与学校导师共同制订培养计划，实施培养方案，并能够针对现实情况调整培养计划。

3. 具备较强的社会责任感

在现代学徒制模式下，学生就是企业的学徒，他们在完成岗位工作的同时还必须完成相应的学习任务，在工作时间上缺乏相应的灵活性。从心理层面来分析，很多学徒还不能适应企业工作环境。基于此，企业导师必须具有较强的社会责任感，能够深入理解学徒，与学徒进行深入细致的交流，从而帮助学徒更快地融入企业，完成学徒到员工的过渡。

4. 能够服从学校的管理规定

在现代学徒制下，学徒虽然兼具职工与学生身份，但是他们在学习内容、学习时间方面还是要遵守职业院校的管理要求。基于此，企业师傅不能将学徒当作普通员工来进行管理，还是要遵照学校的相关规定。而且企业导师受聘于学校之后，也更有责任按照学校要求来对学徒进行考核，与学校导师合作，共同完成现代学徒制的人才培养工作。

第二节　现代学徒制的双导师团队建设

一、现代学徒制双导师团队建设的现状

（一）师资队伍比例不合理

当前，职业教育要全面开展现代学徒制，就必须积极建设相应数量的双导师队伍。由于职业院校教师与企业师傅同等重要，这两类教师的配置比例就必须具有合理性。然而，由于当前校企合作的深度还不够，虽然职业院校十分积极主动，但是企业的积极性相对而言并不高，不少企业考虑到自身的经营成本等，不愿意派遣优秀的企业师傅参与人才培养，因此，在当前的双导师队伍中，职业院校教师占比较大，企业师傅的数量明显不足。

（二）双导师团队岗位实践能力不足

虽然职业院校已经建设了专门的双导师队伍，但是这些导师对工学交替、双主体育人、岗位培养等的内涵缺乏深刻的理解，具体表现在以下方面。第一，学校导师自身缺乏良好的实践能力。当前职业院校教师基本上没有参与过企业一线工作，他们没有实际项目的实践，缺乏良好的企业岗位能力。不少教师对基于现代学徒制的教材、教学方法缺乏深入理解，在备课、岗位训练、课程开发等方面存在不同程度的困难。第二，企业导师的教学能力相对欠缺。这些师傅本身没有受过专门的教师职业能力训练，有的师傅甚至没有参与过职业教育，他们在学徒管理、实践教学等方面的

能力表现得比较弱。

（三）双导师团队协同教学不够

促进现代学徒制发展，要求职业院校教师与企业师傅在教学上必须做好配合工作，不同岗位的教师，除了做好自身的教学工作之外，还要注重交流，让学徒既学好理论知识，又学好实践知识。一方面，学校教师要通过交流更好地获取实践经验，使自身的理论知识与相应的岗位要求进行密切融合，从而满足企业需求；另一方面，企业师傅要进一步将实践知识升华成理论知识，加深对实践经验的认知，进而增强培养学徒的针对性。可是当前并没有打造出良好的交流平台，这两类导师还缺乏深入了解，在教学上的协同性也就相对较弱，现代学徒制教学模式的优势也就没有得到较好的发挥。

（四）缺乏职教师资保障机制

当前，职教的社会认可度不够高，政府投入职教方面的生均经费也显著低于普通教育，职业院校的资金可谓捉襟见肘。相应地，职业院校教师的薪资、社会地位相较于普教教师也略低。职业院校的生源质量不理想，教师的教学难度较大，高教学难度和低报酬水平导致很多职教教师教学效能感不高，不注重自己的教学能力提升。同时，相对低的报酬、相对低的社会地位使职业院校很难选聘到优秀的企业技术人员担任兼职导师，职教教师队伍人才流失严重，双导师教师队伍建设面临现实的挑战。

二、影响现代学徒制双导师团队建设的因素

在实施现代学徒制过程中，虽然职业院校将双导师队伍建设作为自身工作的关键，然而，这类教师队伍的建设需要一个较长的过程，而且还会受到诸多因素的影响。

（一）校企协同育人平台的完善程度

在现代生产组织管理模式下，扁平化管理、精细化生产已经成为主流趋势，企业对技术技能人才的要求也越来越高，并且突出强调职工的解决

问题能力，而这种能力只有通过大量的实践才能逐渐掌握，仅仅依靠职业院校理论教学是远远不够的，它需要师傅的传、帮、带，以及学徒的积极模仿，并需要通过实践来领悟，需要借助校企合作育人平台来强化。在现代学徒制教学体系下，学校起到了核心作用。原因有三：第一，政府不能有效发挥对现代学徒制引导功能。第二，企业是追求利润的经济组织，对校企合作投入和职教师资队伍建设往往不够重视。第三，职业院校在校企合作的制度建设方面不够完善，在管理方面不够灵活，双导师队伍建设因此得不到很好的管理，企业主体意识也较为欠缺。

（二）学校教师企业实践及企业师傅教学培训的积极性

学校教师与企业师傅各自的局限性使得双导师团队建设面临一定的困难。第一，学校教师在实践方面缺乏主动性，或者在参与企业实践时，没有相应的计划、目标等，在具体的实践过程中处于相对被动的地位。第二，企业师傅更加关注自身技能水平的增长，在培养学徒方面缺乏主动性与责任心，而且他们本身也缺乏相应的教学理念与方法。

（三）相应保障制度的建立健全

双主体培养模式无疑是现代学徒制的关键性特征，现代学徒制的人才培养需要企业从人力、物力、财力等方面提供支持。但在具体实施过程中，企业没有形成较为完善的制度来保障参与现代学徒制师傅的切身利益，也缺少相应的奖励激励措施。学校在教师提升实践能力方面的制度设计比较空泛，配套政策不细，保障措施不力，难以有效解决教师在提升实践能力过程中遇到的实际问题，教师对提升实践能力有心无力，裹足不前。

三、现代学徒制双导师团队的培养路径

现代学徒制双导师团队的培养主要运用"互聘共培"模式，其中"互聘"是指学校聘用企业骨干为企业师傅，负责对学徒进行传、帮、带，而企业则聘用职业院校的骨干教师为校内导师。"共培"是指学校聘用企

业师傅，提升他们的职业教学能力；企业则对职业院校教师的岗位技能进行科学培养，增强职业院校教师的岗位实践能力。

（一）学校导师的培养

学校导师作为现代学徒制双导师教学团队中的一元，担负着提升现代学徒制人才培养质量的重要任务。可以从企业岗位的实践认知和实操技能的具体学习这两个方面来提升学校导师的岗位实践能力。首先，学校导师应深入企业，向企业导师学习并熟悉企业生产流程、企业岗位实践技能和岗位成才的培养需求等，着力提升岗位实践能力；其次，学校导师作为校企合作的主要参与者，应与企业导师加强沟通、相互学习，共同成长。此外，学校导师还要对自身学历水平进行相应的提升，进一步提升自身的职业技能与素养。

（二）企业导师的培养

培养企业师傅的执教能力，关键在于深化其对现代学徒制理论的理解，丰富其教学管理经验，促进其掌握相关的教学方法，积极建设教学资源。为此，一方面职业院校应组织优秀教师到企业为企业师傅开展执教能力培训，通过教学经验座谈会、专题讲座等形式，让企业师傅对职业院校学生的学习、心理特点进行深入了解，从而提升其教学能力。另一方面，企业要积极组织师傅到职业院校进行短期培训，同时职业院校也要为这些师傅开放优秀教师的课堂，让这些师傅通过观摩来丰富自身的教学经验。另外，校、企双方主体还可以让优秀的学校教师和企业师傅结成对子，帮助企业师傅显著提升教学能力。

四、现代学徒制的双导师团队保障机制

只有政府、行业、企业和学校协同推进，才能有效发挥现代学徒制双导师团队的优势，从而保障现代学徒制的有效开展。

（一）政府应建立和完善双导师准入及保障机制

一是建立和完善导师准入机制。针对双导师队伍的专业技术职称、学

历、职业资格等硬性条件，制定相应的实施细则，明确其具体"门槛"要求。二是建立双导师发展保障机制。政府相关部门出台相关政策和措施，如每年从发展职业教育的财政资金中拨付一部分资金用于学徒师资补贴等，以鼓励更多优秀教师和技术精湛的企业师傅投入双导师队伍发展行列。

（二）学校应建立双导师互动平台与经费投入机制

一是建立双导师交流互动平台。在现代学徒制实践环节，企业师傅、学校教师必须融为一体，建设综合实力较高的双导师队伍。学校利用互联网，构建专门的微信群等互动平台，方便教师与师傅交流。二是加大导师制建设资金投入。其一，学校要积极投入资金，优化教学设备配置，便于学徒通过实践来掌握技术；其二，职业院校要对旗下教师进行强化培训，为他们的主动进修提供经费支持，不断提升其理论水平与实践能力，并对培养学徒表现出色的教师给予相应的奖励支持。

（三）企业应建立健全导师激励机制及校企深度合作机制

一是构建完善的激励机制。企业要选拔技能水平高的员工，将其升级为师傅。与此同时，还要完善激励体系，针对企业师傅设立专项基金，激发更多的企业师傅主动加入双导师队伍。二是企业要与职业院校深度合作，并使合作机制有效化。只有实现深度合作，学徒才能了解企业工作流程、充分掌握技术技能，才能有更强的适应能力。

（四）应建立健全校企互聘共用及考评机制

一是建立互聘共用机制。职业院校和企业无疑是双导师的聘用主体，必须紧密结合人才培养方案，构建科学的聘任计划，并根据双导师的选聘标准，对相应人选进行审核，审核通过之后，校、企双方还要和双导师签署正式聘用协议，并授予聘用证书，证书的时间效力一般是3~4年，保证每个批次的学徒培养任务都能很好地完成。职业院校和企业必须积极建设专门的发展平台，如名师工作室等，激励双导师积极参与两个参与主体的科研项目，不断完善双导师的互聘共用制度。

二是建立考核与评价机制。这两个机制不能形式化，不仅要体现评价主体的多元性、专业性，还要强化导师与学徒的评价话语权。职业院校和企业都是考评主体，学徒、专家则是第三、第四评价主体，由这四个主体对导师工作进行科学评价。首先，必须严格按照教师考核方法，对学校教师的教学成果、企业实践和服务等进行专门考核。学校则基于这些考核成果，对学校教师的工作绩效、职称晋升进行科学管理。其次，必须严格按照岗位技能、兼职教师考核方法，对企业导师肩负的教学任务、带徒情况进行动态考核，并将实际考核结果作为职业资格晋升、核发工资的重要数据支持。根据考核结果，通过校企协商，对不满足要求的导师可以终止其参与现代学徒制的资质。

第三节 现代学徒制领军教师的培养

现代学徒制领军教师是在现代学徒制领域具有较强的教育教学、管理和科研能力，得到业内专家学者和同行的认可，对现代学徒制某个领域或人才发展做出卓越贡献并处于领先地位，推动现代学徒制发展的杰出人才。现代学徒制领军教师是现代学徒制教师队伍的带头人，是现代学徒制持续稳定发展的重要保证。

一、现代学徒制领军教师特质分析

（一）业务水平高

业务水平高是现代学徒制领军教师的首要特质。这里的业务水平主要包含两层含义：一是指领军教师自身的业务能力，以及构成业务能力的知识体系、学习经历和个人品行；二是指在职业教育教学和科研中，凭借丰富的学识、进取的精神，在现代学徒制领域取得卓越成就。能成为现代学徒制领军教师，必定有过硬的业务能力和领先于领域内其他成员的业绩。

（二）领导能力强

所谓领军，多比喻在某领域能起领头作用。因此，现代学徒制领军教师一般拥有较强的领导能力，敢于担当，能充分发挥队伍领头羊的作用。一方面在其领导的团队中，能够利用自身的吸引力、凝聚力和感召力使被领导者产生心理认同，心悦诚服地紧密跟随。另一方面，能够凭借崇高的职业操守和卓越的领导才能，影响团队成员，促进自身和团队共同发展。[1]

（三）创新意识浓

现代学徒制领军教师接受过专业系统的学术教育和学术训练，掌握广博的知识，具有较强的创新能力，往往能够敏锐洞察现代学徒制领域的发展趋势，把握机遇，积极创新。在现代学徒制的转型时期，领军教师必须利用多方资源，不断创新，创造优质成果，推动现代学徒制的改革发展。

（四）心理素质硬

领军教师通常理想信念坚定，对事业目标有着明确的追求。他们个性坚忍、意志坚定、果敢自信，在本职工作中能够独立思考、独立判断，不受他人左右，能够耐住寂寞、抵住诱惑，经受困难考验，绝不轻言退缩。也正是基于过硬的心理素质，领军教师才能不断勇攀高峰，多出成果，多做贡献。[2]

二、现代学徒制领军教师的培养原则

（一）公平性原则

这里的公平性原则是指职业院校公平公正地选拔和培养现代学徒制领军教师，最大效能地发挥领军教师的引领作用。领军教师是现代学徒制持续稳定发展的重要保证，在领军教师的培养上坚持公平性原则，不仅是对

---

[1] 李燕，肖建华，李慧聪. 我国科技创新领军人才素质特征研究 [J]. 中国人力资源开发，2015（11）.

[2] 宋成一，王进华，赵永乐. 领军人才的成长特点、规律与途径：以江苏为例 [J]. 科技与经济，2011（6）.

领军教师价值的充分肯定，也是提高现代学徒制核心竞争力的根本所在。这里的公平主要体现在：

1. 顶层设计公平。在制定领军教师相关培养制度的顶层设计中，尽量减少资历等主观性标准，力争从领军教师的工作实绩和胜任能力出发，合理规划系统培养方案。

2. 机制运行公平。在建立相关培养制度后，职业院校要在领军教师培养机制运行过程中公平地落实相关标准，保障制度落到实处。

3. 评价公平。职业院校所制定的领军教师培养制度必须能够对领军教师的作用和贡献进行客观公正的评价，避免主观随意性。

（二）竞争性原则

竞争性原则是培养现代学徒制领军教师的必要条件。领军教师是现代学徒制发展中的稀缺资源，其所创造的是具备前沿性、领先性的高价值成果。这就要求职业院校在教师培养对象的选拔上宁缺毋滥，坚持高起点、高标准的原则，以品德、能力、业绩为导向，科学设计遴选条件和遴选程序，在培养初期就通过竞争途径遴选出真正有潜力的骨干。同时，通过评价监督体系，淘汰不能胜任本职工作的培养对象，使教师在竞争压力下不断激发潜能形成自身特色和优势。

（三）长期性原则

现代学徒制领军教师并不是一朝一夕形成的，而是历经长期的培养、实践，艰苦奋斗，刻苦钻研，在本领域内积累开拓出来的。领军教师的成长一般都要经历"潜人才""显人才""领军教师"这三个基本阶段，决不能奢望一蹴而就。职业院校要充分考虑领军教师的成才特点，将领军教师的培养作为长期目标，树立终身教育的理念，制定培养周期适宜的方案，持续稳定地进行培养。只有坚持不懈地在长期实践过程中积累经验，现代学徒制领军教师各方面的能力和素质才能得到真正提高。[①]

[①] 何泉，吴田. 科技创新领军人才培育机制与模式研究［J］. 科学管理研究，2015（3）.

三、领军教师成长影响因素的调查研究

（一）问卷量表指标的编制

本研究主要采用问卷法开展调查，目的是探索现代学徒制领军教师成长影响因素，构建现代学徒制领军教师培养体系。问卷量表指标的编制以文献研究为主，以"现代学徒制领军教师"为关键词，在中国知网数据库进行全文检索，经阅读分析后，筛选出与领军教师成长影响因素相关度较高且影响因子较高的文章作为研究素材，通过归类分析，去除与本研究无关的词汇，选取一些出现频次较高的影响因素作为备选题项。经专家小组讨论，抽取4组影响关键词作为此次调查问卷的量表指标，即"家庭""学校""环境""个人"等四个维度，本文试图从这四个方面提取出影响领军教师成长的因素。

（二）调查问卷的设计

调查问卷的内容主要针对个人基本信息、领军教师能力获得、工作基本情况及状态、职业能力评价等情况进行设计，根据编制的量表指标，采用5级量表方式，结合文献，将"家庭""学校""环境""个人"这四大维度细分成37项影响因素的评价指标。其中"家庭"方面（A）包括家庭经济条件、家庭教养方式、家庭成员关系、家庭氛围、家庭支持度等5个评价指标；"学校"方面（B）包括教学科研工作、资金平台投入、校园氛围、师生关系、学校政策、校内团队等15个评价指标，"环境"方面（C）包括政府、企业、社会内外部投入等7个评价指标，"个人"方面（D）包括个人学习经历、知识结构、个人品格等10个评价指标。每个指标分别设置"非常重要""非常不重要"等5个重要程度递减的选项，并分别赋值为5分、4分、3分、2分、1分，通过样本评测，计算出影响现代学徒制领军教师成长的因素。

（三）调查问卷的统计

调查问卷选取的样本为江苏省现代学徒制领军教师培养对象、江苏省职业教育名师工作室成员，通过网络调查方式填写问卷。此次统计共回收

答卷 141 份，其中有效答卷 127 份，问卷有效率约为 90.07%。对回收后的问卷数据，采用 SPSS 分析软件进行统计分析。

四、领军教师成长影响因素的实证分析

（一）影响领军教师成长因素的因子分析

1. 效度分析

对初始问卷进行效度验证，这是进行影响因子分析的先决条件。如表 2 所示，采用巴特利特（Bartlett）球形检验法，检验出的 Sig. 值为 0.000，在该数值小于 0.05 的情况下，样本适合分析。其次，样本获取的 KMO（Kaiser-Meyer-Olkin）指标的数值为 0.819，一般该指数大于 0.8，即表明因子间的相关性较强，适合做因子分析。

表 2　KMO 和 Bartlett 检验

取样足够的 KMO 度量		0.819
Bartlett 的球形检验	近似卡方	2235.124
	df	666
	Sig.	0.000

2. 信度检验

对影响因子进行内部一致性信度分析可以反映其真实程度。一般而言，Cronbach' Alpha 值大于 0.8，就表明问卷题项信度很好。如表 3 所示，量表中的信度系数 Cronbach' Alpha 值为 0.902，表明本问卷中的影响因素设置合理，表述清晰，评价结果可信，可以进一步对数据进行分析研究。

表 3　信度检验

Cronbach' Alpha	项数
0.902	37

3. 探索性因子分析

探索性因子分析可以将具有错综复杂关系的变量综合为少数几个核心

因子，以便于得出研究结论。具体来说，就是通过主成分法，将初始特征根大于1的因子旋转后提取出来，从表4的成分得分系数矩阵可以看出，旋转后筛选出6个因子，累计方差解释率超过70%，说明所筛选的6个因子可以相对准确地解释绝大部分假设变量的信息。[①] 经过分析研究，本文将这6个公因子解释为政府引导、个人品格、家庭氛围、工作环境、教育经历、学校政策这6个因素。

表4 成分得分系数矩阵

影响因子	政府引导	个人品格	家庭氛围	工作环境	教育经历	学校政策
A1	-0.054	0.016	0.044	-0.036	-0.048	-0.053
A2	0.024	0.022	0.300	-0.115	-0.041	-0.067
A3	-0.037	-0.047	0.335	-0.005	0.042	-0.029
A4	-0.010	-0.080	0.382	-0.056	0.055	0.024
A5	-0.041	-0.028	0.254	0.203	-0.064	-0.054
B1	-0.019	0.031	-0.014	-0.113	-0.071	0.016
B2	0.021	-0.042	-0.057	-0.147	0.035	0.244
B3	-0.024	0.005	0.010	-0.063	-0.052	0.299
B4	-0.026	-0.031	-0.045	0.035	-0.026	-0.042
B5	-0.053	-0.021	-0.026	0.387	0.040	-0.144
……	……	……	……	……	……	……
D5	-0.079	0.234	-0.046	0.010	0.005	0.010
初始特根值	9.727	3.081	2.252	1.889	1.703	1.498
累计方差解释率	26.289%	40.704%	54.457%	61.479%	67.714%	70.537%

提取方法：主成分。

旋转法：具有 Kaiser 标准化的正交旋转法构成得分。

（二）影响领军教师成长因素的权重分析

为了进一步检验这些公因子对领军教师成长影响的大小，本研究采用变异系数法对提取的公因子进行分析，具体方法如下：首先，采用变异系

[①] 苏津津，李颖. 影响科技领军人才成长的关键因素分析：基于对天津市科技领军人才的实证分析 [J]. 科技管理研究，2013 (8).

数法确定调查问卷所设计的 37 个影响因子的权重系数；其次，采用加权平均的方法确定提取的 6 种公因子的综合评分。影响因子变异系数的计算公式为：

$$Vi = \frac{\sigma i}{Xi}$$

公式中：Vi 表示第 i 项因子的变异系数；σi 表示第 i 项因子的标准差；Xi 表示第 i 项因子的算术平均值。

各因子权重的计算公式为：

$$Wi = \frac{Vi}{\sum_{t=1}^{n} vi}$$

因此，37 项影响因子的评分如表 5 所示。

表 5　影响因子权重评分

影响因子	标准差	平均数	变异系数	权重	综合评分
A1	0.90	2.44	0.37	0.06	17.77
A2	0.81	3.89	0.21	0.03	16.03
A3	0.66	4.35	0.15	0.02	13.10
A4	0.71	4.24	0.17	0.03	14.06
A5	0.59	4.46	0.13	0.02	11.66
B1	0.72	3.27	0.22	0.03	14.23
B2	0.78	2.93	0.27	0.04	15.43
B3	0.60	3.91	0.15	0.02	11.98
B4	0.62	4.43	0.14	0.02	12.38
B5	0.80	3.90	0.20	0.03	15.76
……	……	……	……	……	……
D5	0.49	4.61	0.11	0.02	9.72

将 127 份有效答卷下每项影响因子的最终得分分别与权重相乘后，计算出总和，抽取相加即得到表 6 中 6 个公因子的最终综合评分，各因子对领军教师成长影响的大小即可明显看出。

表6 公因子综合评分

公因子	综合评分
政府引导	86.29
工作环境	55.43
家庭氛围	54.86
个人品格	52.08
教育经历	51.85
学校政策	48.35

(三) 领军教师成长影响因素分析

1. 政府引导

政府引导是现代学徒制领军教师产生的最重要外部因素。改革开放以来，我国现代学徒制主要由政府主导管理，各级政府一直是推动现代学徒制改革发展的重要主体。政府制定的一系列重大决策、出台的一系列有利于现代学徒制发展的宏观政策，促进了现代学徒制领军教师的产生。国家层面，从1991年《国务院关于大力发展职业技术教育的决定》到2002年《国务院关于大力推进职业教育改革与发展的决定》，再到2014年《国务院关于加快发展现代职业教育的决定》，以及教育部等六部门联合下发的《现代职业教育体系建设规划（2014—2020年）》，每一次政府政策的出台，都会成为职业教育发展的风向标和指南针，引发一波职业教育改革的浪潮，影响现代学徒制领军教师的成长和培养。地方层面，江苏省从2006年开始推行的"江苏省职业教育领军人才高级研修班计划"更是促进了大批现代学徒制领军教师的成长。从调查结果来看，93.7%的被调查对象认为政府制定的领军教师相关政策对自身的成长有重要的导向作用；89.7%的被调查者认为参加政府相关部门举办的领军人才研修班的系统学习后，收获颇丰，"满载而归"；82.5%的被调查对象认为政府提供的专项课题资助对个人研究有较大的推动作用。由此可见，政府政策和导向对现代学徒制及其领军教师的发展影响较为深远。

2. 工作环境

良好稳定的工作环境是现代学徒制领军教师成长的重要保障。对于现代学徒制领军教师来说，这里的工作环境包含两层含义，即工作硬环境和工作软环境。工作硬环境主要是指校园工作条件、教学科研设备、高水平平台等基础设施和服务设施，工作软环境则是指学校氛围、校园文化、体制机制、工作精神等人文方面的因素，两者共同对现代学徒制领军教师的成长产生作用。高水平的教学科研平台（认同率为56.6%）和结构合理的科研团队（认同率为52.7%）是孵化、培育领军教师的重要阵地，民主和谐、积极向上的校园文化（认同率为66.9%）和丰富多样的学术交流（认同率为65%）是领军教师成长的催化剂，主持或参与一些重要的教学科研项目（认同率为63.2%）是领军教师成长的实践手段，学校的资金投入和奖励（认同率为51.9%）是领军教师成长的助推动力。

3. 家庭氛围

家庭环境是现代学徒制领军教师成长的原生环境，也是现代学徒制领军教师成长的终身环境，对现代学徒制领军教师先天素质的形成、后天素质的培养起着重要的作用。其中，家庭的物质经济条件并不是影响现代学徒制领军教师成长的必然因素，从调查结果看，只有0.79%的被调查对象认为优越的经济条件对自己的成长产生影响，高达74.1%的被调查对象认为家庭物质经济条件对自身成长的影响不大。而家庭氛围因素则不同，其中民主的教养方式（55.2%的受访者认为很重要）、家庭成员的大力支持（52.2%的受访者认为很重要）、浓厚的家庭文化氛围（46.4%的受访者认为很重要）、融洽的家庭成员关系（44.1%的受访者认为很重要）在不同程度上影响着领军教师的成长。这主要是由家庭整体氛围长期潜移默化、"润物细无声"式的教育特征决定的，家庭氛围可以从各方面对领军教师的思维方式、行为模式、思想观念产生影响。

4. 个人品格

个人品格是现代学徒制领军教师成长的内因。从调查结果来看，超过半数的被调查者认为优良的个性品格是支撑自身发展的重要影响因素。主要包括以下特征：

（1）坚定的理想信念。现代学徒制领军教师往往对自身有着明确的、较高的目标追求，他们个性坚韧、意志坚定，立志为本专业或本领域多出优秀成果，多做贡献，能够经受困难的考验、忍受钻研的寂寞、承受挫折的艰辛。

（2）独立自主的思维品格。独立思考是一种越来越稀缺的个人品质，善于独立思考，就能从独到的角度去判断问题、分析问题、解决问题，形成自己独特的见解，而不至于人云亦云，随波逐流。

（3）独特的人格魅力。这也是领军教师的魅力所在，领军教师的吸引力、凝聚力、感召力能够使被领导者产生心悦诚服的心理认同感。

（4）积极的创新能力。在现代学徒制的转型时期，领军教师能够充分利用现有的资源，率领团队持续创新，促进现代学徒制的发展。[①]

5. 教育经历

丰富的教育经历是现代学徒制领军教师成长的先决条件。衡量现代学徒制领军教师的一个重要指标就是看其是否具备深厚的学术造诣和宽阔的学术视野，只有这样，他才能敏锐地发现所属学科或所研究专业的国内外最新发展趋势和动态，才能把握机遇，寻求创新。在此次调查对象中，有64.2%的被调查者是硕士以上学历，30.7%的被调查者有海外留学经历，95.3%的被调查者认可系统的知识对持续研究的重要性，90.4%的被调查者特别强调名师对自身的影响。由调查结果可知，接受过系统的专业教育、拥有广博的知识体系是现代学徒制领军教师终身研究的基础；受到名师的教育与指点，可以为现代学徒制领军教师奠定事业发展的基础；访学进修和海外留学经历，则为现代学徒制领军教师开拓了国际化视野，促进其提升了综合素质。

---

① 庄西真. 服务于经济社会发展的江苏省职业教育领军人才成长研究［M］. 南京：江苏教育出版社，2010.

6. 学校政策

学校政策是现代学徒制领军教师发展的直接导向和动力因素。职业学校是现代学徒制领军教师工作和成长的重要载体，学校对领军教师成长目标、培养方案、成长计划制定的政策导向和领军教师专业发展上的奖惩机制在很大程度上决定了现代学徒制领军教师成长的广度和高度。73.3%的被调查者认为学校积极的培养政策对自身成长有较好的激励作用，57.4%的被调查者认为配套设施齐全的平台基地有助于个人研究的推进。由调查结果可知，基层学校在现代学徒制发展的转型时期认清新形势、新要求，站在战略高度，根据领军教师的特点，搭建发展平台，制定与完善现代学徒制领军教师培养、考核、培训、激励等方面的政策和机制，关注和引导领军教师的成长，可以提升领军教师成长的动力，最大限度挖掘现代学徒制领军教师的潜力。

五、现代学徒制领军教师的培养路径

（一）完善领军教师培养机制

职业院校要在全面掌握现代学徒制领军教师成长特质与规律的基础上，结合职业改革发展的方向，加强制度创新，建立健全有利于领军教师成长的培养机制，加快现代学徒制领军教师培养的步伐。

1. 拓展培养内容

基于现代学徒制领军教师的特殊性，除了常规教育外，还要注重以下两方面的内容。一是道德培训。从中国特色的国情出发，从中国政治、经济、文化现状出发，增进现代学徒制领军教师的责任感和使命感，促进领军教师遵守职业道德和学术道德，成为专业领域的领头者和现代学徒制发展的接班人。二是能力培训。着力培养领军教师的管理能力、战略思维能力、科学决策能力、协同创新能力和团队发展能力，多角度、多范围提升领军教师的内涵。

2. 丰富培养形式

改变传统单向传输的模式,积极引入个性化、互动性、实践型培养方式。可以根据不同领军教师关注的热点问题,开展针对性培训;通过小组研讨、学术沙龙、情景模拟等形式,打造宽松自由且利于交流的培养平台;还可以通过顶岗实训、轮岗体验等形式,为领军教师增加管理经验,不断提升领军教师的能力。[①]

(二) 创设公平自由的教师成长环境

营造良好的现代学徒制领军教师的成长环境,不仅有利于领军教师脱颖而出,更是现代学徒制发展的重要保障。职业院校要出台积极的政策制度,努力营造"尊重知识、尊重教师"的学术氛围,积极开展多种形式的学术交流活动。强调学术面前人人平等,学术面前不论资排辈、不分职位高低,鼓励培养对象组建团队,共同探讨,交流创新,保障领军教师教学科研工作的顺利开展。同时,职业院校应加强柔性管理,增强领军教师的主人翁意识,激发他们的创造力,开发他们的潜能,保证现代学徒制领军教师在宽松自由的学术环境下全身心投入工作。

(三) 建立多元激励的扶持政策

要充分发挥现代学徒制领军教师的引领作用,完善的激励机制是基本保障。首先,职业院校要完善薪酬福利制度,加大对领军教师的工资福利投入,提升领军教师的外部竞争力,进一步优化现代学徒制领军教师的工作和生活环境。其次,注重差异化的激励方式,结合教师不同阶段的发展需求,制定相应个性化的管理机制和激励措施,并在实践中严格执行,提高激励的针对性和有效性,充分调动现代学徒制领军教师的积极性。再次,职业院校要在实验实训室建设、团队建设和专项经费等方面对所培养的现代学徒制领军教师予以多元扶持,有效保证领军教师的专业发展能够

---

① 黎安娟. 基于万众创新青年领军人才培养机制与模式研究 [J]. 科学管理研究, 2015 (6).

落到实处。①

(四) 建构现代学徒制领军教师培养保障体系

完整的现代学徒制领军教师培养保障体系主要包括经费投入、培养师资、管理流程等方面。

1. 加大经费投入

职业院校通过学校文件形式,将现代学徒制领军教师经费投入纳入学校年度预算,建立培养经费保障机制,构建现代学徒制领军教师个人培养账户,为领军教师提供个性化的培训项目。

2. 提高师资质量

领军教师的培训师资,不仅有高校老师,还有党校教师、政府职能部门领导、卓越的行业企业家等。必须根据培养对象的专业、特征和需求动态遴选现代学徒制领军教师培训师资,并且对培训师资加强培训,以提升师资质量。

3. 优化管理流程

广泛引入心理学、教育管理和领导管理等方面的专家参与现代学徒制领军教师的培养,优化培养前需求调研、培养中教学相长、培养后评估反馈等流程的有机结合。其中,培养前的需求调研要立足于本职工作,熟知现代学徒制领军教师培训的共性与个性需求;培养中的教学相长必须注重发挥现代学徒制领军教师的主体性;培养后的评估反馈则应着力发挥远程教育功能,为现代学徒制领军教师提供再学习、再培训的机会。②

---

① 韩文玲,陈卓,韩洁.关于科技领军人才的概念、特征和培养措施研究[J].科技管理研究,2011 (22).
② 何丽君.青年科技领军人才胜任力构成及培养思路[J].科技进步与对策,2015 (8).

第四节 苏南地区现代学徒制师资队伍创新案例

案例一

现代学徒制"双导师"团队建设创新案例
——以江苏省太仓中等专业学校电子商务专业为例

(江苏省太仓中等专业学校 董燕、殷利)

一、背景

江苏省太仓中等专业学校(以下简作"太仓中专")电子商务专业始于2017年,是学校现代学徒制试点项目重点专业,年招生36人。学校与苏州江左盟网络科技有限公司、苏州卡洛尼电子商务有限公司、伊藤忠(中国)集团有限公司等10余家公司合作,校、企共同组建双导师团队,以现代学徒制模式培养人才。双导师团队的建设质量直接影响着现代学徒制的项目绩效,影响着学生(学徒)的培养质量,太仓中专电子商务教研室借助学校"双元e+"智慧校园平台,制定新标准,形成新机制,探索新策略,形成了"做、研、培"一体化的双导师团队提升路径。

二、做法

太仓中专电子商务专业校企双导师团队建设,基于现代学徒制项目,坚持问题导向,重点解决专业教师、企业导师在现代学徒制实施过程中的缺陷,破解人才培养方案不适用、双导师队伍能力不全面、评价考核不客观等长期困扰的问题。

(一)双导师团队组建流程

1. 确定项目负责人,根据总目标协调阶段目标

项目负责人是现代学徒制项目稳健运行的"总指挥",太仓中专电子商务专业根据实际情况,确定由具备现代学徒制专业开发与协调能力、曾

担任过电子商务教研室主任的系部教学主任担任项目负责人，负责统筹协调企业导师和学校导师，统筹协调阶段目标。例如，2019年根据太仓中专港城校区建设计划，电子商务专业与合作企业共同研究确定了现代学徒制培训中心建设事宜，计划建成校内培训中心1个，校外培训中心2个。

2. 分级分类选拔"双导师"团队

企业导师包括企业培训师和岗位师傅，学校导师指专业课教师。太仓中专采用"双导师"专业成长逐级认定机制，分等级设置初、中、高三级。根据运行阶段、课程需求等情况，遵循优势互补、相对均衡的原则，合理配置团队成员。学校按1课1师配比，企业按1师4~6徒配置。专业导师团队与企业师傅团队进行沟通、交流，拟定电子商务专业现代学徒制"双导师"选拔标准，以取长补短的形式组建校企"双导师"团队，并以"一对一"或"一对多"的形式双向结对，互助共建，形成了网店美工与运营、客服等多支教学团队。分级要求如表7所示：

表7 双导师团队等级要求

级别	导师类型	要求
初级	企业导师	能够高质量、独立完成培训课程的授课，以及与此相关的课件制作和组织实施工作。具备课件制作、课堂掌控、语言表达等能力，掌握一定的培训方法
	学校导师	初级职称
中级	企业导师	能够独立完成培训项目整体设计、课程开发、课程讲授及效果转化等系统性培训工作。具备与之相适应的逻辑思维能力，以及课程设计研发、课堂展示、培训管理及评估能力
	学校导师	中级职称
高级	企业导师	能够完成从培训到教育的升级，从实践到理论的萃取。掌握相关学习理论、技巧、方法，具备行业影响力和教练辅导能力，成为学员职业导师
	学校导师	高级职称

3. 明确"双导师"团队的职责与分工(表8)

现代学徒制教育中,企业导师负责专业实操技能和本企业专项岗位技能课程的教学,学校导师负责专业基础理论和专业基本技能的教学。此外,企业导师和学校导师还要共同开发课程,既包括专业技能课程,也包括职业素质类课程、岗位适应类课程、企业文化类课程,强化职业素养教育,在劳动纪律、安全意识、心理健康等方面进行引导。

表8 "双导师"团队主要任务分解

	任务内容	企业导师	学校导师
专业调研	行业产业发展趋势	提供	整理
方案研制	岗位群工作任务分析	主导	参与
	课程体系确定	参与	主导
课程建设	课程目标、内容与要求,考核评价方法	参与	主导
教学实施	教学目标	指导职业素质培养做什么及怎样做	指导为什么这么做
	教学内容	岗位实操技能、劳动态度培养	专业知识与基本技能教学
	教学形式	师带徒,"一对多"	小班化集中授课
	教学方法	企业项目、实操示范	情境教学、行动导向教学

(二)"双导师"团队提升路径

1. 在"做"中提升

太仓中专"双导师"团队通过共做现代学徒制重点工作,增强企业导师与学校导师联系的紧密度,不仅提升了团队凝聚力,还提升了对现代学徒制项目的整体把握能力(图5)。

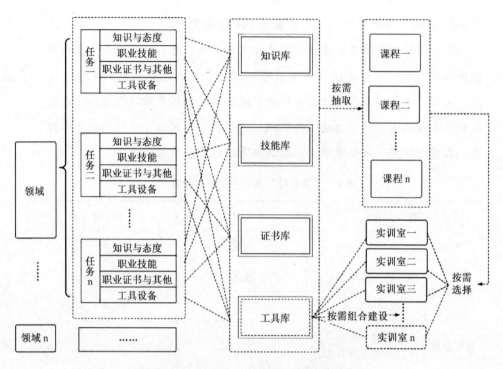

图 5　现代学徒制人才培养方案研制示意图

（1）共同研制人才培养方案。学校紧扣岗位工作要求，线上、线下相结合，邀请合作行业企业技术骨干、课程专家共同参与，开展岗位工作任务所需的职业能力分析，细化形成知识、技能、证书、工具等要素，设计出课程模块并制订教学计划，生成人才培养方案，实现满足学生全面发展及岗位技术技能要求的人才培养目标。

（2）共同开发学习领域课程。学习领域课程开发流程：确定典型工作任务（企业导师为主）——归纳行动领域（双导师共同参与）——转换学习领域（学校导师为主）——设计教学情境（双导师共同参与）（表9）。企业导师分享岗位具体工作任务和工作过程，把出现频率高、负载能力强的重要工作任务确定为典型工作任务。根据典型工作任务，双导师共同分析行动领域职业能力要求，学校导师整理后转换为学习领域，结合学生全面发展需求和职业技能证书要求，双导师共同开发教学情境。

表9 电子商务专业现代学徒制学习领域课程

序号	工作岗位	行动领域	学习领域	教学课时
1	美工	分析与策划	SWOT分析	8
			商品市场调研与定位	6
			策划方案撰写	6
			策划方案论证	6
		商品拍摄	实拍准备	2
			器材使用	2
			构图技巧	6
			灯光使用	6
			商品实拍	3
		图片美化	图片裁剪	2
			图片抠图	3
			图片调整	3
			图片美化	3
		设计与排版	文案主题与形式选择	6
			文案创作	6
			图文排版设计	5
2	客服	……	……	……
3	直播	……	……	……
4	推广	……	……	……
5	运营	……	……	……

(3) 共同开发活页式教材。活页式教材是学习领域课程的载体。太仓中专双导师团队以学习领域课程方案为纲领，以专业教学项目为核心，以行动导向教学为根本，按照"资讯—计划—决策—实施—检查—评价"的工作过程有序化安排教材内容，将单科知识与单项技能整合为围绕项目的综合知识和复合技能，将学习领域分解为一个个学习情境，在学习情境中让学生完成学习任务，再将学习任务分解成一个个学习活动，使学生通过

完成一个个学习活动，完成职业能力的进阶发展。双导师团队还定期修订开发的活页式教材，及时将新技术、新工艺、新规范纳入教材内容。

2. 在"培"中提升

（1）双导师参加双师型培养培训。2019年3月，太仓中专成立"中德双师型教师培养培训中心"，分专业组织教学法培训，着力培养双导师的动手操作能力和专业教学能力。经过培训，双导师顺利通过课堂教学实践考试和教学法理论考试，取得培训师证书。学校联合行会定期安排外教到校检查双导师的教学过程，对双导师专业技能和教学法的掌握、运用与实施进行过程性评价并指导。

（2）学校导师定期参加企业实践。学校导师利用寒暑假，走进企业岗位，通过观察、动手、交流的方式完成下企业任务，填写《下企业实践记录表》，详细记载工作内容和工作反思。任务完成后，梳理下企业成果，完成调研报告或开发课程资源。学校教学管理部门审核鉴定学校导师下企业实践的等第（合格、良好、优秀）。

（3）企业导师参加Meister（师傅）培训项目。Meister职业资格培训教学模块包括跨专业基本能力模块、行为处事能力模块、职业培训和劳动教学能力模块、实践操作能力模块等四大模块。四大模块下又设子模块。Meister培训项目的师资有企业技术骨干、职业教育专家、高校教师等，培训注重教育学、心理学、教育教学技术、教学法的培训，培训形式以小班集中授课、企业生产现场参观、完整项目管理实操为主，有效帮助企业导师提升管理能力和教学能力。

3. 在"研"中提升

（1）校、企共同开展课堂教研。例如，课前由企业导师和学校教师通过异地视频方式开展研讨，重点在于教学目标确定和实现的协同。主要包括三个环节。一是确定协同主题，主题一般体现了课程的核心内容，可涉及企业元素，能体现企业导师的专业性；二是确定协同师傅的要求，经过沟通最终确定企业人员；三是协同备课，结合企业岗位实际需要由企业导师主导明确课堂教学的技能目标，分析重难点，确定教学内容，确定课堂教学环节和教学过程中校企导师的分工，采取协同教学的方式与方法，确定协同评价的标准。

（2）校、企共同开展课题研究。比如针对学生在企业的违纪情况，学校导师和企业导师共同参与课题研究，探讨学生在企业培训学习过程中违纪确定审议的环节流程、参与人员、审议报表等，形成学生违纪审议工作标准，通过学校"双元e+"智慧校园平台规范现代学徒制项目的学生管理。

（3）校企共同开展双元制标准的研究和制定。学校和企业现代学徒制项目骨干师资作为团队成员参与了标准的研制，针对专任教师、培训师、岗位师傅这三类人员，以职业素养、职业知识、职业技能、职业发展为主要维度，形成具体的能力评价体系，在三类师资的准入、选拔、评价、考核、发展等方面为开展双元制人才培养的职业院校、企业提供标准和依据。

（三）双导师团队保障机制

1. 建立互动平台。太仓中专通过"双元e+"智慧校园平台将学校导师和企业导师融于一体，根据教学需求灵活组建成线上协同教学团队。企业导师将学徒在企业的劳动态度、纪律遵守、安全健康等情况及时通过信息平台反馈给学校导师，学校导师将学生的性格特征、理论学习情况等信息及时反馈给企业导师，校、企通过平台互动，增进对学生（学徒）的全面了解。双导师在信息平台上交流分享教育教学方法和专业技术问题，促进双导师综合能力提升。学校与企业还成立名师工作室、技能大师工作室，安排主题研讨活动，促进双导师互帮互助。

2. 建立考核激励机制

太仓中专对双导师的评价突出主体的多元化，学校和企业互为考评方，相关专家、学生（学徒）作为考评的第三方、第四方，客观公正地对导师工作情况做出评价。按照专业教师考核管理办法，对学校导师的教学效果、下企业实践情况进行考核，将考核结果作为绩效考核和职称晋升的依据。对企业导师设置一定数额的"强师项目"基金，激发企业导师参与现代学徒制项目的热情。按照岗位技能标准和兼职教师考核办法，对企业导师承担的教学任务和带徒情况进行考核，根据考核结果发放专项奖励基金。对不能履行职责的双导师，学校与企业合议后取消其导师资格。

为提升企业导师的责任心，太仓中专以积分方式量化企业导师工作业绩，在企业内部公布各企业导师的积分排名情况。企业导师高质量完成带徒任务，绩效系数 1.2~1.5，为优秀等第；企业导师较好完成带徒任务且能完成临时任务，绩效系数 1~1.2，为良好等第；企业导师基本完成带徒任务，绩效系数 1，为合格等第；企业导师表现未达预期或出现教学事故，绩效系数 0.5~1，为不合格等第。校企共同针对导师团队的成长明确目标，从工作表现、工作实绩、学徒评价、第三方技能鉴定等方面建立具体的导师团队建设考核机制。学校、企业互为评价方，邀请第三方介入考核环节，从问题出发对问题解决实效进行评价，确保导师团队的建设不流于形式。

三、成效

（一）校企融合，现代学徒制人才培养实践研究有突破

电子商务专业教研室和企业在师资、设备、工作等方面实现深度融合，开展先做、再学、后教三者程序性合一的现代学徒制人才培养模式实践研究，相关成果获江苏省联合职业技术学院教学成果一等奖。

（二）师资合力，专业建设与新型活页式教材有突破

校企共建"i 博导"网络教学平台，作为电子商务专业教学的重要支撑平台。开发网络课程 2 门，编写校本教材 3 本。2020 年暑期，电子商务专业教研室与苏州江左盟网络科技有限公司、苏州齐岳办公用品有限公司等就电子商务专业技能课程进行重构，以行动导向学习模式为指引，积极探索，共同开发新型活页式教材。有关课题已获江苏省规划课题立项。

（三）深入课堂，学生技能培养和竞赛成绩有突破

学校导师和企业导师共同指导学生参与技能竞赛，提供训练场地和师资。学生参加全国移动商务技能竞赛获一、二等奖；参加电子商务与运营竞赛，获省一等奖8人次。

（四）服务地方，多领域助力残障人士与退役军人有担当

电子商务专业校企双导师团队坚持面向行业、面向社会，主动适应地方经济和企业需求，参加"双11"等技能服务，每学期还赴"善爱益家残疾人之家"进行帮扶和送爱心，同时承担起退役军人创新创业的培训工作。

案例二

现代学徒制"双导师"团队建设创新案例

（常州旅游商贸高等职业技术学校　史金虎）

一、背景

常州旅游商贸高等职业技术学校为第一批国家重点职业院校，同时也是江苏省职教先进单位，该校与世界金钥匙酒店联盟合作，成为其人才资源培养基地。经过多年发展，学校积极探索具有校本特色的人才培养方式，推进学校人才培养方式的变革。龙城旅游控股集团是一家专注于文化旅游产业的国有大型文化企业集团，先后组建了常州恐龙园股份有限公司、环龙实业有限公司、文科创企业、东方盐湖城旅游发展有限公司等17家子公司，业务涵盖主题公园、特色古镇、生态康养项目开发，旅游景区、温泉、酒店、商业综合体运营等。

常州旅游商贸高等职业技术学校与龙城旅游控股集团的合作历史悠久，目前双方合作进入了系统化产教融合时代，以现代学徒制项目为框架，以专业群对接企业岗位群，进一步推进学校现代学徒制试点，以"双

向优化"的思路与企业共建产教融合实训基地，紧密围绕校企协同育人机制，对人才培养标准和制度进行了完善，同时还在协同育人、校企互聘等方面进行了试点。2017年，双方合作成功申报江苏省现代学徒制重点试点项目。现对学校与企业合作建设双导师团队的发展路径进行梳理，以探寻适合我国高职旅游类专业现代学徒制"双导师"团队建设发展的新路径。

二、做法

（一）建立"双导师"的遴选制度

"双导师"团队中的企业导师与学校导师均依据其工作岗位、能力专长等特点，严格对照遴选制度，通过层层选拔产生。学校选拔富有责任心和行业实践经验的专业教师担任班主任，选拔中青年骨干专业教师负责学徒班专业课的教学，专业教师中老、中、青年龄结构合理，技能专业各具优势，且都具备相关职业资格证书。同时又在龙城旅游控股集团选拔具有技术技能专长，胜任实践技能课的教学工作和实习指导工作的技师多人担任企业导师。由于学生在培养周期存在学校与企业交替的学习过程，学校和企业对导师应对突发情况的能力都十分重视。

（二）明确"双导师"的责任分工

明确"双导师"的权责与分工，提升其责任感与合作意识。学校导师侧重于学生学习能力的提升，引导学生掌握适合自己的学习方法，高效学习专业理论知识，掌握专业技能知识，以便在实际操作中运用。学校导师对学生的指导主要包括学生德育课程、专业课程、校内实习课程、毕业设计及就业指导。整个培养周期，学校导师要主动与学生进行沟通，及时发现并解决问题，及时做好教学反思，及时调整教学方法。企业导师侧重于学徒岗位实践操作技能、职业习惯及规范的培养，主要教学内容为企业岗位实践、毕业设计、职业规划。学生在具备理论知识的前提下进行实践练习，力求做到理论知识与实践操作相融合。企业导师不仅要教技能，更要教规范，所以企业导师必须观察学生的操作过程，发现问题及时纠正。现代学徒制学生毕业设计的课题基本与企业岗位相关联，企业导师还要进行毕业设计指导，帮助其顺利毕业。

（三）做好"双导师"的衔接与合作

企业导师在校企融合课程阶段到学校举办讲座并针对相关技能课程提供指导，将企业先进的管理理念和先进的生产技术引入学校；同时结合学徒所在岗位要求，在岗位手把手带徒弟。学校导师在企业导师上岗前通过教学培训提高其技术水平和教学水平，使其符合教育教学要求。在学徒课程教学阶段，该校基于内部教师团队，遴选教学功底扎实、在旅游服务领域专业能力较强的教师进入企业进行跟岗锻炼，与企业导师共同制订教学计划，实施教学方案，共同管理学生，使学生在整个培养过程中，学校集中学习时有人管理，现场跟岗培训时有人指导，上下联动，专兼结合，实现学生管理规范化。

（四）注重"双导师"的培训提升

对学校导师展开多层次的培训。第一，明确学校教师外出培训计划。采用分批次方式，每个学期都组织核心教师参加国家级、省级的现代学徒制培训班。第二，组织学校教师到企业进行实践，使之进入常州品牌旅游企业，为他们的实践提供支持。第三，引导学校教师顶岗学习。每年寒暑假都会派遣骨干教师到中华恐龙园、东方盐湖城等企业顶岗1个月。一系列培训，不但提高了专业教师的业务技能，使教师将理论知识和实践知识相互融通，而且使教师通过与企业师傅的交流，了解企业的真正需求与企业文化，进而对学生开展针对性教学。对于企业导师，一方面，要注重企业师傅的教学能力培训，增强他们的授课与组织管理能力；另一方面，学校要组织经验丰富的教师和企业师傅结成对子，向企业师傅传授教学方法与技巧，进而提升这些师傅的教学水平。通过有效的团队建设，"双导师"的整体能力有了显著提升，教学效果也显著提高。

（五）健全"双导师"激励机制

首先，校企应联合引导校内优秀教师和企业优秀工程师主动加入双导师团队，在职称晋升、岗位晋级、年度评优等方面给予一定的政策倾斜。其次，学校完善了教师考核制度，进行职称评审改革，优化绩效考核办法，积极帮助校内专业教师提高实践教学能力，激发其内在动力。企业健全了企业导师考核评价机制，将教学工作融入日常考核，激发企业表现出色的技术人员积极成为企业师傅。为了显著提升学徒培养质量，在构建"双导师"团队的过程中，学校教师与企业师傅的比例不能大于5∶1。另外，还必须为学徒制班级提供双班主任，对学徒工作与学习进行双重管理。在"双导师"队伍建设环节，必须以导师聘用、评价标准、激励机制为切入点，学校与企业要相互交流，共同制定兼职教师、师傅的管理办法。为了显著提升学校教师、企业师傅的主动性和积极性，对那些顶岗实践的学校教师，在确保其薪酬待遇不会改变的前提下，还可以为其后续的职称评聘、年终评优提供重要支持。企业师傅则能够获取学校提供的课时费，学徒在企业跟岗时，企业还要为这些师傅发放一定的津贴。

（六）建立体现现代学徒制特点的管理制度

学校结合旅游管理专业校企合作情况，激发企业、学校、行业参与的主动性，强化政府的主导，激发更多学校、企业、行业参与，将立德树人作为核心，大力发展双螺旋人才培养模式，有效落实产教融合办学体制。大力推动相应的产教融合基地建设，打造企业培训中心，使之为现代学徒制教学提供重要支持。为了达成这一目标，学校必须大力推动制度建设，如教学资源建设与管理制度、教师队伍建设制度、教学质量考核制度、专业建设管理制度等的建设，确保责任、方案、人员、主管组织、资金与奖惩能够得到有效落实。先后制定了诸多纲领性文件，如《现代学徒制教学管理实施办法》《现代学徒制教学质量监控与评价细则》等，确定了"点上实验、线上验证、面上推广"的试点路线，有序推进"识岗、学岗、顶岗"，"工学交替、工学结合、工学相长"有机结合的教学实施策略。组建了专兼结合、校企互聘互用的"双师型"师资队伍，初步形成了教师、导师授课管理制度框架。

三、成效

(一) 构建了校企多维联动机制

"双导师"教学团队共同制订教学计划，实施教学方案，共同管理学生，使学生在整个培养过程中，学校集中学习时有人管理，现场跟岗培训时有人指导，上下联动，专兼结合，实现学生管理规范化。同时形成了"校企协同、双师互聘、学工共存"的多维联动机制，教师和师傅岗位阶段性流动，校企紧密联系，互聘共用，使企业师傅、学校教师在实训基地的教学内容能够很好地对接。

(二) 开发了基于岗位的课程体系

通过汇总梳理企业现有的岗位，专门建设旅游管理岗位群，并将其细分成三个类别，依次对应旅游综合、导游服务、酒店服务这三大岗位群。接着对这些岗位的共同素质素养要求进行提炼，并将其作为学徒班的基础能力素养，其余则归纳为岗位自身素养素质要求，至此形成了相应的专业课程。另外，还对职业岗位技能、知识、能力等要求进行强调，进而对教学内容进行重组，对原先的课程进行科学的整合。课程的重构与解构，使职业岗位、课程设置更好地对接，使学徒的岗位能力与技能更好地对接。

(三) 提升了技能人才培养质量

校、企双方导师以学校和企业为项目的两个支柱，以行动导向为工作方法，围绕真实案例学习、真实岗位实践、真实项目运作，依据学习规律，循着从简单到复杂，从被动到主动，从初学者起步，直至培育成熟练者的人才培养路径，使学生既具有相应的职业技能和职业素养，同时还具有一定的社会责任感、创业精神和实践能力。

第六章 现代学徒制的教学管理

现代学徒制的教学管理是提升人才培养质量的重要保障,职业院校和企业必须转变教学管理理念,创新教学管理机制,从教学管理的实施、教学安排和质量监控等方面提升现代学徒制教学管理的水平,以更好地适应现代学徒制教学管理的要求。

第一节 现代学徒制的教学管理

一、现代学徒制教学管理的特点

相较于职业院校传统的教学管理而言,现代学徒制教学管理有如下特征。

(一)教学管理主体的双重性

现代学徒制要求职业院校和企业共同育人,教学管理的主体包括职业院校和企业,因此这种学徒制教学管理与传统的职业院校教学管理有显著差异。

(二)教学管理客体的特殊性

从学校与企业的视角看,现代学徒制教学管理的客体不仅包括职业院校教师、管理者和学生,同时还包括企业管理人员与师傅。从国家视角来看,职业院校和企业是现代学徒制管理的客体,教学管理活动不仅要满足学校、企业、学徒的需求,还要遵守我国相关法律和规章制度。

(三)教学计划管理的统一性

现代学徒制十分重视工学结合,要求学徒在实践中进行理论学习。为此,现代学徒制教学计划管理必须遵循职教教学与学徒认知规律,遵循企业生产规律，使学徒的教学与企业的日常经营生产实现良好的统一。

（四）教学组织管理的多样性

现代学徒制的教学场所不仅包括职业院校实训中心、教室，还包括工作岗位现场、企业生产中心，由此导致相关教学方法和组织管理模式存在明显差异，要更好地展现组织管理的多样性。

二、现代学徒制对传统教学管理的挑战

（一）对教学目标管理的挑战

现代学徒制将传统师徒培训和现代职教进行了有机融合，是一种典型的创新教育制度，它的关键就在于工学结合。具体而言，就是现代学徒制的教学目标不仅要满足社会、企业对人才的需求，同时还要确保学徒能够健康、全面、个性化地发展。这样的双重教学目标，必然会给教学目标管理带来全新的挑战。

（二）对教学计划管理的挑战

教学计划无疑是课程实施的关键性规划，它对不同课程种类的结构构成、比例进行了规定，同时还对教学目标、内容、进度等进行了规定。现代学徒制教学需要在企业和职业院校交替开展，为此，在制订教学计划时，不仅要注重知识的逻辑性与技能性，同时还要基于教学规律，对学徒进行科学培养，在此过程中，必须紧密契合企业经营规律，使教学与企业经营过程有机融合。这种双场所教学模式，必然会对教学计划管理带来更多的挑战。

（三）对教学质量监控的挑战

基于课程教学要求，对教学过程进行动态监控，按照监控环节的教学数据、资料找出问题并分析问题，给出相应修改建议，就是教学质量监控。这无疑是一个重要的过程，而评价则是关键性结果。现代学徒制在教学团队、空间、时间、进度等方面具有良好的灵活性，因此也对教学质量监控提出了更多的挑战。

三、现代学徒制教学管理的实施

（一）精心研究和制定人才培养方案

人才培养方案是现代学徒制实施的"蓝图"，也是日常教学管理的重要根据。为此，精心研究和制定人才培养方案就成为日常教学管理的最先一环。第一，组建专家小组，为培养方案提供专门的指导手册。职业院校应按照现代学徒制培养要求，吸收职教专家、行业专家、学校校长、企业岗位技术骨干等组建成专家小组，专门制定《人才培养方案开发指导手册》（以下简作《手册》），以有效提升方案的可行性、规范性和科学性。第二，对《手册》的标准、内容、体例进行规范。该手册主要围绕开发体例、技术路径、开发思路这几个核心问题，分别从中职、高职（又分三年制与五年制）的角度完成相应的开发，并对课程衔接、工学交替等内容进行界定。第三，按照《手册》的基本要求，对人才培养方案进行开发。现代学徒制项目责任领导必须严格按照《手册》组织职业院校教师、企业专家，根据学徒所学专业特点设计相应的人才培养方案，同时还要推出岗位能力标准，从而将岗位能力与学校课程体系结合，在此基础上明确师徒比例、师资条件、考核标准等。

（二）精准设置课程体系

现代学徒制教学管理的重要工作内容之一就是要做好课程体系设置。企业在培养人才过程中更加注重学徒的"工具性"目标，职业院校则更加注重学生的"教育性"，这就容易产生一定的矛盾。为了消除这一矛盾，必须以教育为核心，坚持立德树人，在满足教育性、工具性目标的前提下，打造课程体系。为此，在建设课程体系时，要始终坚持"课程思政"和"思政课程"的统一性，将劳模精神、工匠精神等融入培养人才全过程，落实到培养的不同环节。

（三）实施柔性的教学管理

在现代学徒制实施环节，部分专业的教学计划存在显著的"学校本位"特点，很难与企业的日常生产和经营进行良好的契合。现代学徒制要达到教学效果，就必须在制订教学计划时兼顾教学规律与企业生产经营规律，而要做到这一点，就必须校企协同制订教学计划。在实施计划之际，还要基于培养目标，综合安排职业院校教学、工作岗位教学，对教学活动、教学过程进行柔性化管理。南通职业大学在模具专业开设了学徒班试点，该班级的学生都要进入企业学习，其中公共必修课、专业基础课都要在具体岗位上一边实践、一边学习。在上班期间，学徒要跟着师傅进行实践能力学习；休息时则由职业院校教师讲解为何要这么做，以提升学生的理论素养。这样工学交替，就能有效消除教学与企业生产经营的矛盾，得到校企教师及学生的认可，整体教学效果也较佳。[①]

（四）强化教学质量监控与评价

在教学标准体系建设过程中，培养方案、考核指标体系、课程标准无疑是关键性内容，这些也是现代学徒制人才培养的关键内容。职业院校要在实施现代学徒制的过程中全面推行教学标准体系。具体做法有三：第一，和国家专业教育标准进行有效的对接；第二，要融合职业资格标准与教学标准，推出契合职业院校办学目标、人才培养目标的质量标准；第三，紧紧围绕教学质量标准，构建完善的规制、课程教学标准等。对某些还没有标准化的新岗位、新业态，要发挥行业、企业力量，共同协商完成相关标准的制定，并将其作为教学的工作准则、质量监控与考核标准。

（五）加强制度建设，革新常规管理模式

1. "因企制宜"组建学徒班组

学徒制隐含着对班级人数的限制，"小班化"教学在现代学徒制中是主流。不过随着科技的发展，企业自动化能力日益增强，企业在组织结构上更为扁平化，岗位也得到了很好的细化，传统的从一而终的师徒体系已经不适应当前企业的发展，而一师多徒、一徒多师这样的师徒制又让教学管理变得更为困难。为此，职业院校在建设班级时，必须紧密结合岗位需

---

① 王颖. 职业院校全面推行现代学徒制的教学管理改革：基于南通试点的实践［J］. 南通职业大学学报，2019（3）.

求设置学生人数，明确日常管理机制，使班级的管理内容、管理方式等与企业日常管理工作进行很好的对接。

2. 将信息技术融入教学常规管理

由于学徒必须以工学交替的方式进行学习，这就使得他们必须在不同的空间进行学习。充分利用信息技术对学徒进行便利化管理是提高教学管理效率的好办法。一是可以开设在线课程，打造教学资源库，为学生的个性化自主学习提供重要支持；二是现代化信息平台可以为师徒、师生等的交流提供支持，对学徒的进步过程进行动态记录，便于对学徒的日常学习及师傅、教师的教学进行客观评价；三是校企双方可以通过教学状态监控平台，对网络学习与教学空间等进行信息化管理。

3. 融合校企两种制度文化

在文化体系中，制度文化无疑是一个重要的方面，它是人类在发展过程中逐步演化的社会关系的总和。学校和企业的制度文化有着明显的不同。在文化导向方面，它们的核心分别为"做人""做事"的文化。虽然学徒在职业院校也需要"做事"，然而此时这些学徒更多的是学习和积累知识；而在企业学徒则是一边做事一边学习，通过完成具体的事情来获得相应的技能。当学生（学徒）违反相应的制度时，职业院校和企业对他们的惩处也有一定差异，职业院校突出了引导教育，而企业则突出了制度的刚性，一旦违反企业制度，学生（学徒）必然会受到相应的惩处。基于此，现代学徒制在制定教学管理制度时，必须将职业院校与企业的制度文化核心进行融合，重视学徒的制度教育，让他们接受企业考核，帮助他们以更快的速度养成良好的职业习惯和素养。

第二节　现代学徒制的教学安排

一、现代学徒制教学安排遵循的基本原则

现代学徒制教学针对具体的企业岗位设定培养目标，强调技术技能的

传授，有关课程标准、考核模式都和企业岗位要求密切相关。在具体实施时，还要密切结合行业、地域、企业特点及人才培养的差异性要求，在双招、实践、资格与学历证书获取等方面做到针对性，积极找到紧密契合实情的教育教学路径，形成特色，具体原则如下。

（一）职业性原则

现代学徒制人才培养模式主要是职业院校和发展前景较为广阔的企业进行合作，按照行业未来要求，明确人才培养目标，并将职业工作过程作为重要主线，构建校企课程体系，以学生必须具备的能力、知识为核心，明确校企联合教学内容，明确学生在企业中的岗位，通过切实的项目训练，提升学生解决问题的能力，使学生获得系统化教学，从而拥有与岗位相契合的职业能力与素养。现代学徒制人才培养模式不仅更好地展现了高职教育的职业性，同时还突出了高职教育的育人价值，使学生的学习和未来的就业实现了很好的对接。

（二）循序渐进原则

现代学徒制的教学实践安排，必须明确相关课程的教学场地及学校、企业分别承担的任务和学时。在教学安排上，要严格遵循日常教学规律，基于循序渐进的原则，对课程进度进行科学安排。如高职二年级学生的总学分不能少于 90 分，学时最低不能少于 2000 学时，最高不能超过 2200 学时。三年级学生的总学分与学时，前者要达到 120 分以上，后者在 2500~2700 学时。其中一部分课程需要校、企共同负担，还有一部分则要校、企各自负担，在教学特质上要突出工学结合的双元育人优势。

（三）激励性原则

职业院校的培养目标就是培养职业技能与职业素养兼备的人才，这也是职业院校的育人之本。管理者通过激励性原则推动现代学徒制的教学实施；教师则将激励性原则引入教学设计，引导学生积极发现问题，并在解决问题的过程中提高自身的技能素质，从而实现现代学徒制的教学要求。

（四）系统性原则

在实施现代学徒制的过程中，职业院校的教学工作要融入不同环节，如课堂的理论教学、具体岗位的实习、课后的总结等，其具体教学具有全面性。正因为如此，教师就必须始终坚持系统性原则，不能将教学过程视作分散的个体，而应将其视作完整的主体，对不同模块的教学关系进行统筹设计、科学协调，最终体现现代学徒制在职业教育人才培养中的作用。

（五）质量性原则

学校与企业的课程要深入融合，就必须实现衔接的有效性。试点工作结果表明，这种制度体系不仅能够很好地保证教学质量，在职场环境中，还能很好地锻炼学生的职业技能，进而更好地培养学生的职业习惯，提升其职业素养。

（六）理实一体原则

职业教育倡导学生在情境中学习技能，实施针对岗位定向培养的人才培养模式，对企业实际需要的技术技能人才进行科学培养。现代学徒制充分展现出情境理论的重要性，因为在此教学模式下，学生是在具体的企业岗位情境中学习，而且职业院校所合作的企业，在行业内部也居于领先地位，在技术、管理方面都具有先进性，学生能学到先进的理念和技术技能。此外，校企场景教学采用了工学交替模式，理论知识的学习主要是在学校内部完成，而有关岗位技能学习的教学则安排在企业生产线上。具体到教学实施过程中，学校教师必须深入岗位工作一线，同时还要强化辅导，而企业教师则要通过积极筛选，进而深入课堂，将实践与理论结合，使学生能够更为高效地进行学习。

（七）创新开放原则

任何教学模式都是需要不断创新的，现代学徒制也不例外。现代学徒制要求更新教学理念，改变教学行为，提高教学效率，在教学安排的过程中要做到时刻创新。此外，企业协同学校的开放式管理模式，要求现代学徒制在教学安排中必须遵循开放性原则。

二、现代学徒制教学安排实施策略

现代学徒制教学要立足于校企合作教育的特点,以培养技能技术人才为目标,并将其作为指导,在具体的实施策略上要做到以下几点。

(一)产业要求和学生需求并重

现代学徒制无疑是创新的职教人才培养体系,其优势体现在重视学生的发展,紧密契合行业发展,培养出满足行业、企业、产业发展需求的多元化人才,不仅能够让学生通过岗位实践进行学习,还能满足学生的个性化学习和就业需求。近些年,我国很多产业实现了升级发展,在技术方面也取得了巨大的进步,社会对人才的培养更是给予高度关注。在教学安排方面,职业院校尽量与技术领先、属于朝阳产业的企业合作,对创新的技术、工艺、岗位、业态等进行合作式开发,基于应用课程来实现人才培养目标,从而使相关人才的培养与产业发展密切相关。此外,现代学徒制实际上也是对人进行培养的社会活动,以学徒或者学生的技能技术进步为主要培养目标,为此,在建设课程体系的过程中,职业院校和企业必须以学生、学习为核心,立足于学生职业成长规律,强化可持续发展;同时还要发挥企业师傅传、帮、带徒弟,学校教师授课的优势,来对课程结构和形态进行重构,显著激发学生参与的主动性与积极性。[①] 从以上两个方面出发,现代学徒制的教学安排不仅要与前沿性、朝阳性企业或者产业联合,还要整合个体与产业发展的需求。

(二)职业能力与职业素养并重

立德树人无疑是教育的关键,教学则是做好立德树人这项工作的重要手段。现代学徒制是让学徒在企业和职业院校进行交替学习,目的是让这些学生实现高质量就业,在工作岗位上有更大的发展空间。在具体教学过程中,不仅要增强学徒的职业技能,还要让学徒基于具体的工作过程,使所学的知识系统化。在教学方法方面,还要强化行动导向。在教学模式、

[①] 张健.学校场域学习与工作场域学习交互视角下现代学徒制课程体系的建构[J].教育与职业,2017 (21).

载体、技能训练等方面,则要强化对课程中的实践技能教学,显著提升课程的职业属性。另外,校、企双方还要通过科学的教学,使现代学徒制的教学内涵更为深入与丰富,不仅要对学徒或者学生的职业技能、思维模式进行深入分析,积极培养学徒或者学生的学习前沿能力,在教学过程中,师傅与教师还要基于工匠精神的职业素养、职业精神来对学徒或者学生进行更为深入的熏陶,进而使其不仅能够实现"成器",还能实现"成才",从而有效展现现代学徒制的效果。与此同时,不仅要对有助于职业能力提升的课程显性功能进行相应的完善,还要进一步挖掘与开发其中的课程隐性功能,通过相关的教学安排,有效增强学徒或者学生在学习过程中的真实感,进一步增进师徒之间的亲密关系。

(三)学校课程与企业课程并重

现代学徒制离不开学校与企业之间的密切合作,通过双主体来对学徒或者学生进行教学。在此教学模式下,学校课程与企业课程要科学地进行分配,它们在重要性方面具有同等性,学校课程更加注重培养学徒或者学生的基础技能与理论知识,而企业课程则更加注重具体岗位的职业技能训练,并肩负着培养、规范学徒的职业素养等任务。然而在现代学徒制的实际运行过程中,学校课程和企业课程并不能很好地融合,特别是企业课程的开发水平相对较低,这样双主体在教学过程中就难以得到相应完善的课程支持。针对此,有必要对相应的课程进行重构,使学校课程与企业课程在内容上得到有效的衔接和融合,在教学模式、内容、体系等方面实现融合性。为此,要紧密结合不同产业、行业的规律,根据学徒或者学生所学专业与岗位实际情况,紧密结合工学交替特点,在企业、职业院校两个不同的空间,对相关课程进行科学设计,从而使学徒在"规范与开放性""职业与高等性""学习与工作性"等方面都能够得到很好的融合。[1] 另外,学校课程和企业课程的重构,必须建立在校企合作开发课程的基础

---

[1] 李敏. 论高职现代学徒制课程体系之建构[J]. 湖北工业职业技术学院学报, 2017 (2).

上，基于统一的开发机制与流程。可以说，科学地重构课程是现代学徒制有效开展的重要前提与载体。

（四）刚性标准与弹性教学并重

对职业院校日常教学工作进行监督与检查的重要根据之一就是教学安排，也就是说，后者必须基于课程要素构建科学的质量标准。现代学徒制与专门的职业培训还是有很大差异的，前者必须实现体系化教学，而且还要以"双证书融通"为重要导向，让学徒最终能够获得职业资格认证与相关学历，为此，必须将岗位技能标准、职业资格标准等纳入相应的课程标准。基于课程的开放性特点，要明确和制定流程化教学组织规范、课程考核评价模式与标准等，以保障最终的教学质量。另外，现代学徒制的教学环境具有动态性、复杂性，为此，在教学组织模式、课程结构设置方面也要与之相契合，引入弹性教学与课程。第一，现代学徒制需要在企业空间进行一半课程的教学，为此，必须对教学组织模式、课程模块进行弹性化设计，使之与企业的日常生产和经营高度契合，并能实现教学资源的共享等，这样就能使学习者在学徒和学生之间灵活切换身份，更好地开展工学交替学习。第二，将学徒、学生这两种身份科学地进行融合，基于学徒个性化的学习方法与习惯，以及他们的兴趣点，对课程模块进行弹性化设计，为其安排有差异性的任务，在考评模式上也要有一定的弹性，最终使这些学徒能够真正实现自身的进步。

三、现代学徒制的教学模块

按照国内职教人才培养目标，现代学徒制的教学内容通常被细分成以下四个模块。

（一）职业素质课程模块

本模块的培养目标是：学徒必须具有良好的职业素养，具体包括职业行为、态度与道德等，它们的共同基础是社会主义核心价值观。为此，在对该课程模块进行设置时，必须将职教人才培养目标与企业文化进行有机融合，企业文化是我国社会主义核心价值观的重要载体，要实现个人价值，离不开工作岗位的支持。在培养学徒职业素养的过程中，要在相应的课程模块让他们深入感受职业素养的内涵，深刻领悟职业素养的作用，这样就能为他们日后的职业定位和职业规划提供很好的支持，使其拥有较强的通用职业能力。此课程模块的核心内容就是思政课、马克思主义理论课（简称"两课"），除此之外，还有常用公文写作、英语、办公软件应用等课程。对于"两课"，则主要按照教育部的规定明确相应计划，在教学模式上要做到多元性、灵活性。其他教学内容则应根据企业要求来确定，包括考核模式、教学方法等，涵盖团队建设、安全教育、企业文化等与企业相关的课程内容。

（二）专业技术基础课程模块

本模块的培养目标是：使学徒深入掌握相关行业的基础专业技能，掌握一定的问题解决能力。该模块还要求立足于岗位能力分析，综合同类岗位的技术能力，提升人才的通用性水平。该基础课程主要包括体系化的基本技术、专业基础理论体系，校、企双方立足于通用的职业能力与工作要求，对有关课程进行动态设置，并完成相应的课程标准设计，明确具体的课程内容等。该模块内容对应的是必修课，学徒只有通过考核才能修得相应学分。

（三）岗位（群）技术技能课程模块

本模块的培养目标是：使学徒灵活掌握岗位实际技能。在该课程模块的建设过程中，必须以企业用人标准、岗位关键能力为重要依据，立足于职业资格证书，完成相应的技能技术课程模块开发，使学徒能够根据自身需求进行选择。这个课程模块的教学，是以师傅的传、帮、带为核心。该课程模块是以合作企业的岗位职业能力分析为切入点，对学徒进行专门培养，使其能够更好地满足相应岗位的要求。在这个课程模块中，学徒能够按照最终的岗位方向进行遴选，有效消除不同岗位对人才的需求不同所导致的学徒选课难问题。

（四）学徒个人职业发展需求课程模块

本模块的培养目标是：按照学徒发展方向与兴趣，提升其职场适应能力。该模块紧密结合职业发展规律，立足于学徒的未来发展路径，结合具体职业所需，引导学徒进行自主选择。职业院校和企业会为这些学徒提供个性化指导，通过师傅的传、帮、带，使这些学徒在相应岗位得到培养。

四、现代学徒制教学质量的提升路径

教育部极力推广现代学徒制，这是一种典型的创新教学模式，也是提升职业教育教学质量的重点环节。在教学内容、课程体系得到优化创新之后，相关的教学方法就要随之革新，要将过去学生被动模仿的技艺学习转换成学生主动、积极学习。特别是在具体实训环节，要让学生基于课题自主地进行学习与设计，并能够独立实施，师傅或教师根据学生具体情况予以跟踪指导。

（一）构建体现"校企双元"、协同育人的人才培养目标机制

现代学徒制的核心就是职业院校和企业两个主体共同育人，显著提升人才培养质量。学校与企业要遵循技能技术人才发展规律、紧密结合岗位需求，遴选相应的培养专业来开展现代学徒制，同时还要在协同育人机制基础上，为学徒提供专门的培养方案，从而显著提升人才培养水平。

1. 共同研究和制定人才培养方案

职业院校和企业要充分发挥各自的优势，在师资方面要运用互聘机制，在有关教育资源上要积极共享。为此，职业院校教师和企业师傅必须通力协作，按照企业岗位或者岗位群的具体技能要求，给出专门的人才培养方案。此方案必须明确上述四个课程模块的具体内容，由参与主体根据该方案制订教学计划。校、企双方要做好相应的企业调研工作，对不同岗位的能力要求进行分析、整合，进而明确必须完成的典型任务，指出需要覆盖的行动领域，同时完成具体的教学设计，这样从教学实施一开始就能对教学质量进行有效的全面监管。

2. 共同建设现代学徒制教学管理运行机制

职业院校和企业按照生产与教学相结合的原则,共同设计日常教学管理制度,完善有关的运行体系,使教学工作有条不紊地开展。如共同开发课程和教材、共同设计实施教学、共同组织考核评价、共同开展教学研究等;职业院校可承担系统的专业知识学习和技能训练工作,企业则利用师傅的传、帮、带,基于具体培养方案来对学徒的技能进行训练。职业院校和企业还必须明确教学质量监控体系,对最终的教学结果进行科学评价。根据企业对人才的需求标准,结合相应课程要求,给出科学的评价标准。将社会、个体、企业、学校的评价进行综合,立足于岗位能力构建相应的评价体系,不仅能够显著提升学生的综合能力,还能有效提升教学质量。

(二) 打造适合现代学徒制需要的教学组织机制

1. 组织教学要依据学生的双重身份做到因材施教

现代学徒制人才培养模式,将就业、实习、教学融为一体,职业院校紧密结合合作企业的岗位要求、用人标准,共同给出专门的教学计划,学生在职业院校和企业这两个环境中完成不同课程的学习。学生在企业实训学习中,第一个学年必须完成识岗训练,随后的两个学年则要完成跟岗与顶岗的训练;在企业学习的过程中,学生注重自身技能方面的培训,同时还贯穿了理论学习。为此,企业师傅、学校教师要科学把握学生的双重身份。在现代学徒制下,他们兼有学生和学徒身份,而且来源也具有多元性,既有中职生、高中生,也有企业员工等。在开展教学时,双导师应遵循因材施教的原则,因为学生本身具有双重身份,他们需要完成学习和工作两项任务。职业院校和企业要明确各自的权责,推行高效的教学管理制度,并共同进行管理。譬如,学生毕业设计任务就需要学校教师和企业师傅进行协商,最终明确相应的题目,其中企业师傅负责相应技术路线的设计,而学校教师则为其岗位工作提供理论支持,包括具体设计范式的指导等。唯有如此,现代学徒制的教学才能有效、科学地开展。

2. 充分发挥"双导师"对学生的学业评价功能

要提升教学质量，就必须很好地解决校企双导师问题。学校教师主要对学生的基础理论和技能进行教学，主要采用的是集体授课方式；企业师傅则负责学徒岗位技能技术的培训，采用的是传、帮、带方式。如今，职业院校与企业在现代学徒制模式下实现了互聘，双方师资力量能够共用共享。要发挥双导师教学模式的效果，其中一个关键就是要对学徒的学业进行科学的评价。一方面，学生在职业院校学习的过程中必须按照学校教师要求，严格遵守学校的相关管理制度；另一方面，在学生完成相关学习任务之后，职业院校则要基于相应的考评制度对学生的学习成果进行考评。而这些学生进入企业后就是学徒，必须按照企业管理制度，掌握相关岗位技能，并完成相应的工作任务，在此基础上企业对其进行岗位考核。

（三）完善现代学徒制教学管理和运行机制

1. 以上级部门现代学徒制文件精神为依据

中央与省级教育部门先后颁布的推动现代学徒制有效落实的指导文件明确表示，试点工作必须建立在科学的运行机制与教学管理基础上，各地方必须紧密结合现代学徒制特点，职业院校与企业共同构建教学质量与运行监控体系，强化整个教学过程的管理，与企业共同制定科学的学徒管理办法，使学徒权益得到很好的保障。此外，还要紧密结合教学要求，为学生安排相应的岗位，让他们在企业师傅的带领下完成工作任务。由于学徒或者学生在求学过程中是在职业院校、企业交替学习，因此，职业院校必须引入弹性学分制，完善教学管理与运行机制。职业院校和企业要共同完成对学生的考核评价，将学生的工作任务完成情况纳入考核体系。这些文件的颁布实施为现代学徒制教学运行与管理机制的完善提供了重要的政策指导。

2. 建立健全现代学徒制教学管理制度

完善教学运行与管理机制，使之与现代学徒制更好地契合。除了文件所提出的制度外，还要制定日常教学、企业学徒、双导师聘用、弹性学分制管理办法，进一步制定教学督导制度、人才培养方案、企业准入标准，给出课程考核指导意见，明确学校导师和企业导师评价指标等。

（四）打造多方参与的教学质量反馈机制

1. 建立以"353"模式为主体的教学质量监管机制

构建不同主体共同参与的教学质量反馈体系，如可以构建"353"模式监管体系，即：3个主系统（教学管理系统、教学评价系统、信息反馈系统）；5个子系统（学校教学行政管理子系统、系部教学行政管理子系统、企业监管与评价子系统、学校督导监管与评价子系统、现代学徒制学生信息反馈子系统）；3支管理队伍（学校管理队伍、企业管理队伍、现代学徒制学生信息队伍）。职业院校可以建立基于学校领导、企业专家、学校教务、督导等职能领导共同建设的教学质量监管理事会，在该理事会设置专门的秘书处，对试点专业教学质量评价工作进行管理、指导与组织，并对教学实施环节出现的问题进行动态协调，对教学质量进行整体评价。不同专业要紧密结合需求，成立专门的评价小组（具体由企业专家、学校领导、骨干教师等组成），对人才培养方案、教学环境、核心课程的教学质量展开分项评价。

2. 形成多元参与质量保障机制，共同监管教学质量

由于学徒班采用的是校、企交替式教学模式，其中关键性教学内容必须在企业内部完成，因此，教学监控需要由学徒、职业院校、企业共同负责。该班级企业责任领导必须对课程教学情况进行不定期与定期巡视，不仅要做好有关记录工作，还要对有关问题进行协调，以此来对双导师进行相应的考核。职业院校系部、教务处等部门要进入企业或课堂现场听课，组织学徒举行座谈会，抽查学徒相关课程、任务的完成情况，了解其能力水平，并将结果作为对双导师进行考核的重要依据。学徒要定期向职业院校和企业的教学质量管理部门反馈教学情况，指出其效果与局限性。对于可能对教学质量产生不利影响的问题，职业院校和企业应共同协商解决。学徒、校、企必须对教学质量进行监管，进而构建逐层把关、相互协作的

教学质量保障监管体系。不同管理层负责对相应的教学质量和工作内容进行监管，各层次之间要互联互通，提供差异性的侧重点，构建质量保障监管共同体，使教学活动过程更为规范，并能得到科学、全面的监管。

第三节 现代学徒制的质量监控

一、现代学徒制教学质量监控的特质

（一）以现代学徒制为指导思想

在现代学徒制教学模式下，校企合作较为深入，并对传统的工学相结合教学模式进行了创新，师、生、校、企在人才培养过程中有着不同的作用。现代学徒制是由政府积极参与，职业院校和企业共同对学生进行培养和教育，三方主体深入合作的创新人才培养模式。在现代学徒制模式下，学生存在着两种身份，在职业院校是学生，在企业是学徒。为了更好地推行现代学徒制，必须突破传统的教学管理模式，并付诸实施。此外，还要构建立足于现代学徒制的教学监控系统，并付诸实施。

（二）以职业能力为核心的质量观

过去对教学质量进行监控与评价，主要是以知识性考核为核心，在现代学徒制模式下，由于更加注重学生实践与创新能力的培养，因此更加注重对学生实践素质与创新能力进行评价，监控他们的创新与实操能力。在对教学质量进行评价时，必须将职业能力作为核心内容，由职业院校、企业、行业等参与主体共同制定评价方案，并切实地加以落实。

（三）以学徒为本的质量监控原则

现代学徒制实现了校企合作、工学结合的深度变革，较好地展现了职教的本质。这种模式蕴含了丰富的职教思想，在培养技能型人才过程中充分融入了人文素养与职业能力，始终以学徒为核心，突出个性化发展，在培养现代学徒时，遵循发展性、适应性、针对性等原则。现代学徒制下的教学质量监控体系则基于学徒的本性、需求与存在状态，为其个性化发展

提供支持，有效提升教学质量。

（四）监控过程侧重于岗位评价，辅以其他评价方式

现代学徒制十分重视岗位能力方面的培养，师徒之间也是基于相应的岗位建立相应的关系。企业师傅传授学徒知识技能，主要是传授具体岗位技能，为此，教学质量监控的基础单元就是对学徒的岗位技能进行评价，而所对应的评价内容就是学徒对技能的掌握水平。在实践教学评价过程中，岗位技能评价是关键，能够衡量学徒的学习效果，也是评定学徒成绩的重要依据。

（五）质量监控结果有利于反馈和激励

通过教学质量监控，职业院校和企业能够获得及时的教学效果反馈信息，从而对现代学徒制的教学做出相应的改善。基于此，现代学徒制的教学质量监控体系必须建立常规的反馈渠道，将采集、分析的信息与结果迅速传递到学校和企业，由这两个主体根据反馈内容对自身的教学进行优化、整改，推出相应的改善措施，不断提升教学质量。唯有此，教学质量监控工作才具有有效性。

二、影响现代学徒制教学质量监控的因素

影响现代学徒制教学质量监控的因素主要体现在组织制度、过程要素、资源保障及考核评价等四个方面，如表10所示。

监控教学质量是提升现代学徒制教学质量的关键，具体做法是，基于人才培养目标、质量标准等，对整个教学过程进行全面检查，找出教学实际与教学目标的差距，分析个中缘由，进而采取有针对性的措施进行纠偏，从而保障培养目标的实现。由影响教学质量相关因素的分析可以知晓，组织制度中的管理机构、制度文件是现代学徒制人才培养的基础，人才培养的关键包括学生管理、标准编制、课程与专业的实施等，培养人才的保障则包括教学资源中的设备、师资力量等，而实现人才培养目标的关键措施就是评价考核。以上因素相互关联和作用，并对最终的教学质量产

生显著影响。

表 10 影响现代学徒制教学质量监控的因素

一级指标	二级指标	主要内容
组织制度	组织机构	学校与企业是现代学徒制的质量管理专职机构
	制度协议	学校与企业关于现代学徒制的系列管理文件：学校与企业教师的管理制度，学生与员工的管理制度，教学过程管理制度；校、企、生签署的三方协议等
过程要素	质量标准	校企教师、专业教学、课程标准、参与现代学徒制的企业标准等
	教学过程	双招方式、校企制订培训计划、校企轮训模式、课程与专业实施等
	管理过程	学生在职业学校和企业的学习、培训管理、食宿、安全管理、学分制管理等
资源保障	企业资源	企业师傅、设备、职业岗位技术技能、图书资料等
	条件保障	学徒津贴、保险、三方协议书
考核评价	评价主体	企业师傅、学校教师
	考核内容	通用基本知识、岗位技能、工作能力、岗位知识
	考核方式	面试、笔试相结合，对学徒在完成岗位任务时的技术、态度等进行评价

三、现代学徒制教学质量监控的现状

（一）校内监控为主，企业力量参与不足

目前，现代学徒制的教学质量监控主要是由职业院校负责，推行的是学校、院系、教研室这三个层次的监控模式，涉及的人员包括师生、领导层、督导和管理部门人员，其他力量如企业在现代学徒制教学质量监控中就有显著局限性。要更好地实施现代学徒制，单纯依靠职业院校的力量来对教学质量进行监控，显然不够科学合理，也不利于高技能应用型人才的培养。

(二) 重视理论教学，实践教学监控不足

当前，主要是对职业院校的理论教学进行质量监控，而对在企业开展的实践教学质量监控明显存在不足。然而，实践教学的有效实施，可以显著增强学生的动手能力，并能使相关人才的培养达到预期，如果在这方面缺乏质量监控，将会影响目标的达成。

(三) 重视课堂教学，其他环节监控不足

当前教学质量监控体系更多关注的是课堂教学秩序、教学方法、知识容量等，对影响人才培养质量的其他一些重要环节并未给予高度关注，如企业、社会专业人员共同推出的培养方案，校、企双方教学资源的科学利用与配置，职业院校教师与企业师傅情况的动态监控等，对这些关键环节的监控还要给予相应的完善。

(四) 教师和学生的双重身份体现不足

1. 教师角色认知的误解

在现代学徒制体系下，教师角色具有双重属性，既有负责传授理论知识的学校教师，又有具有较强岗位能力与丰富经验的企业师傅。这就对参与现代学徒制的师资提出了更高的要求。当下教学质量监控体系主要关注对教师理论教学能力、态度、效果等方面的监控，对实践岗位教学能力方面的监控不够重视。此外，虽然企业师傅在本职岗位上能力较强，其经验也颇多，但在教学态度、教学方法、教学效果等方面还需要进一步提升，有必要将其纳入教学质量监控范围。

2. 学业考核重点的误解

目前职业院校高度重视学生理论知识的掌握情况，并设置了较为丰富的实践课，这就意味着职业教育十分重视实践能力的教学。然而，现行的教学质量监控体系并没有针对实践教学给予全面的评价，即使有也未必能落实相关整改措施。相当部分职业院校依然关注对学生理论知识的考核，而对学生岗位实际能力、创造性等的考核并不多；较为重视学生在学校学习内容的考核，而对学生在企业岗位上的工作表现、经验、能力等的考核

整体较少。为了更好地落实现代学徒制，必须对这两个方面的内容进行综合性考核，并给予相应的重视。而且在考核方式、考核内容等方面，还要强化革新，注重对学生的职业创新、职业发展等能力进行全面考核。

现代学徒制在我国实施的时间较短，在政策扶持方面还不够完善，对于校、企、学生这三方的利益，还没有从法律、政策等层面给予很好的界定与保障，没有完善的顶层设计，在案例方面也不够成熟。针对教学质量的监控工作，目前仅仅是对现代学徒制在实施环节所面临的诸多问题进行分析，然后找到相应的解决方法。譬如，职业院校和企业采用现代学徒制的方式进行教学，双方的成本都会有所增加，且缺乏相应的利益补偿，如民办高职院校就面临着很大的资金压力，这必然会给校企合作及现代学徒制的落实带来负面影响。

四、现代学徒制教学质量监控的体系构建

校、企这两个主体对现代学徒制教学质量的监控必须建立在人才培养标准与目标的基础上，确保各利益主体的需求都能得到更好的满足。组织制度是开展教学质量监控工作的重要前提。强化教学质量过程管理则是该监控工作的核心内容，通过对学徒的学习成果进行科学的评价，反馈存在的问题，为后续的改善提供重要保障。这也意味着，该教学质量监控所涉及的诸多环节相互关联和影响，而且是一个典型的闭环系统。

（一）建立跨部门、多主体协作的运行系统

现代学徒制属于典型的跨界教育，职业院校和企业是这种教学模式的核心育人主体，肩负着人才培养的任务，基于此，对人才培养质量的监控，必须在参与主体的合作下才能进行。在人才培养过程中，职业院校和企业参与到每个环节，从最初培养方案的制定，给出明确的教学标准，到对工学交替进行落实与管理，推行学徒、职业院校、企业、导师、行业等的综合评价模式，使之逐步形成规范的评价体系，都离不开职业院校和企业的合作。那些试点此教育模式的职业院校与企业，通常会根据人才培养要求，共同制定与完善相关的人才培养标准、制度和目标，职业院校、企业这两个主体在诸多制度框架体系下，共同开展管理活动，进而形成职业院校与企业联合的教学质量监控系统，确保这两个主体在培养人才的过程中，能够担负起各自的职责，完成相应的教学任务，从而提升学徒的教学质量。

（二）建立以制度为支撑的质量保障体系

现代学徒制属于创新的人才培养制度，只有构建完善的制度，才能保证该教学模式的有效运行，显著提升教学质量。从宏观角度看，那些现代学徒制应用水平较高的发达国家先后推出了一系列的法律法规和规章制度，从制度层面为现代学徒制的实施提供了有效的保障。从微观角度看，这些国家的现代学徒制有完善的运行管理制度，并设立了相关考核标准，从而为人才培养的出入口提供了成熟的制度保障。国内试点院校可以借鉴这些国家的一些成功经验，譬如，学徒的双招制度、不同参与主体在培养人才方面的权责制度、考核评价制度、学徒管理与培养制度、学徒标准制度等。

（三）建立灵活开放、分工协调的育人机制

现代学徒制所涉利益主体不仅多元，而且跨界，不仅需要学校与企业的合作，同时还要横跨教育与职业等，其学习方式与管理方式具有灵活性和开放性。为此，现代学徒制试点院校必须立足于质量保障体系，进一步构建灵活开放、校企合作的运行体系，探索具有创新性的教学管理制度、具有灵活性的学分认定制度等，突破传统的非学历教育与学历教育的界限，进而构建极具包容性、灵活性、开放性的育人制度。

五、加强现代学徒制教学质量监控的策略

（一）加强现代学徒制的组织制度建设

现代学徒制的组织制度包括学校和企业为保障现代学徒制的开展而成立的专门管理机构和所制订的相关制度，这些组织制度支撑和保障着现代

学徒制的开展。

首先,建立专门的组织管理机构,其内部成员包括职业院校和企业等,它们共同对该教学模式的运行与管理负责。按照现代学徒制的特点,不仅要引入职业学校和企业,还要吸纳社会组织、学生等群体,进而构成矩阵式组织机构,研究和制定人才培养方案,合作完成课程的开发,并对课程进行有效落实。学校不仅要设立专门的教学督查机构,还要设立专门的部门对日常的教学进行管理,如对学徒在企业内部的学习情况进行监督、跟踪等。

其次,打造现代学徒制管理制度。现代学徒制立足于企业,以工作岗位要求与技术技能为核心学习内容,相关利益方出于自身利益的考虑,必须相互协作,最终构成契合多方利益的规则系统。这意味着,现代学徒制实际上就是利益主体为了满足自身利益需求而推出的一个制度体系,目的是对各利益主体的相关行为进行制约和规范,并对它们的各种活动给予制度上的支持。基于此,对应的教学管理制度主要包括以下方面:第一,管理制度,主要有人才培养日常教学管理办法、校企双招管理办法、双导师教学管理办法等;第二,教学过程文件,主要有课堂教学教案、人才培养方案的指导意见等;第三,教学监控指标,主要有教学质量满意度调查表、课堂教学日志等。此外,校、企、生三个主体还必须共同签署合同文件,明确各自的权责,对三方的行为和互动进行约束。

(二) 制定现代学徒制的相关标准

现代学徒制的相关标准主要有教师和培养标准、企业培训学徒标准等,其作用是规范与约束职业院校和企业对学徒的培训,为学徒的培训质量提供重要保障。如澳大利亚现代学徒制的培训包是该国推出的通用型学徒培训基本要求、职业认证标准、课程开发指导材料等,这些标准与要求实际上就是该国针对现代学徒制制定的重要法律法规和规章制度。德国的企业想要参与学徒培训,就必须得到全国行业协会及其分支组织的认可。瑞士对参与现代学徒制的教师也有严格规定,企业师傅必须获得相应资格证书才能担任企业导师。这些培训标准、企业标准等，都会对最终的学徒培训质量产生显著影响。目前，国内开展此教学模式的试点学校，还没有推出较为完善的企业师傅与学校教师资格标准。

（三）校、企双方共同执行教学过程监管

在人才培养过程中，对不同环节进行监督管理就是所谓的过程监管，具体有双招管理、人才培养方案的编制、专业教学标准设计、动态的学分制管理等。在整个教学质量监控体系中，过程管理无疑是核心内容，也是提升教学质量的关键。在进行过程管理的过程中，校、企、生必须合作，在出入口各环节严格把关，构建多元化的监控管理体系。

（四）明确校、企双方职责，共同分担培训成本

职业院校与企业在培训学徒环节必须共同协作，使学校能够达到培养人才的目的，使企业能够获得所需的技能技术人才。为此，在培训人才的过程中，职业院校与企业必须共同承担成本，履行各自的职责，积极提高人才培养质量。现代学徒制需要的资源可以概括为人力、财力、物力，其中人力资源主要指企业师傅、学校教师；财力资源则是职业院校与企业为了培养人才需要共同投入的资金；物力资源主要指基础设施，如教学设备、图书、岗位技术等。为了更好地发挥这些资源的作用，学校、企业、学徒还要通过三方协议、人才培养方案等明确各自的权责，按照企业师傅与学校教师标准，明确双师在培养人才时的职责与任务。职业院校与企业不仅要共同合作制定人才培养方案，还要在开发课程的过程中通力合作，为学徒提供满足标准要求的学校教师和企业师傅，为学徒提供相应的实训设备，注重学徒的科学评价等。在职业院校与企业共同培训环节，要逐步构建常态化的设备投入机制，按照人才培养方案与标准，向学徒传授岗位基本技能、核心技能、通用技能等，显著提升学徒培养质量。

（五）建立多元化的考核评价系统

在评价系统方面，不仅要将校、企作为评价主体，还要引入社会组织、学生、第三方评价机构等，使评价体系更加灵活和多元。该系统通过

对学徒进行评价,使导师的作用得到更好的发挥。考核评价内容主要有两点:专业基础知识和核心能力。前者主要采用面试、笔试方式进行考核,后者则结合学徒在岗位工作上的成绩来进行评价。学徒在完成培训之后,不仅要通过职业院校和企业的考核,还要通过岗位职业标准的考核,才能获得与岗位相契合的职业资格证书和学历证书。由上述可知,现代学徒制的评价考核是形成性、发展性和多元性的。

第七章　现代学徒制试点的反思

我国现代学徒制在国家政策引导、地方政府统筹管理和各试点单位的积极努力下,形成了典型经验和成效特色,同时也面临着一些困境。从全国特别是苏南地区现代学徒制试点的成功经验来看,必须在实施原则、路径设计思路和质量保障等方面进行思考与探索,才能更好地推进现代学徒制工作。

第一节　现代学徒制试点的现状

一、我国现代学徒制试点的现状

(一)注重顶层设计,为现代学徒制的实施提供根本保证

顶层设计意在从全局出发,综合统筹各方资源要素,制定科学合理的政策措施,以寻求问题的根本解决。在全国范围试点的现代学徒制就是一种自上而下的职业教育人才培养模式改革的顶层设计。在我国,现代学徒制的实践呈现出两个鲜明的特征:一是强调职业教育高质量发展的整体战略。现代学徒制的实施经历了"政策酝酿—试点改革—全面推广"的发展过程。从 2010 年《国家中长期教育改革和发展规划纲要(2010—2020 年)》到 2014 年《关于开展现代学徒制试点工作的意见》,现代学徒制实施的政策支持不断加强;从 2015 年发布《关于公布首批现代学徒制试点单位的通知》到 2018 年起每年批准公布现代学徒制试点单位,相关试点工作的探索不断开展;2019 年发布的《关于全面推进现代学徒制工作的通知》则对现代学徒制试点的经验进行了全面总结、全面推广。伴随着三轮试点的不断推进,现代学徒制作为推动职业教育高质量发展的关键一

环，逐步由区域性的探索行为发展成为全国范围的稳定的职业教育战略政策。二是突出现代学徒制实施的执行力。从国家层面来看，教育部出台的《关于全面推进现代学徒制工作的通知》从招生招工一体化、标准体系建设、双导师团队建设、教学资源建设、培养模式改革和管理机制建设等六个方面对现代学徒制的实施进行了具体指导。从地方层面来看，各地方政府加强统筹，通过协调教育部门、财政部门和行业主管部门设立现代学徒制试点工作专项资金，搭建现代学徒制沟通交流平台，确保现代学徒制的有效推进和实施。如浙江省通过制订规划，明确了省内现代学徒制实施的目标任务、基本原则、基本内容和保障措施，实现了适合用现代学徒制形式培养技术技能人才的学校、专业的试点全覆盖。

（二）发挥研究引领作用，为现代学徒制的实施提供动力支持

理论能够指导实践，并在实践中得到丰富和发展。为更好地推动现代学徒制的实施，教育部和地方政府组织一批专家、学者和一线教师围绕现代学徒制的基本理论、教育教学和人才培养等开展多领域的系统研究，以保障现代学徒制的有序、有效实施。一是成立专家组织，充分发挥研究的引领和指导作用。通过成立全国现代学徒制专家工作委员会，对现代学徒制进行理论研究，对学徒制试点工作进行评估检查、实践指导，有针对性地提高技术技能人才培养质量，促进现代学徒制试点工作顺利开展，从而构建具有中国特色的现代学徒制。二是进行专题研究，推动现代学徒制理论与实践的同步发展。如华东师范大学徐国庆教授主持的教育部哲学社会科学研究重大课题攻关项目"职业教育现代学徒制理论研究与实践探索"，系统研究了现代学徒制的基本理论，提出了我国现代学徒制构建的关键问题。江苏省教育厅组织首批试点院校开展的"江苏省高职创新发展系列课题——现代学徒制研究"课题研究，为教育行政部门提供了决策咨询和建议。[①] 青岛市教育局依托全国教育科学"十二五"规划重点课题"现代学

---

① 彭召波. 江苏推进现代学徒制的实践与探索［J］. 职业技术教育，2017（27）.

徒制区域性统筹实施的研究",边试点边研究、以科研引领实践,探索建立校企协同育人、共同发展的青岛实践的运行机制。① 这些专题研究为现代学徒制的有序发展提供了行之有效的理论支撑和动力支持。

(三) 尊重基层首创,为现代学徒制的实施提供路径借鉴

2015年至今,全国范围内共有562个单位参与现代学徒制试点,覆盖1000多个专业点,每年惠及9万余名学生(学徒)。其中政府牵头的有20个,重点探索地方实施现代学徒制的支持政策和保障措施;行业牵头的有21个,侧重开发规范和保证现代学徒制实施的各类标准;企业牵头的有17个,重点探索企业参与现代学徒制的有效途径、运作方式和激励机制;院校牵头的有504个,重点探索现代学徒制的人才培养模式和管理制度。各试点单位作为现代学徒制实施的牵头责任主体,在结合区域经济发展和产业转型升级需求的基础上,充分尊重基层首创精神、激发创新活力,在政策、保障、模式、机制、标准等多个方面实现突破,为现代学徒制的全面推广和实施提供了路径借鉴。一是出台政策激励。如山东省在现代学徒制试点实施过程中,每年安排1000万元资金用于资助现代学徒制合作企业;安徽省积极组建现代学徒制试点单位联盟,为试点单位跨行业跨地区合作提供平台。二是建设学徒制基地。海澜集团积极探索协同育人的现代学徒制,并将学徒制基地建设作为员工培训中心的首要项目进行投入,学徒制基地包括教学区、培训区、配套区等三大部分,可同时接受3000名大学生学习实训,目前已与20多所职业院校开展联合招生培养。② 三是开发行业标准。广东省物联网协会行会学徒中心与企业和学校一起,分解跨企业的共性任务和企业个性任务,进行共性职业能力分析,制定出与职业标准相对应的人才培养方案,提供跨企业、具有行业共性的人才培养(课

---

① 王铨,李岩. 青岛市现代学徒制试点区域统筹实施的实践与探索 [J]. 中国职业技术教育,2018 (10).
② 程宇. 2015年值得关注的行企 [J]. 职业技术教育,2016 (3).

程)标准,参与学徒培养的全过程。① 四是创新协同育人模式。江苏省无锡商业职业技术学院将职业教育集团化办学与实施现代学徒制育人有机结合,探索出依托职教集团,实现现代学徒制"五定"(定主体、定协议、定要素、定权益、定流程)协同育人,创新以岗位技能培养为重点的现代学徒制"渐进式"教学组织形式,形成了具有中国特色、行业特征、企业风格的商贸类专业现代学徒制"渐进式""五定"协同育人新模式。

(四)强化过程管理,为现代学徒制的实施提供质量保障

规范、有效的过程管理是提高现代学徒制质量的根本保障。一是建立年审制度。为进一步加强对现代学徒制试点单位的指导,各地方政府成立了专门的组织机构,负责现代学徒制试点的年检和验收工作,通过专家查资料、看现场和开座谈会等多种形式审查试点工作进展情况,形成验收或年检结论及报告、典型案例并上报。教育部委托全国现代学徒制工作专家指导委员会对各地和各试点单位报送的年检与验收材料进行复核,并根据实际需要组织实地检查,适时反馈年检意见、公布验收结果,确保了现代学徒制试点的质量。二是引入第三方评价。江苏省教育厅通过引进第三方等方式,开展对接岗位标准课程、师资培训、学徒学习等的质量认证。如太仓市与德国工商业协会、德国手工业协会合作开展专业评估,常熟中专等学校以英国现代学徒制培训框架和标准开展外审评估等。三是建设管理平台。以广东省为例,广东省教育厅借鉴英国现代学徒制的做法,建设广东省现代学徒制管理平台,管理平台既可以为用人单位、学生(学徒)、职业院校提供信息,实现资源共享,又可以帮助试点院校加强试点项目的管理。②

---

① 席东梅. 多元众筹:助力现代学徒制走得更远——访广东省物联网行业协会人才中心主任陈玉琪 [J]. 中国职业技术教育,2016 (31).
② 郑文,赵鹏飞. 广东特色高职教育现代学徒制试点探索 [J]. 中国职业技术教育,2016 (31).

（五）落实成果推广，为现代学徒制的实施提供经验样本

各试点单位通过对现代学徒制工作中的经验做法进行总结和提炼，探索出可借鉴、可推广的试点工作模式和改革案例，并使之成为现代学徒制全面推广的经验样本。一是形成人才培养理论样本。如广东总结凝炼出以"双元育人、双重身份，交互训教、工学交替，岗位培养、在岗成才，校企一体化育人"为内涵的广东特色现代学徒制人才培养理论，助力广东产业转型升级和创新发展。二是形成人才培养体系样本。如长春汽车工业高等专科学校以国际标准为引领，结合中国汽车产业发展特点开展"三元制"现代学徒制实践。通过建立职业教育与职业培训相融合的现代学徒制内容体系和"共育共享、互评互认"的校企双导师培养机制，参照企业员工岗位标准，构建完整的学徒培训体系。三是形成人才培养模式样本。如广西职业技术学院以广西茶业职业教育集团为平台，与集团内茶叶龙头企业共同建立茶业职教集团学徒制班，制定"先招生后招工"的现代学徒制招生招工方案，共同组建由国家级和自治区级六堡茶非遗传承人、广西茶叶大师、企业大师引领的"双导师"教学团队，共同实施"六双""七共"的现代学徒制人才培养方案，创新"大师引领、一徒多师，逐轮提升"的人才培养模式，有效解决了校企合作育人不紧密、教学组织管理与企业管理不协调、教学内容与生产内容脱节等人才培养问题。

二、苏南地区现代学徒制试点的现状

苏南地区现有教育部现代学徒制试点单位19个，其中有2个地区、11所高职院、5所中职校、1家企业，形成了由地区、企业、高职院和中职校共同构成的四维试点框架。

（一）苏南地区现代学徒制试点的典型经验

1. 强化顶层设计与组织领导。江苏省教育厅根据教育部《关于开展现代学徒制试点工作的意见》的要求，结合本省实际，出台《关于推进现代学徒制试点工作的通知》等文件，明确了现代学徒制试点的目标任务、

工作要求和保障措施；并成立省试点工作办公室及专家指导组，负责试点工作的研究、指导与推进。苏南地区由教育、经信、财政等部门联合出台专门政策，成立专门机构，明确职责分工。如太仓市设立对德合作产业发展专项资金支持开展现代学徒制试点，年度总规模为5000万元。

2. 完善学徒制人才培养标准体系。各试点单位积极重构人才培养方案、专业课程体系、专业教学标准，开发基于岗位工作内容、融入国家职业资格标准的专业教学内容和教材。如南京金陵中等专业学校与宝马公司成立校企课程开发工作小组，融合宝马标准开发91个模块的课程群，形成课程开发更新常态机制。

3. 强化试点工作过程监控。现代学徒制试点工作被列入江苏省政府2017年度重点工作考核指标。江苏省教育厅通过组织现场推进会等多种形式，加强对试点工作的监督与指导。各试点单位通过引进第三方等方式，开展对接岗位标准课程、师资培训、学徒学习等的质量认证。如太仓市与德国工商业协会、德国手工业协会合作开展专业评估，常熟中专等学校以英国现代学徒制培训框架和标准开展外审评估等。

4. 注重科学研究与宣传推广。江苏省教育厅设立现代学徒制的省级立项课题30个，重点围绕体制机制、教育教学、人才培养等开展多领域系统研究。各试点单位在科研与实践的基础上，边试点边研究，及时总结，提炼形成可借鉴、可推广的工作模式和改革案例，并通过交流会、新闻媒体等多种渠道加以推广。

（二）苏南地区现代学徒制试点的成效特色

1. 技术技能人才培养质量有效提高

各方通过开展现代学徒制试点，把提高职业技能和培养职业精神高度融合，增强了学生的社会责任感和创新精神，提升了学生的实践能力。如南京信息职业技术学院实施现代学徒制的"昆山学院"首届26名学徒毕业后全部被企业招为正式员工，其中6人被聘为企业工程师，16人被聘为助理工程师，4人被聘为技术员，比同届普通毕业生达到同等水平缩短了一年半的时间。2017年7月,"现代学徒制'昆山模式'的研究与实践"荣获江苏省教学成果奖一等奖。

2. 校企协同育人机制有效加强

试点单位充分统筹职业院校与企业的教学资源,建立成本分担机制,形成分工协作育人机制。一是统筹校企教学资源。海澜集团与江苏信息职业技术学院共建"校中厂","校中厂"在"双11"期间承接海澜之家部分外包服务,电商运营销售额达到1.55亿元。二是建立成本分担机制。如昆山开发区试点企业每月给学徒发放1820元的补贴。三是构建工学结合人才培养模式。如常州刘国钧高等职业技术学校构建了"三融四共"模式,即校企合作理念融合、资源融合、培养过程融合,共同投入、共同开发、共同培养、共享利益。

3. 校企互聘共用导师队伍基本建立

一是完善双导师制度。如苏州旅游与财经高等职业技术学校明确学校导师的"校内课程教学、理论教学及学业管理"职责,企业导师的"学徒期间的实践教学和日常管理、带徒培训、学徒评价"职责。二是鼓励学校教师参与企业技术研发和联合课题攻关。如无锡商业职业技术学院主动与红豆集团在人才培养、实训基地建设、干部挂职交流锻炼、科技服务等方面开展全面深入的合作,被表彰为市级"校企合作示范基地"。

4. 各具特色的现代学徒制人才培养模式基本形成

如南京工业职业技术学院通过与西门子等大型企业合作,建立"技术联盟式"学徒制模式;无锡机电高等职业技术学校在集团化办学背景下开展现代学徒制试点;常州旅游商贸高等职业技术学校与大型文化企业集团合作开展旅游服务专业群学徒制人才培养;太仓中专与德资企业群牵手开展"双元制"本土化实践;等等。

第二节 现代学徒制试点的困境

现代学徒制最突出的优势在于多元教育主体参与,融合多种教育类型而具备高度的系统性和整体性，可以说现代学徒制的本质就是协同教育、融合教育。要推动现代学徒制的顺利实施，各教育相关主体就必须紧密配合、联合推进。① 当前，我国现代学徒制仍处于探索阶段，从国内开展现代学徒制试点的情况来看，相关主体权力划分不清，职责不明，主体作用缺位、错位、虚位等问题仍较为突出。

一、我国现代学徒制试点过程中存在的问题

（一）政府顶层设计不足

无论是宏观制度层面，还是中观的人才培养模式层面，现代学徒制都需要政府这一元的积极参与。因为现代学徒制不仅仅是人才培养问题，更关系到企业尤其是中小企业的技术升级与成本控制、劳动力市场的优化配置、劳资关系协调、学徒的社会地位、技术技能人才成长标准等诸多问题。政府作为行政管理机构，理应通过行政权力协调各参与主体的利益关系，扫除现代学徒制实施过程中的制度障碍。目前政府在统筹职业院校、行业、企业的资源，建立多方联合培养机制等方面的顶层设计尚有不足，相关法律法规、规章制度仍有滞后，这些都制约了现代学徒制的实践进程。② 首先，由于目前我国现代学徒制正在试点推行，政府相关部门主要侧重于宏观引导，对于如何落实现代学徒制试点工作缺乏具体的管理机制和细化规定，政府与职业院校、行业协会、企业等教育主体之间仍处于低效协同、各自为政的状态。其次，政府尚未建立起企业、行业协会等参与现代学徒制的激励机制。企业是现代学徒制重要的实践主体，为学徒培养提供先进设备、前沿技术、企业导师等优质资源，对人才技术技能的提升至关重要。对于以利益为先的企业来说，如果没有足够的激励机制保障，

---

① 肖静. 基于"校、政、行、企"四方协同的职业教育现代学徒制研究 [J]. 教育与职业, 2017（15）.

② 陈诗慧，张连绪. 利益相关者视角下现代学徒制的主体诉求、问题透视与实践突破 [J]. 职业技术教育, 2017（22）.

企业付出的硬性成本较高，往往会影响企业参与校企深度融合的积极性。对行业协会来说，如果没有明确的激励机制，也会在一定程度上影响多方联合培养人才机制的建立。再次，现代学徒制试点运行缺乏系统完善的法律制度保障。如未对职业院校、企业和行业协会进行清晰的权责边界界定，未对现代学徒的身份及学徒与企业的劳动关系进行清晰界定，未对企业、学徒等的利益给予明确保障等，致使相关试点工作缺乏必要的法律依据和基本的操作规范。

（二）职业院校认识不深

职业院校是现代学徒制质量保障的重要主体，具体落实现代学徒制试点的各项工作。通过推进现代学徒制，全面提升技术技能人才的培养质量和职业院校的社会服务能力，进一步推动现代职业教育体系的构建，是职业院校的应然责任。现代学徒制教学模式与传统教学模式差异较大，而传统教学模式已不能适应现代学徒制的推行。首先，职业院校对现代学徒制的意义和重要性认识不够，认为这是换了形式的校企合作，尚未建立起与现代学徒制人才培养相适应的组织机构和教学管理制度，未从培养高技能人才的角度遴选实岗企业。其次，职业院校与企业融合不深，现代学徒制下的人才培养方案、试点专业、课程设计、教材体系仍因循传统，没有依据企业的需求进行安排。或者专业理论学习过多，实岗训练较少，专业技能培养不足；或者企业实践过多，理论学习不够，学徒综合素质不强，无法支撑现代学徒制的全面开展。再次，职业院校与企业对接不够，职业院校技术人才培养标准与企业的人才需求尚不协调，学校招生与企业招工存在"两张皮"的现象，学生实岗培训与企业就业无法实现无缝对接。最后，职业院校师资队伍建设总体水平有待提高，学校负责学徒在校期间的专业知识学习和技能训练，部分教师的企业顶岗经验不足，专业实践能力不强，导致学徒进入企业后学习适应周期较长，实岗效率不高。

（三）企业积极性不高

企业是现代学徒制实施的另一重要主体。企业对市场行情、经济动态、技术革新的敏感性和前沿性决定了其是现代学徒制人才培养的核心，职业院校和企业融合的广度与深度决定了现代学徒制人才培养的质量。在现代学徒制的试行过程中，企业参与力度不足、积极性不高是最大的问题。第一，企业治理主体地位缺失，参与度不高。现代学徒制工学结合的特点决定了企业在现代学徒制的实施中应处于中心地位。然而在具体推进过程中，多数仍以学校为主导，企业处于被动地位，在教学培养体系和实践管理中，企业的实际需求得不到体现，实际参与度不高，学徒的职业技能和实践能力受到影响。第二，企业利益得不到保障，积极性不高。现代企业大多以追求经济效益为主，企业参与现代学徒制人才培养往往需要提供相应的实践岗位，如果提供技术要求低的岗位，学徒就得不到锻炼；如果提供技术要求高的岗位，学徒的能力不能满足企业的需求，企业生产就会受到影响。现代学徒制至少需要三年的培养周期，在此期间企业必须不间断地投入设备、技术、人员、资源等，学徒培养成才后是否优先服务该企业仍是未知数。政府和学校对企业所投入的成本并无明确的税费减免或财政补贴等，在企业盈利点无法得到有效保障的情况下，企业联合职业院校实施现代学徒制的积极性不高，所提供的实践资源也有限。

（四）行业协会地位不高

行业协会是由同行业的企业或企业家组成，服务于全行业的共同事务和共同利益的社会中介组织。行业协会的正规性、公益性、非政府性及与企业根本利益的一致性决定了其能够公正地制定职业人才需求标准和人才产出的质量标准，因此，行业协会是现代学徒制多中心质量保障体系中不可或缺的指导与评价主体。行业协会参与传统职业教育办学较少，在现代学徒制中行业协会主体呈虚位状态，未发挥其应有的作用。原因有三。一是我国行业协会发展还不完善，2000年以后，我国行业协会才进入快速发展期，在政府的行政管控中，行业协会的独立性和功能性都较弱，在现代学徒制中，行业协会尚未发挥其在职业院校与企业间的沟通协调功能。二是行业协会规章制度不完善，管理多头，社会影响力和话语权不足，尚未能真正指导、引领现代学徒制的建设和发展。三是行业协会的权限和职责缺乏相关的法律界定，在评价现代学徒制人才培养质量与监督服务等方面的话语权和权威性不够，主体缺位在所难免。

二、苏南地区现代学徒制试点过程中存在的问题

（一）对试点意义和内涵的认识仍不到位

现代学徒制已上升为新时代大力发展职业教育的基本制度。在党中央、国务院召开的全国教育大会上，习近平总书记再次强调大力发展职业教育，重申了高中阶段教育实行普职大体相当的政策，并将推进现代学徒制作为发展高质量职业教育的重要方面。现代学徒制在深化职业教育内涵建设、提高职业教育质量方面的重要价值正不断显现。但苏南地区在开展现代学徒制试点的过程中，仍然存在对试点工作的目标和任务把握不清晰的问题。有的试点地区把区域试点等同于学校试点，片面认为现代学徒制就是教育部门的事情或者学校的事情，部分地区仅教育部门和学校在"一头热"，有的地区甚至是教育部门也不管，直接将现代学徒制交给学校任其自生自灭，需要突破的政策、制度、支持、保障没有进展，在宏观统筹、体制机制上没有进行探索，试点工作失之于空泛。部分试点学校则有明显的定势倾向，把顶岗实习、订单培养等校企合作混同于现代学徒制，对试点企业的遴选条件也缺乏正确认识，存在认知盲点。部分试点学校无企业的实质性参与和投入，以学校内的培训中心代替企业。地区试点、学校试点的目标任务是有差异的，解决问题的重点是不同的。学校在与企业的合作中，没有探索出行之有效、可资推广的校企深度合作共育人才的长效机制和运行模式。特别是在育人环节，学校和企业在时空安排、教学衔接、学习指导、学业评价等方面还存在较大脱节或壁垒，造成了人才培养过程中责权不清乃至主体模糊等问题。

（二）工作本位的人才培养机制还需进一步优化

部分试点单位对职业教育的理解仍然较为陈旧，没有及时更新职业教

育人才培养理念,在建立校企联合招生、联合培养、工学一体化育人的机制上没有主观探索的动力,等、靠、要的思想在一定范围还不同程度地存在。没有充分发挥学校设施设备、技术人才等资源优势,学校总体开放程度偏低,未能在最初的人才需求环节主动对接企业,无暇在中间的人才培养环节主动融入企业,仅仅在实习就业环节去依托企业,缺乏深层次为企业解决问题、为企业服务的意识。学校与企业融合程度偏低,学徒学习过程与工作过程的对接程度不高,总体上多数试点项目的人才培养方案、课程标准、岗位标准及学习评价标准等难以满足工作本位学习的要求,有些试点单位的人才培养方案与传统人才培养方案区分度不大,校企一体化程度不够,专业课程教学模式单一,难以很好地满足教、学、做合一的人才培养要求,学校和企业有效衔接的专业课程体系与学习资源体系还未基本建立,考核评价方式传统,还不能培养适应产业需求的高素质技术技能人才和未来工匠。

(三) 企业参与学徒培养的积极性有待进一步激发

苏南地区真正参与现代学徒制试点工作的企业并不多,能够按照政策和文件要求开展联合招生、协同培养的企业更是少数。总体上,设立学徒制项目专项奖励基金的企业不多,试点工作保障相对缺乏。据统计,苏南地区参与现代学徒制的规模以上企业还较少,大型外资企业、国有企业占的比重还较低。许多企业还不了解政府的支持政策,包括税收优惠、专项奖补等。部分企业对招生即招工还有相当多的顾虑,担心过早地在学生职业未定向的时候就建立契约关系,会影响学生的发展,这也导致企业参与现代学徒制人才培养的程度不深。同时,相关行业、组织的主导地位在试点中未得到必要体现,大部分产教联盟和职教集团在学徒制试点工作中的作用还很有限,没有充分发挥资源调动和聚合效应。

(四) 试点工作推进不充分、不平衡现象仍较突出

现代学徒制试点工作尽管在部分地区、部分单位已取得一定成效和经验,但总体上工作推进仍存在较突出的不充分、不平衡现象。首先,是不

充分的问题。不少学校总是抱着企业不重视、学校一头热的常规思维，缺少主动开拓精神，不去梳理、盘整资源，不做向企业开放、与企业合作的战略谋划，缺乏面向教育教学和人才培养深度变革的认知与魄力，未能有效聚焦与企业的合作及现代学徒制试点工作，在工作安排上按照组织惯性行事，甚至在与企业的合作中没有明确的诉求。以这种方式开展现代学徒制试点，必然会陷于有其名、无其实的境地，也必然多浮于表面，做形式文章，不少学校还存在说得多、干得少、真做的少、假做的多等现象。现代学徒制是慢工出细活的工作，需要沉下心去，把心思集中到实践上。其次是不平衡的问题。限于经济、文化、政策等方面的区域差异，各地区间、各学校间的现代学徒制试点存在较大不平衡。江苏实行国家、省、市三级试点，但各地区试点情况差异极大。部分地区一个国家试点都没有，不少地区把这项工作当成上级任务去理解，只安排学校去申报国家或省级试点，至今未启动市级试点，即使申报成功国家或省级试点，也未实质性推进，没有专门的支持性制度、政策、经费等支持，没有针对性改革举措。有些试点地区存在配套政策和现代学徒制推进机制不够，校企联合招生、联合培养等学徒制特色不明显等问题。不同专业之间也存在较大差异，总体上工科类专业的现代学徒制试点多，服务类专业的现代学徒制试点少。

第三节　苏南地区现代学徒制试点的反思

一、明确现代学徒制的实施原则

一是坚持政府统筹，协调推进。实施单位要积极配合政府的统筹，紧密结合地方经济发展需求，大力推动现代学徒制发展。二是校、企双方要坚持互惠、共赢、共商、共享、共担。坚定不移地做到校、企共同育人，合作完成学徒培养方案制定、联合招生招工，营造良好的共享、共担、共商、共赢氛围。三是坚持因地制宜，突出地方特色。按照行业、企业特点、人才要求等，在实践、教学、双招、工作、学习等方面做到因地制宜，并借鉴海外在此领域的成功经验，进而形成当地特色。四是遵循科学设计原则，给出正确的人才培养路径。对试点专业实施路径进行科学设计，并确定培养内容与思路，包括学徒方案编制、教学标准制定、学业评价等。五是积极推动"五大对接"，实现专业与市场、教学与生产、学历与职业资格教育、毕业证与职业证、终身学习与职业教育这五个方面的对接。

在推行现代学徒制环节，要始终遵循双导师教学模式，强化校企联合，共同培养人才。在招生招工方面要做到一体化，推行工学结合式教学，大力采用岗位成才等人才培养模式，使现代学徒制在国内得到更为广泛的推广。

二、掌握现代学徒制路径设计思路

此处的路径，又可以称作"道路"，语境不同，对应的含义也有一定差异。本文所提出的"路径"，是指要达到最终目标的路线。现代学徒制的实施路径，就是基于某个专业给出具体的实施路线。为此，在设计相关路径时，必须明确专业教育的实施次序，因为实施路径不同，最终实现的效果也会有一定差异。

国内现代学徒制试点工作具有开创性，属于典型的系统性工程。目前，现代学徒制的顶层设计总体不够全面，而且缺乏服务指导性，在方法和要求方面也缺乏固定的模式，相关的成功经验相对较少，部分试点组织试点专业建设的实施路径研究尚处于摸索阶段，这就使得相关试点的难度显著增强，甚至很难找到切入点。

如今，虽然部分试点单位已经认识到明确试点的实施路径极为重要，可是并没有进行科学的路径设计，这也导致现代学徒制的教育效果很难让人满意。现代学徒制虽然要求学校和地方密切结合，使之具有本土属性，不过从实施路径来看，其仍具有一定的共同点。通常，该实施路径有5个

步骤,具体见图6:

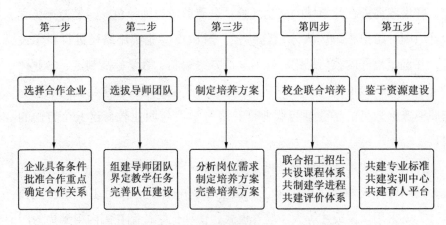

图6 现代学徒制实施路径设计思路示意图

三、优化现代学徒制的人才培养机制

江苏省人民政府在2018年发布了《关于加快推进职业教育现代化的若干意见》（简作《意见》），要求在省内推行中央、省、市三级试点，不断扩大现代学徒制试点范围，增加其规模，大力推动升级管理服务平台建设，制定相应的教学标准与工作规范，全面提升现代学徒制人才培养质量。

（一）明确现代学徒制的目标定位

开展现代学徒制是现代职业教育发展的普遍趋势。一是要进一步提高认识，明确地区和学校现代学徒制试点的方向与定位，形成系统的制度和政策设计。二是要加强现代学徒制发展脉络、核心要素、整体框架等的系统学习与研究，在充分借鉴其他国家先进经验的基础上，形成本土化的现代学徒制实施模式。既要反对守旧主义，也要避免民族虚无主义，要创建具有中国特色的现代学徒制人才培养模式。各试点单位要进行开拓性的探索，重点分析和创造性设计核心要素系统，既要规范更要创新，以校企一体化紧密合作为主体，以教育和产业为两翼，建立"一体两翼"的现代学徒制基本框架，做到政府、企业、学校三方联动，大力推进现代学徒制的发展。

（二）加大企业组织参与学徒制的支持力度

江苏省通过《意见》等文件先后推出了一系列激励政策，积极支持有条件的企业主动参与现代化学徒制教育，尤其是根据本省实际情况，推出了"教育型企业"支持政策。江苏省人大出台的《江苏省职业教育校企合作促进条例》，以地方法规的形式对企业参与职业教育的权责、激励措施进行了说明。这不仅能够激励更多企业主动参与现代学徒制人才培养，使职业院校和企业能够更好地合作并实现共赢，同时还能促进师傅与学徒通过参与现代学徒制共同提高，发挥重要作用。各地各校要充分利用这些利好政策，根据当地实际加快出台和完善切实有效的支持政策，将税收减免、奖补等激励措施落实到位。要转变单纯争取企业等外部支持的传统思路，以为企业提供更高质量服务为根本出发点和落脚点，寻求职业院校和企业的合作共赢。要通过建立基于工作本位学习的纽带，实现教师、师傅的多层次合作，鼓励教师为企业开展技术服务，鼓励学生为企业创造价值，为企业员工的在岗培训、生涯发展提供有力支撑，构建适应企业员工发展需要的终身教育服务体系，提高职业院校在企业发展中的依存度和贡献度，从而实现发展方式上产教融合、办学机制上校企协同、育人机制上德技并修、教学模式上理实融合，为推进学做合一的现代学徒制夯实基础。

（三）完善工学结合、学做一体的人才培养模式

各试点学校、企业要将工作重心落到人才培养的核心环节，探索如何通过校企合作更好地实现工作本位的学习，现代学徒制专家工作委员会要加大对试点学校的个性化指导和问诊。职业院校和企业要按照技能人才成长规律、企业岗位工作能力需求，并基于共同制定的人才培养方案，编制课程、岗位、教学、质量监控、企业师傅等标准，制定可行的实施方案。职业院校和企业还必须共同合作，积极完成基于岗位内容的课程开发，立

足于典型工作过程，构建专业课程体系，进一步将国家职业资格认证方面的内容纳入教学内容与教材，共同推进实践性教学各环节的实施，真正实现校企一体化育人，形成可资借鉴与推广的现代学徒制人才培养方案。推进校企共同实施学习评价，探索适应工作本位学习的评价体系，深化学历证书与职业资格证书的衔接、融合，科学合理地评定人才的综合素质，提高学生对企业实践学习的重视程度，以及与未来工作岗位的匹配程度，提高企业人力资源使用效益。

（四）加强对现代学徒制工作的组织领导和保障力度

地方政府要进一步优化试点工作领导小组框架体系，完善相关部门联席会议制度，形成工作合力。政府部门出台政策文件，明确各部门工作职责，形成制度机制。积极探索现代学徒制试点的产业、税收和人力资源配置政策，探索促进学徒制试点的成本分担、资源整合、矛盾协调的长效推进机制。政府要形成多部门协同支持机制，不能仅仅依靠教育部门牵头落实，要推动县（区）政府建立相应的工作班底，强势推进。各市教育局要有专门的力量协调推进这项工作，发挥教科研的引领作用，在教育教学改革的过程中协调落实现代学徒制的各项要求和任务，不要把现代学徒制工作孤立起来，要全面统筹，深度融合。职业院校与企业要共同形成现代学徒制试点工作机制，建立专业教学指导委员会，发挥行业和企业专家、教科研专家对试点工作的指导作用。学校要与合作企业建立不同层次的领导及工作小组，与企业共同进行岗位需求分析，共同制定和完善相应的政策及管理制度，明确经费、人员、场地等的保障措施，建立持续支持政策。

（五）深化体现现代学徒制特点的管理制度改革

不同试点地区要针对资金投入、管理体系、企业激励体系、师资力量建设等给出具体政策支持，为当地的现代学徒制落实提供路径支持。试点单位要主动探索相应的人才培养模式，积极优化相关的管理制度。职业院校与企业要共同建立和完善现代学徒制的教学管理制度，制定相应的弹性学分制度；推出学徒管理办法，为其提供相应的岗位，给出具体的工作任务，并对他们的合理报酬等权益给予明确。落实学徒的工伤、责任保险，保障学徒的人身安全。严格进行过程质量控制，建立健全第三方评价机制。不同试点单位要在工作中积极探索，提炼出好的经验和方法，使之转换成可以参考的工作模式或者案例，进而带动省内其他试点单位更好地开展现代学徒制工作。

四、构建现代学徒制的质量保障机制

现代学徒制的全面推广与高效实施，取决于多元主体的协同配合和相互作用。政府、职业院校、企业、行业协会等多个治理主体共同参与，以多种方式优化调配社会资源，协调处理利益关系，多措并举，重构现代学徒制质量保障机制，实现现代学徒制人才培养目标。[①]

（一）加强政府主导，落实制度保障

在现代学徒制质量保障机制中，多元主体的地位并不是完全相同的。政府作为现代学徒制试点工作的发起者与倡导者，在制度供给和顶层设计上起着不可替代的主导作用。加快现代学徒制教育体制机制建设，加紧出台现代学徒制试点的相关法律法规，明晰各治理主体的权责定位，是政府工作的当务之急，具体可以从以下方面入手。第一，建立健全以政府为主导、系统完善、开放合理的现代学徒制教育管理体制，明确现代学徒制的办学思路和办学方向，宏观引导，系统谋划，为现代学徒制的推广创设良好的内外部环境。第二，统筹利用好政府、职业院校、企业、行业协会等多方资源，清晰界定各利益主体间的权责关系，规范各方的参与行为，着力构建多元主体充分参与现代学徒制的合作与决策机制，促进校企深度融合，保障现代学徒制开展的广度与深度。第三，加大对现代学徒制建设的资金投入，通过划拨专项实施经费，鼓励各级政府对参与现代学徒制试点的职业院校和企业进行财政补贴，确保现代学徒制的顺利实施。第四，总

---

① 许悦. 多中心治理视野下地方政府职业教育协调力的提升［J］. 教育与职业，2015（28）.

结试点经验，制定出台现代学徒制的法律法规和管理条例，对现代学徒的身份进行明确界定，对学徒期间的劳动关系和劳动保障提供法律保护，对参与现代学徒制的企业实施税收减免的鼓励政策，通过健全的法律体系为我国现代学徒制的实施提供根本性的制度保障。

（二）深化校企对接，完善组织保障

现代学徒制的核心是人才培养模式改革，这是职业院校最基础、最重要的育人职能。在构建现代学徒制质量保障机制的过程中，职业院校要切实履行主体治理责任，积极推进改革试点。一方面，职业院校要根据现代学徒制人才培养的目标和要求，优选校企合作单位。通过对企业的综合评估，遴选出规模实力、管理水平、生产工艺、社会责任、参与意愿全面契合现代学徒制的企业，以提高人才培养实效。另一方面，职业院校要与企业主动对接，与企业实现共建共促。一是共建现代学徒制人才培养模式。职业院校根据经济社会发展需求与行业发展需要，与企业推进招生即招工的一体化育人机制，通过学校、企业、学徒签订三方培养协议的方式，彻底解决学徒身份问题，保证学徒和企业的利益，实现三方共赢。二是共建现代学徒制课程体系。职业院校根据企业的岗位设置和人才需求，共同制订教学计划，灵活调整专业设置，合理安排专业知识学习与顶岗实践的课时比例，提高人才培养和企业需求的对接度。三是共建现代学徒制导师团队。职业院校与企业共同培养现代学徒制师资队伍，定期组织进修学习，既要提高职业院校专任教师的顶岗实践能力，也要提升企业导师的理论知识水平，力争形成一批数量稳定、经验丰富、能力突出的导师团队，为现代学徒制的推行提供人力资源保障。

（三）提升企业认知，实现资源保障

企业是现代学徒制产出人才的使用主体，亦是现代学徒制质量保障的治理主体。企业的综合实力、参与意愿及与职业院校的合作程度直接关系到现代学徒制人才培养的质量。激发企业参与积极性，提升企业的治理能力对现代学徒制的推行至关重要。一方面，企业要转变观念，从人才培养

的战略高度提升对现代学徒制的认知。当前,我国正处于产业经济转型升级的关键时期,现代企业要紧跟产业结构调整步伐,满足不断变化的市场需求,关键在于拥有一批具有创新意识和实践能力的高水平人才。企业参与现代学徒制,提前介入人才培养过程,能更好地依据市场方向和自身发展开展针对性培育,提升技术人才与企业生产的对接度,有效提高企业人才质量,保持企业的核心竞争力。另一方面,企业要与职业院校深度合作,利用现代学徒制的培育平台,实现双赢。企业拥有先进的生产设备和生产条件,在技术研发、生产工艺上拥有集聚优势,而职业院校则在人才培养的新理论、新趋势的把握上更胜一筹。企业通过和职业院校联合培养,为现代学徒制的深入开展搭建平台,提供优质资源,进一步提升学徒素质与岗位需求的契合度,降低人才质量不达标的风险,同时也为提升企业持久创新力和发展竞争力奠定基础。

(四)加强协会指导,提供评价保障

行业协会作为企业利益的代表者,是沟通企业与职业院校、政府之间关系的桥梁,现代社会分工精细,行业众多,只有依靠行业协会的社会力量和组织优势才能在更大范围内整合社会性教育资源,搭建现代学徒制建设的大平台,为现代学徒制人才质量提升提供指导和评价服务。在现代学徒制推行较为成功的发达国家,各个教育环节都有行业协会的参与,我国行业协会在构建现代学徒制质量保障机制中必须充分发挥自身的作用。第一,行业协会要利用中介组织优势和资源优势,指导现代学徒制的建设。行业协会要充分发挥自身在行业信息和市场需求信息获取方面的优势,为职业院校学生进入企业提供技术指导,为职业院校的专业设置、课程开发、人才培养标准的制订提供参考依据,指导现代学徒制人才培养工作,为现代学徒制的发展提供良好的外部支撑和保障。第二,行业协会要履行现代学徒制质量评价职责,以独立于职业院校和企业的第三方机构的身份,依据行业领域的相关标准,对现代学徒制的实施过程和人才培养成效实施公正评价,并予以反馈,使现代学徒制的发展形成良性循环。

现代学徒制是当前职业教育人才培养模式的创新与突破，构建以政府为主导、以职业院校和企业为实施主体、以行业协会为指导的多中心质量保障机制，对于现代学徒制的有效实施意义重大。政府、职业院校、行业协会、企业等相关主体必须权责明确，各司其职，相互配合，构筑完备的保障体制，才能有效提升人才培养质量，构建具有中国特色的现代学徒制。

第八章 现代学徒制的未来走向

5G、物联网、大数据、人工智能等新一代信息技术在行业产业中的应用，正对传统行业产生影响并推动行业产业转型升级，且对职业教育的教学、实训产生重要影响，只有从职业教育教学形态的变革、智能实训的样态和智能技术在现代学徒制中的应用等方面入手，才能更好地推进中国特色现代学徒制的全面实施。

第一节 职业教育教学形态的未来变革

一、人工智能对职业教育教学活动的影响

人工智能是为了实现自动化而模拟人类智能和行为的技术。人工智能不仅对职业教育的教学理念产生了影响，还为智能教学提供了技术支持，并推动教学过程从管理向治理转变，使教育主体更关注教学中基于大数据的个性化评价。

（一）人工智能催生新型职业教育教学理念

人工智能是建立在大数据、机器学习基础上的新一代信息技术，其中蕴含了大量有利于推动职业教育教学发展的理念，具体主要有以下几个方面。第一，倡导"创学研"的教学理念。智能化社会要求职业教育培养的人才不仅擅长知识的获取，而且可以高效创新创造，并且能够在创新创造中学习，"创学研"注重学生的个性化体验，鼓励学生在解决问题中进行创新，力图培养其创新学习和适应未来复杂挑战的能力。第二，推崇跨界融合的深度学习方式。人工智能是一个跨学科的综合性学科领域，受机器学习领域深度学习技术的影响，产生了让学生学习超越浅层或表面知识获

取记忆的深度学习方式。① 第三，关注人机协同的理念与能力。人工智能促使职业教育关注人与智能机器协同解决问题的能力，具体包括计算思维、编程、人机合作等关键能力。第四，重视个性化与多元化人才的培养。人工智能推动了适应性技术与理念的发展，催生了基于自适应技术的个性化人才培养，个性化学习过程将走向多元化和定制化。

（二）人工智能提供智能化泛在学习支持

人工智能为实现职业教育教学理念和开展具体的教学活动提供了技术与环境的支持。第一，为日常教学过程提供精准的教育数据支持。借助人工智能技术和智能设备，不仅可以实现不同教育场景的无缝衔接，还可以智能化采集、分析不同场景中的教育数据，为学习者提供最优化的学习内容和干预反馈。第二，为学生自主泛在学习提供智能导师系统。基于人工智能的教学辅助系统能够模拟学科领域的专家思维，提供学科领域的专家级知识，为学生的自主学习提供指导和详细的解答，如卡内基认知导师系统（Carnegie Cognitive Tutor）就是帮助学生自主泛在学习数学的智能导师系统。第三，为学生健康成长提供虚拟学伴。虚拟学伴是采用人工智能技术和自然语言处理程序为人机互动提供支持的技术系统，既能够准确识别特定的情景，也能够与学生就特定的情景和需求进行顺畅沟通。第四，为学生发展高阶能力提供教育机器人。智能化教育机器人可为学生的逻辑推理、计算思维、操作、创新创造等能力提供支持。如学生可通过可视化编程工具对 Cubelets 进行编程，以控制 Cubelets Blockly 机器人的行为，进而提升自身的编程能力。②

（三）人工智能推动职业教育教学过程治理

在传统的职业教育教学环境中，教师作为管理者来组织、开展和管理教学活动过程。而人工智能在教育领域的深度应用，将全面推进职业教育教学过程的扁平化和共治化开展，教师权威掌控教学过程的权力将向学生

---

① 曹培杰. 智慧教育：人工智能时代的教育变革［J］. 教育研究，2018（8）.
② 刘清堂，毛刚，杨琳，等. 智能教学技术的发展与展望［J］. 中国电化教育，2016（6）.

转移和释放，教师将成为学生主动学习的协同者，教学过程将由自上而下的管理向平等共治的治理转变。值得关注的是，国际教育技术协会（ISTE）认为，智能化教学过程治理中的教师除了是社会公民之外，还应该至少扮演以下几种角色：（1）领导者。教师要在教学过程中发挥引领、组织和推动作用，而不是扮演管理角色。（2）学习者。教师要开展终身学习，并在教学过程中与学生共同学习，甚至要向学生学习，不断促进教与学的过程。（3）协作者。教师要善于为学生的协作学习创设条件，并与学生协作或共同学习，共同探索和使用协作工具、新智能资源，以便诊断和协助学生解决学习中存在的问题。（4）设计者。教师要为学生设计符合学习需求的环境、资源、工具、活动，尽可能满足不同学生的需求。（5）促进者。教师应该能为智能学习过程创设共同治理学习过程的文化氛围，创建学生在问题解决活动中实现发展的挑战活动。（6）分析者。教师要具有收集、分析和应用教学数据以改进教学效果的意识与能力，甚至要成为一名具有数据素养的教育数据分析者。

（四）人工智能促进职业教育教学评价数据化

人工智能对职业教育教学活动的深刻影响还体现在教育评价方面。一方面，大量的场景数据为职业教育人工智能提供了直接的数据源，这些教育数据反映了学生当前的学习状况，因此可以基于人工智能技术开展学习分析，实现个性化评价和适应性评价；另一方面，职业教育教学产生的过程性数据也能反映学生的潜在需求，通过个性化和适应性评价，可以智能化、即时性地为学生提供实时反馈并进行精准化指导。这种基于职业教育人工智能的评价方式，在当前的职业教育领域已经开始应用。如语言学习者借助智能终端的语言练习软件，以语音对照的方式来练习口语，软件通过语音识别技术为学习者提供纠正、评分和个性化建议等针对性的评价；学生也可借助人工智能软件对自己在真实场景中的阅读能力进行初期的诊断测验，进而人工智能软件个性化推荐符合其能力标准的阅读材料，最后基于完善的分级体系，机器测评学生的能力阶段。此外，随着物联网技术和智能穿戴技术的发展,基于实时教育场景数据的伴随式评价,也将成为一种重要的评价方式。

二、人工智能在职业教育教学应用中面临的挑战

人工智能开始影响职业教育教学活动的开展,智能教学成为未来职业教育教学模式变革的必然趋势。但不容忽视的是,人工智能刚刚拉开影响职业教育形态的序幕,当前职业教育教学还面临诸多挑战,职业教育要实现智能化转变必须解决以下问题。

(一)技能技术人才培养质量不高

尽管随着新一代信息技术在职业教育中的应用,我国职业技能技术人才的培养质量有一定提升,但相较于智能时代的职业需求而言,职业教育人才的培养质量仍旧不高,主要表现在以下方面。第一,学生的智能化技能与素养不高。当前的生产与制造装备正不断从数字化向智能化转变,这就要求学生必须具备操作智能化设备的能力,能够通过人机协同合作完成工作。但由于人工智能与职业教育的融合度还不足,学生的智能化技术与素养培养不足。第二,学生的智能化创新创造能力需要提升。智能时代高技能技术人才的优势不只是表现在善用智能化装备进行生产制造,还应该体现在能够利用智能化设备和技术进行创新创造,促进中国制造向中国创造转变。第三,学生的人工智能伦理道德需要提升。遵守人工智能伦理道德是未来职业化人才利用智能装备进行生产制造的前提和基本准则,而当前的职业教育多关注学生技术技能的发展,对学生的人工智能伦理道德培养不足。

(二)教育场景的智能化程度不足

人工智能要在未来的职业教育中发挥其应有的价值,转变当前的职业教育教学方式,培养未来社会所需的高素质技术技能人才,一个极为重要的前提就是职业教育场景数据的积累。但值得关注的是,当前的职业教育教学实训存在教育场景缺乏智能这一问题,它会带来以下问题。第一,教

育场景缺乏智能限制了教育管理者和师生智能教育理念的提升，也不利于职业教育数据的积累和应用，对日后职业教育人工智能的应用也有负面影响；第二，不同职业教育场景中的教学行为数据存在收集困难、传输速率低、数据汇集散等问题，有价值、可利用的场景数据积累也存在困难，从而影响了职业教育教学活动的效果；第三，在现实的职业教育场景中，由于缺乏智能化技术与设备的支持，学生的多元智能和新技术技能的发展将受到限制，这也势必会导致其在从业后对智能化装备的操作和应用，不适应或不能胜任智能制造产业。

（三）教育主体的协同创新度较低

教育主体的协同创新度不足是当前职业教育面临的重要问题，具体表现在以下方面。第一，学校教师与企业师傅的协同创新度不高。在当前的职业教育中，学校教师与企业师傅的合作是深化校企合作的重要方面，也是将学生培养为德技兼有人才的重要活动。但是，当前学校教师与企业师傅的合作多停留在相对简单的合作层面，对协同创新培养人工智能时代的人才探索不足。第二，师生的协同创新度不高。从发达国家的职业教育理念来看，教师应该是学生学习的支持者和协作者，师生之间并非简单的知识传授关系。从当前我国的职业教育教学活动来看，我国教师"扮演"的仍是学生学习的协作者，并且两者开展协同创新的能力不高。第三，我国师生参与全球化协同创新的机会和能力不足。中国智造要走向世界，要求职业教育师生必须具备以下两方面的协同创新能力：与全球职业教育领域的师生及知名企业的师傅、员工开展协同创新的能力；利用人工智能设备通过人机协同来解决教学问题或进行实践与生产活动的能力。我国职业教育领域的师生亟需提升这两方面的能力。

（四）教育过程缺乏智能化组织

当前职业教育教学过程的智能化组织程度相对较低，制约了智能化教学与实训的开展，难以满足人工智能时代高技术技能人才的培养要求，主要表现在以下方面。第一，人工智能教育设备和人工智能生产实训装备不足,难以支持智能化教学活动的开展和过程组织。由于人工智能技术也是近几年才被深入应用到教育领域,而且配置智能教育设备需要巨大的资金和人才投入,职业教育教学还难以大规模采用这类技术开展智能化教学。第二,由于有实力的企业能够投入人工智能装备进行生产制造,因而通过校企合作进入智能制造生产,就成为开展智能化教学实践与组织实训教学的有效途径。但正如上文所言,由于校企合作不够深入和灵活,合作的机制和制度也不够完善,目前尚难接纳更多的学生在真实的智能制造车间开展实训实践。第三,教师组织和开展智能化教学活动的能力不足。虽然人工智能可根据丰富的职业教育场景数据和先进的算法模型辅助职业教育教学、辅助决策,提高职业教育质量,但人工智能始终是教师开展智能化教学的辅助者,关注和提升我国教师利用智能技术开展教学实践的能力才是当务之急。

三、人工智能变革职业教育教学的发展趋向

"人工智能+教学"也可称为"智能教学"。尽管智能教学尚未常态化开展,但基于人工智能的职业教育教学实践已对当前的教学理念、教学环境、教师角色和教学评价产生了不容忽视的影响。在5G和物联网等技术的加持下,智能教学模式将进一步发生根本性的变化,其未来的发展趋势主要体现在以下方面。

(一)教学目标从关注知识获取向重视能力素质转变

人工智能时代的教学目标或人才发展旨趣持续从关注知识获取向重视能力素质转变,已为国际社会所广泛关注。如世界经济论坛报告显示,到2022年,将产生1亿多与人工智能或算法相关的新职位。但是,未来社会是人工智能和人类协同合作的社会,人类较之于人工智能,在情感、协同、管理、创新、批判、复杂决策等方面具有先天的优势。长远来看,人工智能不可能完全替代人类,智能教学的目标侧重点将是人工智能社会的责任意识、创新创造能力、协同合作能力(包括人与人、人与机器之间的

协同合作能力）、复杂问题的决策能力、批判思维与能力等。另外，人工智能将是未来社会的重要领域，这也意味着智能教学模式将重视培养职业院校学生的计算思维能力、高级程序设计能力等人工智能素养，而非以往的知识获取与精加工能力。

（二）教学场景将转向工作场景与校园场景的融合

教学场景是开展教学过程和发生学习活动的载体，能够体现学习形态和教学模式的变化。与传统的课堂教学相比，智能教学发生的场景将走向智能和融合，即发生在校园内的正式教学和发生在校园外的工作场景实践实现融合，从而推动基于实情、实景和实地的实境教学，以融合性学习模式和项目式学习模式走向常态化。教学场景的融合化发展主要取决于以下方面。第一，不同教育场景中的教学行为数据实现实时收集、高速传输、智能汇集，能够对师生进行综合、全面、精准的画像，并根据他们的认知风格、兴趣爱好、场景需求，差异化推送符合教学模式与需求的内容资源。第二，尤为值得关注的是，建立在人工智能技术基础上的数字孪生系统，能够将真实场景进行数字化还原，形成 1∶1 的虚拟化教学场景，实现真实和虚拟教学场景的融合。数字孪生系统建立的智能化教学场景，能够让学生在如同真实的场景中开展学习，实现具身理论指导下的沉浸式教学，从而发展学生的空间思维与能力，培养其职业技能和工作能力。

（三）教学主体将实现跨时空的人机协同合作与发展

智能教学主体将从原有的教师和学生进一步拓展到智能机器，随着高速互联网 5G 通信技术和物联网技术的发展，三类教学主体的协同与互动将实现跨时空开展，主要表现在以下方面。第一，全球开放共享的协同化教学。除了当前的 MOOC 可以开展全球化的协同教学之外，无边界和浸润性的跨时空协同教学将成为一种重要的教学模式。如美国的密涅瓦大学（Minerva Schools）就创新了一种没有边界的教学形态，该校的所有教学、研究和实践基本是通过在线协同方式开展。① 基于这种全球开放共享的教学形态与模式，国际学生评估项目（PISA）2018 新增了学生的全球胜任力这一关键能力。第二，人机跨时空的协同化教学。当前人机跨地域协同合作的典型案例是医生远程操作智能机器人实施诊断和手术。在智能教学中，师生在课堂中通过与真实场景中的智能机器人进行跨时空的语音实时交互，操纵机器人采集环境数据信息，并通过 5G 网络传输到课堂的虚拟现实设备中，从而架构起逼真的虚拟环境场景，便于学生开展实操实践。

（四）教学过程将从凭经验组织向多模态数据的治理转变

在传统的教学中，无论教师采用何种教学模式，基本上都是教师根据主观直觉和以往经验来组织与管理课堂。人工智能技术支撑下的智能教学模式促进了教学治理的发展，教师将从知识传授者转向领导者等 6 种角色。如果从技术视角来分析智能教学模式的教学过程，教师将主要通过多模态数据来实现教学过程的治理。所谓多模态数据，包括结构化数据、文本、图片、视频、语音、日志数据，甚至是人的地理位置信息、生物数据（如脑电波、情绪数据和眼动轨迹）等。通过人工智能或具体的机器学习与识别，深度挖掘这些模态的数据，可以辅助或为教学过程的开展提供支持。基于多模态数据的教学活动能够更全面、客观和多维地展示教学过程的相关细节，也能够精准识别每个学生的学习状态，为客观、精准地刻画与评价学生的学习过程提供了可靠依据，进而使教学治理过程更为科学有效。可以说，多模态教学数据的同步和知识的融合，也从本质上体现了自下而上的教学活动治理。

第二节 智能时代的职业教育实训教学

一、智能时代的虚拟现实2.0概述

虚拟现实技术（virtual reality，缩写为"VR"）是能够创建和体验虚

---

① 曹培杰. 智慧教育：人工智能时代的教育变革 [J]. 教育研究，2018（8）.

拟世界的计算机仿真系统，具有沉浸性、交互性和想象性等特点。事实上，虚拟现实并不是一项全新的技术，早在 1965 年，美国计算机图形学之父 Sutherland 就提出了虚拟现实的基本思想和描述。[①] 三年之后，Sutherland 团队开发了世界上第一个头戴式虚拟现实系统。20 世纪 80 年代，虚拟现实技术有了很大的发展，美国航空航天局虚拟行星探测实验室研发出了世界上第一个相对完整的虚拟现实系统，该系统能够支持使用者开展相对丰富的手势、语言等交互活动。[②] 随后几年，虚拟现实技术开始走向商品经济市场，其技术成熟度也有了较大提升，受到市场和用户的广泛关注。从 20 世纪 90 年代开始，虚拟现实逐步进入快速发展阶段，军事、工业、教育、医学、商业、艺术和娱乐等多个领域开始应用虚拟现实与仿真技术。2010 年后，随着数字世界的形成，虚拟现实也进入了腾飞阶段。

如果说建立在高性能计算系统和可穿戴设备基础上的虚拟现实属于 1.0 阶段，人工智能技术和 5G 通信技术的应用与发展，以及新一代信息技术与虚拟现实的融合，则直接推动虚拟现实技术进入 2.0 阶段——虚拟现实 2.0。与虚拟现实 1.0 相比，虚拟现实 2.0 具备以下功能特征：第一，智能化特征。能够动态性和智能化地创设符合用户需求的虚拟情境。第二，突破时空限制。在 5G 通信技术的支持下能够实现高通量虚拟现实数据的实时传输，使处于不同地理位置的用户通过虚拟现实装备进行沟通和合作，如可以有效支持虚实结合的职业实训教学的开展。第三，体验性更好。虚拟现实 2.0 融合了智能技术，可以实现对用户使用数据、使用情境数据的智能收集和深度挖掘。一方面能够进一步为用户提供更加良好的使用体验，满足用户的使用需求；另一方面，则可以支持创建更加智能和逼真的虚拟现实场景，如创建与真实产品或环境 1∶1 对应的数字孪生系统等。

---

① 高媛，刘德建，黄真真，等. 虚拟现实技术促进学习的核心要素及其挑战 [J]. 电化教育研究，2016 (10).

② 王梅艳. 虚拟现实技术的历史与未来 [J]. 中国现代教育装备，2007 (1).

二、基于虚拟现实 2.0 的实训教学内涵与价值

中共中央、国务院印发的《中国教育现代化 2035》要求职业教育必须"加强创新人才特别是拔尖创新人才的培养,加大应用型、复合型、技术技能型人才培养比重"。教育部在 2019 年印发的《教育部办公厅关于全面推进现代学徒制工作的通知》也着重提出,职业院校与企业要共同研制高水平的实训条件建设标准,利用生产性实习实训基地开展实训教学。而与智能技术融合的虚拟现实 2.0 则可以为实训教学的开展提供重要支撑。

(一) 基于虚拟现实 2.0 的实训教学内涵

虚拟现实 2.0 支持下的实训教学将为学生、教师和各级教育管理者提供多维、精准、便捷的优质教育服务,形成以学习者为中心的网络化、融合化、数字化、智能化实训学习新生态系统,其内涵特征表现在以下方面。

1. 以学习者为中心的智能化实训资源开发

以学习者为中心的智能化实训资源,是指充分发挥智能时代虚拟现实 2.0 的技术优势,基于企业的岗位能力要求,依托学生个体的差异化学习需求所开发的实训资源。智能化实训资源的设计与开发,充分利用了学生已经具备的职业技能知识基础、智能化实训设施设备,进而实现系统设计虚拟仿真实训课程内容,并为学生提供自主选择清单和智能推送清单服务。值得关注的是,针对不同层级的技术技能训练项目,通过虚拟现实 2.0 提供多元交叉关联性仿真实训项目,并配套开发适合移动学习终端访问的虚拟仿真实训辅助实训资源,对于开展实训教学具有以下促进作用:一是引导学生利用碎片化时间开展自主探究式学习,并且智能化提供逼真的虚拟现实学习情境,增强实训学习的体验性;二是智能化的虚拟现实资源能够激发学生的兴趣和自主学习动机,有利于加深学生对岗位工作流程的认知,促进深度学习的发生,发展其适配职业岗位的技术技能;第三,智能化实训资源平台能够对学生的实训情况进行大数据挖掘,进而实现对学生实训学习的监督管理与进程提醒,帮助学生在设定的时间节点完成学

习任务，实现学习目标。

2. 教师转变为实训教学的组织者与指导者

智能时代的实训教学不仅关注学校和企业的深度合作，而且重视实训教师的多重身份和教学过程中的角色转变。① 在虚拟现实 2.0 支持的实训教学过程中，第一，教师必须从传统教学中的展示转变为高水平的指导。即在学生开展实训学习的过程中，一方面，教师必须转变为学生实训学习的组织者，对整个实训学习过程进行督促和引导；另一方面，教师必须具备通过完善的心智模式来发挥潜能和提升效率的教练技术，引领学生做好实训技能操作，即教师要成为高标准的教练员。第二，教师必须具备智能教学素养，能够组织和实施虚拟现实 2.0 支持的实训教学过程。一方面，教师应能依托学生的个性化学习行为和大数据分析信息，通过系列性、分层化和策略性的技术指导，及时发现学生在实训过程中的问题；另一方面，教师应针对不同的问题为学生提供差异化的智能实训资源和反馈建议，潜移默化地引导学生利用技术和同伴合作来有效解决学习与实训中的问题，实现实训教学目标和学生技术技能的发展。

3. 虚拟现实 2.0 支持创建基于生产情境的实训场景

虽然真实的生产实训环境是学生有效锻炼和发展技术技能的场所，但在真实的生产实训车间开展的实训教学也存在效率低、安全性不高和费时费力等问题。虚拟现实 2.0 能够创设非常逼真和沉浸式的实训情境，再与真实的教学环境相配合，就能有效地支持实训教学。虚拟现实 2.0 支持创建的生产实训环境包括实训环境展示、实训设备配置、实训设施布局、工作氛围设计、生产流程安排、管理模式建构等，并且与协同开展实训教学的区域企业的实际生产、建设、管理、服务相一致。一方面，可以规范、实效地为实训教学创建出虚拟仿真的职业化、交互式实训环境；另一方面，还能够为学生提供基于生产流程的实训教学环境，支持学生在就业前

---

① 赵春来. 论现代学徒制实践层面的困境及解决途径［J］. 吉首大学学报（社会科学版），2019（S1）.

开展实际工作岗位能力的预演和锻炼。总之，虚拟现实2.0支持创建的生产实训环境应成为指向技术技能人才培养的实训教学与生产研发融合的培养平台。

4. 考核反馈基于数据化工作流程的精准评估

在人工智能、大数据和物联网技术的支撑下，虚拟现实2.0支持的实训教学考核反馈将走向智能化、数据化和精准化的评价，为教师优化改善教学过程和学生实训学习提供更加可靠有效的反馈与评价。在虚拟现实2.0支持的实训教学中，基于数据化工作流程的精准评估主要关注以下方面。第一，注重基于差异化工作流程的精准化考核。面向不同学生群体，不同智能资源，不同技术技能发展目标，不同岗位技术训练模块的技术标准、操作规范与工作流程，一方面，可在人工智能和大数据技术的支持下实现对学生实训与教师教学流程的精准化追踪记录；另一方面，可以实现高效率的过程数据分析和评价反馈，加大重点、难点实训项目的测评权重，精准有效地跟踪学习者行为并给予及时的反馈与评价。第二，注重突出学生的主体地位。实训教学不仅是学生技能技术知识的获得过程，更是培养学生熟练掌握和使用这些技能的过程。在实训教学的考核反馈中，要特别关注学生的中心主体地位，严格按照实训教学大纲和项目单中规定的考核标准进行，以确保实训教学的质量。

（二）基于虚拟现实2.0的实训教学价值

智能时代，基于虚拟现实2.0的实训教学可通过职业院校和企业共同组建师资团队、共同承担虚拟仿真实训资源设计与开发等工作，打造一批符合行业标准的教学资源，持续满足发展学生技术技能的教学实训需求，达到"教学研创一体"的效果，其价值主要表现在以下方面。

1. 职业院校"三教"改革的重要载体

在当前的智能时代，"三教"改革的内涵在不断拓展，智能化特征日益明显。而以人工智能技术与虚拟现实相融合的虚拟现实2.0为特征的实训教学，以满足职业教育改革和促进教育现代化为出发点，及时将新技术、新工艺、新规范纳入职业教育教学实训模式，教师角色、学生角色、教学内容、教学方法、评价模式随之发生了深刻变化。另外，依托虚拟现实2.0的实训资源有效建构"双师型"师资团队，开发新型教材，创新教学方法，构建一个具有多感知性、沉浸性、交互性、智能性等特点的虚拟仿真实训生态系统，将助推教育、产业、人才和创新这四大链有机结合，从教师、教材、教法等方面有力提升职业教育的发展水平，最终切实推进"三教"改革。

2. 深化产教融合、校企合作的有效抓手

随着《国务院办公厅关于深化产教融合的若干意见》《国家产教融合建设试点实施方案》等产教融合文件的相继发布，产教融合、校企合作亟待持续深化，不仅对职业教育和产业的联动发展、人才培养供给侧和产业需求侧的无缝对接提出了新要求，也对人才培养、技术创新、社会服务等校企全方位合作提出了新挑战。面对新时代职业教育发展的新需求，智能时代虚拟现实2.0支持的实训教学不仅能够优化创研平台，开发优质实训资源，构建校企命运共同体，还能切实提高校企合作水平，在满足学校专业人才培养、创新实践的同时，培育一批校企双元师资团队，激发职业院校和企业的教研活力，深化产教融合机制改革。

3. 培养高素质技术技能人才的有力支撑

随着职业院校招生考试制度的改革和招生规模的扩大，退役军人、下岗职工和外来务工人员等群体进入校园，传统的教学、实践模式已不能适应生源结构的变化，学校必须优化实训课程体系内容和教学方法，提升教师能力水平，强化创新创业能力培养，多维度打造技术技能人才培养高地。虚拟现实2.0支持的实训教学突破了传统实训教学的时空局限，线上、线下的虚拟仿真实训资源"双线并进"，围绕行业领域生产流程开展新知识和专业技能教学，通过虚拟现实2.0支持的实训项目、重点技能的重复训练，有效提升学生实务操作能力，引导学生熟悉企业生产线的技术需求，培养适应产业需要的高素质技术技能人才，提升学生就业对口率和就业层次。

三、基于虚拟现实2.0的实训教学实施路径

实训教学是推进我国职业教育改革发展与创新培养高素质技术技能人才的重要途径，也是在职业教育领域实现教育现代化2035的重要实践方式。特别是在当前的智能时代，虚拟现实2.0为开展实训教学和实现以上目标提供了关键的技术支撑。但我们也必须认识到，虚拟现实2.0支持的实训教学尚在起步阶段，亟须从以下方面予以推进。

（一）大力推进虚拟现实2.0的实训资源建设

虚拟现实2.0支持的实训资源建设要充分考虑到实训课程体系各知识节点之间的联系，以基于岗位技能的系统知识为主线，通过移动设备终端、资源呈现和交互设计建立完整的学习链，并进行适当的规范化、标准化拟真实训空间设计，把技能学习引导和智能化教学服务相结合，使学生通过虚拟仿真实训资源有效提升实训技能认知的速度。

1. 资源设计系统化

第一，虚拟仿真实训资源设计要遵循行业标准，以学校和企业为主体，坚持将"新技术+新工艺+新标准"融入实训资源研发，基于职业工作情境与生产过程开发虚拟仿真实训教学资源。第二，要紧紧围绕技能实训流程系统化设计，将实践教学体系划分为基本技能、专业技能、综合技能和技术应用能力等模块，实训环节的衔接要科学合理，在实训实施的过程中做进阶式编排，促进学生积极动手，乐于实践，体现"做中学，做中教"。第三，要以"实训对接生产，教学对接产业"为导向，引导学生解决实训中的重难点问题，积极探索新时代职业院校高素质技术技能人才培养新路径。

2. 实训学习交互化

在智能时代，虚拟仿真实训资源不仅基于虚拟现实2.0技术，还集成了高性能设备和新一代信息技术的优势，为实训学习的交互化提供了技术

支持和研发导向。基于此，面向实训学习的虚拟实训资源开发必须注意以下几点：第一，要针对展示的终端接口标准来设计开发虚拟仿真学习资源；第二，要根据实训内容和学习者的特点要求进行沉浸式、交互性的虚拟实训资源设计；第三，虚拟实训资源的设计要符合展示装备的重要性能特征，以更好地提升学生对技术技能的认知速度，并支持就相关岗位技术或实践操作反复训练和提供交互反馈。

3. 学习空间拟真化

在虚拟现实2.0的支持下，虚拟仿真实训资源设计应包括以下方面：第一，通过虚拟仿真技术还原区域性龙头企业的生产空间、设备的布局与使用，工艺流程呈现与技术训练及生产流程管理等。第二，基于人工智能技术和虚拟现实2.0创造贴近一线生产、服务、管理的职业环境，推动学习空间拟真化。第三，通过以上两方面的建设所创建的学习空间要能充分调动学生的学习体验，促进深度学习的发生，体现职业技能训练"高标准、严要求、强训练"的特点。总之，学习空间的建设要将学生的职业技能训练与职业素质训导相结合，既训练学生的职业技能，又培养学生的职业素质。

4. 教学服务智能化

智能时代的虚拟仿真实训资源要能提供智能化教学服务。第一，基于"虚实结合""理实一体"理念，将虚拟现实2.0应用于实体设备和实际操作，实现"以虚助实"的教学方式。第二，在真实环境和非正式环境中开展的情景化实训，要根据项目要求和实施环境确定基本技术要求，并根据任务情景和交互要求开发适合展示终端的虚拟仿真资源。第三，要提供基本的素材资源支持和功能支持，鼓励学生参与资源共享和协作交流。第四，基于智能化数据分析及其结果，要能向学生精准推送完善技能的虚拟仿真资源，以对学生的实训过程进行个性化引导和调节。

（二）打造善于开展实训教学的教师队伍

虚拟现实2.0支持的实训教学的开展需要一支掌握新一代信息技术、

专业实践能力强、了解生产工艺流程、师德优良的高素质"双师型"优质教师队伍。打造一支善于开展实训教学的教师队伍可从以下方面着手。

1. 提高教师的智能化教育理念

未来是人工智能时代,智能化将成为教育现代化 2035 的重要特征,智能化教育也将演变为未来的重要教育形态。[①] 基于此,职业教育教师一方面要前瞻性地确立智能化教育理念,将智能化教育理念和实训教学模式创新应用到产教融合、校企合作中,推出全新的职业教育教学新合作模式;另一方面要强化通过智能化手段培养高素质技术技能人才的理念,落实立德树人的根本任务,培养学生德技并修能力,通过实训教学培养学生的智能化生产技能。只有全面转变和提升教师的智能化教育理念,才能从根本上提高职业教育实训教学的主动性,进一步助推职业教育现代化的实现。

2. 提升教师应用智能技术的能力

智能化生产系统将推动未来的工作岗位过程去分工化、人才结构去分层化、技能操作高端化、工作方式研究化,以及服务与生产一体化。[②] 这也就意味着,一方面,未来的教师必须具备有关智能技术的思维与素养,具有智能技术的应用迁移能力和适应不断出现的新技术的能力。另一方面,教师不仅能将智能仿真技术融入教学实操,实现新技术与实训教学过程的有效融合;还要善于用智能技术开发虚拟仿真教学资源,整合专业知识与智能仿真软件并应用推广到实训教学中。

3. 打造高素质"双师型"教师队伍

"双师型"教师是职业教育教师队伍建设的特色和重点。打造高素质"双师型"教师队伍应重点关注以下方面:第一,通过虚拟现实 2.0 实训项目的研发与应用,打造虚拟现实仿真实训与传统实训相融合的新实训教

---

① 郑旭东. 智慧教育 2.0:教育信息化 2.0 视域下的教育新生态——《教育信息化 2.0 行动计划》解读之二 [J]. 远程教育杂志,2018(4).

② 徐国庆. 智能化时代职业教育人才培养模式的根本转型 [J]. 教育研究,2016(3).

学体系，培养参与教师的实践操作能力和实训指导能力；第二，要重视并借助一线的校企合作项目，提升教师参与生产流程的职业能力；第三，要逐渐加大企业师傅在兼职指导教师或专任指导教师中的比重，提升实训教师的职业素质与技术水平，赋能"双师型"教师队伍建设。

第三节　智能技术与现代学徒制的未来

一、智能技术赋能中国特色现代学徒制的基本思路

包括5G、云计算、大数据、人工智能等在内的智能技术具有独立的运行原理、作用机制和功能特征，它们在赋能中国特色现代学徒制的过程中往往发挥的是系统性作用，即在遵循智能时代学徒制生态体系协调发展理念的基础上，推动各利益主体共建共治，以智能技术的全流程应用，形成泛在互联、深度智联的现代学徒制培养网络，进而驱动构建现代学徒制教育新样态。

（一）秉持智能时代现代学徒制生态观

一个健康、完整的生态系统是持续变化和动态发展的，而一个物种（要素）的变化则可能引起整个系统的重组与优化。事实上，现代学徒制也可被看成一个有机的生态系统，其内在各要素之间只有相互协调和相互协同，才能常态化维持动态平衡和持续进化。从构建智能技术与现代学徒制最优的共生关系出发，以生态系统视角来构建和谐的学徒制生态体系，明确智能技术在中国特色现代学徒制中的角色与定位，不失为推进与落实智能时代现代学徒制的有效途径。但在具体的落实过程中，需要重点透视智能技术与学徒制教育系统、治理体系，以及关键运行机制相互作用的过程、规律及其整体生态平衡，从而使现代学徒制各组成要素有机融合、互相促进。这也意味着，在智能技术赋能的中国特色现代学徒制生态体系中，各要素应互联互通、各司其职、物尽其用，实现技术和人、技术和教育的协调发展，实现智能技术与现代学徒制的深度融合，以达到培育高素

质技术技能人才、助力现代学徒制发展的目的。

（二）推动多元利益主体协同共建

利益相关者理论最初用于公司治理，该理论认为企业是由交易伙伴、政府、媒体等多个与企业存亡息息相关的利益相关者联结构成的共同体。① 中国特色现代学徒制在实施中涉及不同利益主体的利益诉求，是由政府推动、校企"双主体"育人、行业企业及社会共同参与的人才培养模式，属于典型的利益相关者组织。② 在智能技术的赋能下，教育数据流以动态、有序、公开、透明的方式，实现数据开放共享和有序流通，驱动现代学徒制各主体协同共建共治，帮助实现现代学徒制各项事务的协同、高效与精准处理，促进中国特色现代学徒制的组织结构趋向新的平衡。教育数据流在不同部门之间实现共享流转，进而实现各项业务的跨区域协同处理，一方面有助于健全多元主体协同参与现代学徒制的模式，最大限度满足各主体的利益诉求；另一方面能有效明晰各主体参与的职责和权利，从而构建高效、科学、民主的结构，保障现代学徒制的顺利运行。

（三）创新智能技术推动与全流程应用

由于智能化生产线需要大量掌握智能技术的劳动者，所以智能时代的职业教育要关注培养具备人工智能技术、具有工匠精神的复合型人才。③ 基于此，重视智能技术、加强技术教育，培养掌握新兴技术的高技能人才，就显得尤为重要。在智能时代中国特色现代学徒制新生态体系中，智能技术是培养智能型复合人才的核心要素。智能技术既可作为开展职业人才培养的技术工具，也是他们必须掌握的一项重要技术内容。为此，在智能技术赋能现代学徒制的实践与应用中，应综合性、全流程化运用5G、

---

① 李福华. 大学治理的理论基础与组织架构［M］. 北京：教育科学出版社，2008：2.
② 桑雷. 中国特色现代学徒制的三维透视：内涵、困境及突破［J］. 现代教育管理，2016（6）.
③ 董文娟，黄尧. 人工智能赋能职业教育：实质、路径与目标［J］. 现代教育技术，2019（10）.

物联网、云计算、大数据、人工智能、虚拟现实和区块链等智能技术，提升高素质技术技能人才培养的智能化与智慧性。如利用物联网和人工智能技术对学徒的需求进行智能感知、分析画像，以及应用虚拟现实等为他们提供真实交互式的实习实训体验内容等。综上，各项智能技术的彼此融合与全流程应用，有利于形成泛在互联、深度智联的学徒制发展网络，促进高素质技术技能人才的智能化培养。

（四）构建数据智能驱动的学徒制教育体系

数据驱动被认为是大数据时代教育的必然走向。① 在此背景下，学徒制教育体系若被赋予数据驱动的新内涵，即从数据智能视角发展学徒制教育体系，则具有重要的时代意义。未来智能化生产中所需的高素质技术技能人才，必然是新型的高素质、复合型、应用型人才。这不仅需要他们掌握跨学科的知识与复杂的技术原理，还需要他们具备精湛的技术技能与创新能力。② 而培养技术精湛的高素质技术技能人才与实现技术创新，满足产业升级对技术技能人才的需要，则需要数据智能驱动的现代学徒制教育体系创新。这是因为，数据智能驱动的现代学徒制教育体系以智能技术为关键支撑，通过打造智能化教育环境，驱动构建职业教育人才培养模式改革所需的学徒制教育新样态，促进学习方式、教学方式、教育模式及培训模式的创新变革，进而为学生、学校教师、企业师傅和其他利益相关者提供适切、精准、便捷、人性化的优质教育服务。

二、智能技术赋能中国特色现代学徒制的实践框架

基于以上思路，智能技术赋能中国特色现代学徒制可遵循以下实践框架，如图7所示。

---

① 杨开城. 教育何以是大数据的 [J]. 电化教育研究，2019 (2).
② 徐国庆. 智能化时代职业教育人才培养模式的根本转型 [J]. 教育研究，2016 (3).

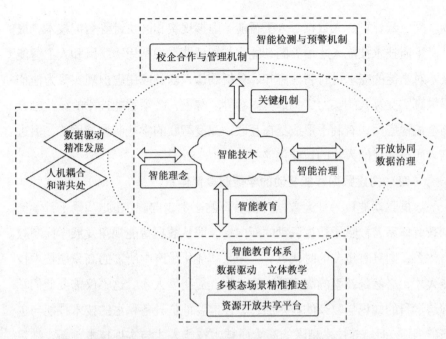

图 7 智能技术赋能中国特色现代学徒制的实践框架

（一）构建技术生态的智能教育体系

当前，智能技术正加速融合、协同创新，并逐渐形成了一个以智能化为核心目标、以相互赋能为主要特征的智能技术生态。① 具体而言，5G通信技术可保障学习资源的快速传输和实时共享；物联网可以智能感知教与学的过程；云计算与大数据技术在数据共享和分析方面的优势，可打破传统的校企实训模式；虚拟现实、全息影像、三维模型等技术，可支持构建逼真的教学实训场景，实现跨时空资源的重组，丰富教育资源样态；人工智能技术、机器学习、智能算法等可对教育教学过程进行智能统计、分析与预测等。因此，智能技术生态支持下的现代学徒制智能教育体系主要表现为三点：其一，基于大数据、人工智能、虚拟现实等智能技术开展教学工作，形成以数据驱动、泛在互联、深度智联为特征的智能场景，实现立

---

① 杨现民，赵瑞斌. 智能技术生态驱动未来教育发展［J］. 现代远程教育研究，2021（2）.

体教学、精准推送、多模态场景教学等模式。其二，将新技术、新工艺、新规范纳入教学标准和教学内容，在强化学徒实习实训的同时，丰富教育资源、教学活动，加强教育组织与管理。其三，智能技术为学生学习与实训这两个方面提供支持，总体上构成以数据驱动、立体教学、多模态场景、精准推送为特征的多元育人智能教育体系。

（二）形成开放协同的智能治理模式

当前，职业院校与合作企业之间面临着数据割据和信息孤岛等问题，由此带来了职业教育数据治理结构僵化、治理方式低效、治理范围狭隘、治理制度碎片化等问题。智能技术赋能的现代学徒制实践，有利于深化现代学徒制治理结构改革，形成职业院校和企业双主体共同参与、多元整合的数字治理格局，以实现现代学徒制产学研的智能化、精细化治理。具体而言，可借助区块链技术永久记录链上所有节点间的交易信息，并在所有节点之间实现共享，有效防止数据信息被伪造和篡改，从而确保数据的透明、安全与可追溯。[①] 区块链的共识机制能够解决现代学徒制多元利益主体间的互信问题，并通过加密算法保障教育治理数据的安全可靠，借助共建、共有、共营、共治的技术优势，为实现开放、动态、多主体的数据治理提供保障。值得关注的是，以区块链为基础开展智能协同治理模式，一方面，可以消除职业院校与合作企业之间的信息孤岛，推动各部门通过分级分层共享数据，实现"数据流"驱动"工作流"的目标；另一方面，则能优化利益相关部门之间的协同合作关系，厘清权利与责任，为更广大的现代学徒制利益相关者提供更好的服务体验，真正实现数据作为新生产要素的服务价值。

（三）变革人机耦合的智能教育理念

智能技术赋能的中国特色现代学徒制还蕴含了数据驱动、精准发展、人机耦合、和谐共处的理念。第一，现代学徒制借助物联网和大数据能够

[①] 郑旭东，杨现民，岳婷燕. 教育政务数据开放平台的区块链技术架构与运行机制设计[J]. 中国电化教育，2021（3）.

实现教育目标、过程、资源、方法及效果等的精准量化，这也是现代学徒制区别于传统职业教育的重要标志。精准的现代职业教育供需平衡只有依靠物联网平台持续的互动、迭代、优化才能实现，只有通过供需双方在线、数据化分析、聚焦网络结构才能获得更大的发展空间。① 只有通过网络协同采集并分析教育供给平台的多元、多维度、多模态数据，才能有效贯彻职业教育精准发展理念，明确职业教育精准的发展方向。第二，人工智能在职业教育领域的深入应用，离不开人与机器的协同发展和深度协作。基于此，职业院校教师和企业师傅之间应当建立校企教学资源、双师资源互动沟通的资源共享平台与共享渠道。第三，借助三维动态模型、全息数字影像、超清全景视频等立体化资源形态，以及优质教育资源的有效配置，促进师傅与学徒之间、教师与学生之间专业知识和教育教学理论方法的互通，避免重复建设。综上，基于人机耦合、和谐共处的理念，为职业院校和企业疏通交流渠道、搭建合作平台，是实施现代学徒制必要的组织保证。②

（四）完善多方联动的智能关键机制

校企合作是职业教育人才培养的前提，专业建设和课程建设是人才培养的基石。要促进校企深度融合，使行业、企业深入参与技术技能人才培养全过程，就必须加强现代学徒制各项机制的设计、完善与协同，形成政府引导、企业为主、院校配合的利益相关者多方联动培养机制，推动智能技术支持下的中国特色现代学徒制关键机制的创新与发展。第一，要完善校企合作管理机制，利用智能技术有效优化现代学徒制的组织管理，实现教学组织管理与企业管理协调并进。智能技术赋能职业教育组织管理是指通过大数据分析、业务建模、数据可视化等技术手段，为管理者提供智能化信息支持和基于现实数据的科学决策，包括学生的日常管理、课程选

---

① 韩毅，黄尧，周福盛. 现代职业教育体系智能生态探究［J］. 现代教育技术，2018（1）.
② 桑雷. 中国特色现代学徒制的三维透视：内涵、困境及突破［J］. 现代教育管理，2016（6）.

择、职业规划等基于过程性数据的内部组织管理，以及建立学校与企业大数据中心、打造智能管理服务平台等外部组织管理。① 第二，要利用智能技术监测和预警，辅助校企教学管理、课程管理，实施效果评价和人才培养绩效评估，为现代学徒制高素质技术技能人才培养提供支撑。② 此外，还要基于智能技术开展职业教育治理，优化教育数据的收集和处理，改善现代学徒制教育治理现状。

三、智能技术赋能中国特色现代学徒制的行动路径

智能技术是当前最先进的科学技术，在其赋能并推动中国特色现代学徒制实施的过程中，各方可从以下四方面进行深入设计与探索。

（一）加强智能时代中国特色现代学徒制的顶层设计

完善顶层设计、做到规划先行，是实现制度优化的根本。政府部门应加强政府、行业、企业、职业院校、学生等利益相关者的有效协同，进一步明确现代学徒制的国家制度性特征，从国家层面给予规范管理，为现代学徒制的良性发展提供保障。其一，结合国家"十四五"规划和2035年远景目标，探索与构建智能时代中国特色现代学徒制，加强人工智能、大数据、区块链等技术的融合创新，推进智能技术在现代学徒制实施过程中的全局应用，实现现代学徒制在智能时代的优化与升级。其二，应高度重视现代学徒制的顶层管理与规划，挖掘智能技术对职业院校教育教学、企业实操实训空间建设、师资队伍规划和学科建设规划等的支撑与推动作用，明确实践过程各利益相关者的基本职责和权利，从而打造智能技术赋能的现代学徒制新生态。其三，将大数据上升为现代学徒制的发展战略，规划与设计有关学徒制工作的一体智能化系统平台，破解数据孤岛、数据治理难题，利用"数据流"推动"工作流"，发挥大数据在中国特色现代

---

① 董文娟，黄尧. 人工智能赋能职业教育：实质、路径与目标[J]. 现代教育技术，2019(10).

② 王振洪，成军. 现代学徒制：高技能人才培养新范式[J]. 中国高教研究，2012(8).

学徒制发展中的巨大价值，以数据驱动现代学徒制落实中的科学决策与精准服务。

（二）探索智能技术赋能的多元化校企合作新模式

教育部办公厅《关于全面推进现代学徒制工作的通知》强调了人才培养模式改革及坚持德技并修、工学结合、知行合一的重要性。智能技术的应用能够有效推动多元化、灵活性、创新性校企合作新模式的发展，实现现代学徒制校企深度融合，高效促进职业教育产教融合、工学结合。其一，职业院校与企业有互补的需要和合作的条件，学校集聚了深厚的科研储备与丰富的人才资源，企业有满足智能人才培育需求的智能场所和平台，① 应利用虚拟仿真平台的共建共享等手段丰富教学模式，协同打造智能时代现代学徒制管理队伍，最大程度发挥专业服务和协同育人的功能。其二，充分推进大数据技术与其他智能技术的创新融合，积极支持政、校、企及行业的数据共享，围绕学习数据的挖掘与分析，以创新推进职业院校的跨区域合作，拓展校企合作与校际合作的广度和深度。其三，由于"1+X"制度关系到教育及人力资源和社会保障等部门，因此必须借助多元智能技术支持校企合作新模式，包括利用线上线下、移动端的联动与实时沟通等，以加强相关利益主体间的沟通与协调，减少管理分散现象。

（三）发展师生胜任未来新型产业的智能素养

智能技术的普及化应用，将把职业工作者从冗余、机械的工作中解放出来，有效提高产品和服务的质量与效率。同时值得关注的是，未来的新型产业是人工智能技术支撑和引领的，职业教育将成为技术创新的重要环节。② 在未来，职业教育培养出来的人才也必将从事智能智造产业相关领域职业，成为未来智能社会的重要人力资源。为实现职业教育现代学徒制高度的复合性、创新性、人文性与国际化，使师生更好地胜任未来新型技

---

① 桑雷. 中国特色现代学徒制的三维透视：内涵、困境及突破 [J]. 现代教育管理，2016 (6).
② 何秀霞. 基于人工智能发展的职业教育应然转变 [J]. 教育理论与实践，2018 (18).

术产业，应从师生智能素养的全面协同发展着手。其一，提升智能时代职业教育工作者的智能素养。现代学徒制应重视院校教师与企业师傅的智能教学能力，重视职业教育领域人才的创新能力培养，并要克服智能技术相关专业人才供给不足、人才难以适应未来劳动力市场变化等问题。① 其二，培养学习者在数据采集、组织和管理、处理和分析、共享与协同创新利用等方面的能力，以及在数据生成、管理、发布和使用过程中的道德与行为规范等智能时代学习者的基本素养，使学徒具备在智能时代开展学习与工作的能力。②

（四）健全智能时代高技能人才培养机制

在智能时代，人机协同工作将成为一种新常态。为此，面向智能制造的数字化人才培养工作，亟须完善高素质技术技能人才培养机制，助力职业教育向"智能+教育"转型升级。③ 其一，推动人工智能在教学、管理、资源建设等方面的全流程应用，以智能教育分析系统为手段，构建与智能技术发展相适应的灵活、多元的课程体系，将新技术、新工艺与新规范纳入教学标准和教学内容，帮助学徒更好地适应职业智能发展、明确就业发展动向、胜任未来新型产业发展，进而推动职业教育人才培养模式的改革。其二，运用多元智能技术集，创新融合云计算、大数据、人工智能等智能化技术，打造智能化教育环境及相关应用机制，进而构建开放、共享的核心技术服务平台，共建多元化、智能化的学徒实习实训平台。其三，职业教育师生必须形成适应、应用、引领人工智能的发展思维，提升智能技术赋能职业教育的价值认知，形成引领智能技术融创的发展观念，建立多元主体共同参与、协同管理的学徒培养质量评价机制，建立健全智能时代德技并修、工学结合的育人机制。

---

① 陈衍，袁柳，裴姗姗. 人工智能与职业教育变革[J]. 中国高校科技，2019（Z1）.

② 刘红霞，李士平，姜强，等. 智能技术赋能自我调节学习的内涵转型、制约瓶颈与发展路径[J]. 远程教育杂志，2020（4）.

③ 兰国帅，郭倩，魏家财，等. 5G+智能技术：构筑"智能+"时代的智能教育新生态系统[J]. 远程教育杂志，2019（3）.

后　记

《现代学徒制何以可能：苏南地区的创新实践》一书是2017年度教育部人文社会科学研究青年基金项目"现代学徒制试点的进展、问题与对策研究——以苏南地区为例"的最终成果。

《现代学徒制何以可能：苏南地区的创新实践》是团队合作的成果。全书共由八章组成，第一章、第三章由许悦撰写，第二章由王文静撰写，第四章由刘燕撰写，第八章的第一部分、第二部分由张静、杨会撰写，第五章、第六章、第七章和第八章的第三部分由我撰写。书中的案例部分由无锡汽车工程高等职业技术学校副校长严志华、无锡商业职业技术学院教务处处长叶东、南京江宁中等专业学校副校长刘江华、江苏省太仓中等专业学校副校长殷利、常州旅游商贸高等职业技术学校办公室主任史金虎和南京信息职业技术学院陈薇薇撰写。最后由我统稿，统一了全书的文字、体例、格式，并补充、修改了一些内容。

在课题研究和书稿撰写、修改过程中，得到了《中国职业技术教育》副主编刘红副研究员，《职业技术教育》副主编张祺午副研究员，《职教论坛》主编肖称萍编审、编辑部主任韩云鹏编审,《教育理论与实践》常务副主编卢红研究员,华东师范大学职业教育与成人教育研究所李政博士,江苏省教育科学研究院职业教育与终身教育研究所副所长陈向阳研究员,江苏理工学院职业教育学部常务副主任庄西真教授,南京师范大学硕士研究生杨锦玉同学的无私帮助和大力支持,我代表课题组对他们表示衷心的感谢!

彭明成
2022 年 4 月